GOLDMANN
ARKANA

Buch

Aus Märchen und Sagen kennen wir Geister vielerlei Natur und Namen – Elfen, Wild-, Wald- und Moosfrauen, Riesen, Zwerge, Gnome, Kobolde, Faune, Nixen, Seejungfrauen oder Wassermänner. Die Engländer haben ihre »fairies« und das »unicorn«, die Isländer ihre Trolle, die Österreicher kennen noch die Zapfenmandel, den Schabbock und die Habergeiß. Die alten Griechen bezeichneten sie als Dryaden, Oreaden und Nymphen – jene Wesen, deren Lebensraum Wiesen, Wälder, Bergeshöhen, Quellen und Flüsse sind.

Christine Cerny hat alles Wissenswerte über die vielfältigen Erscheinungsformen von Naturgeistern zusammengetragen und präsentiert eine phantastische, verspielte und auch magische Welt. Sensitive Menschen, Medizinmänner, Hexen und Schamanen standen und stehen meist in lebhaftem Kontakt mit diesen Wesen und verbünden sich mit ihnen, um Menschen und Erde zu heilen. Doch auch inmitten der ganz auf das Materielle ausgerichteten modernen Großstadtzivilisation ist das Interesse an der Welt jenseits des Sichtbaren nicht erloschen, und das Gespür der Menschen für die magische Welt erwacht immer wieder neu. Mit diesem umfassenden Einführungsbuch lädt die Autorin dazu ein, sich auf die Welt der Naturgeister neu einzustimmen.

Autorin

Christine Cerny, in Wien geboren, ist Buch- und Kulturfilmautorin. Während jahrelanger Reisen durch Asien und Afrika wuchs ihr Interesse an mystischen Weisheiten und der starken Aussagekraft alter Mythen. Durch die Teilnahme an Naturschutzprojekten zur Erhaltung tropischer Regenwälder und die Begegnung mit australischen Aborigines begann sie die Erde als lebendiges Wesen zu verstehen.

Christine Cerny hält Vorträge und Seminare zur »Natursensibilisierung« und führt Reisegruppen zu Orten der Kraft in Österreich und Australien, um Mensch und Natur einander näher zu bringen.

CHRISTINE CERNY

Das Buch der Naturgeister

Von Elfen, Zwergen, Feen und anderen Elementarwesen

GOLDMANN
ARKANA

Umwelthinweis:
Alle bedruckten Materialien dieses Taschenbuches
sind chlorfrei und umweltschonend.
Das Papier enthält Recycling-Anteile.

2. Auflage
Vollständige Taschenbuchausgabe Dezember 2004

Umschlaggestaltung: Design Team München
Umschlagmotiv: The Image Bank/John Martin
Satz: Barbara Rabus, Sonthofen
Druck: GGP Media GmbH, Pößneck
WL · Herstellung: CZ
Printed in Germany
ISBN-10: 3-442-21684-2
ISBN-13: 978-3-442-21684-0
www.goldmann-verlag.de

Inhalt

Erlkönig

Wer reitet so spät durch Nacht und Wind?
Es ist der Vater mit seinem Kind;
Er hat den Knaben wohl in dem Arm,
Er faßt ihn sicher, er hält ihn warm.

Mein Sohn, was birgst du so bang dein Gesicht? –
Siehst, Vater, du den Erlkönig nicht?
Den Erlenkönig mit Kron und Schweif? –
Mein Sohn, es ist ein Nebelstreif. –

»Du liebes Kind, komm, geh mit mir!
Gar schöne Spiele spiel ich mit dir;
Manch bunte Blumen sind an dem Strand,
Meine Mutter hat manch gülden Gewand.«

Mein Vater, mein Vater, und hörest du nicht,
Was Erlenkönig mir leise verspricht? –
Sei ruhig, bleibe ruhig, mein Kind;
In dürren Blättern säuselt der Wind. –

»Willst, feiner Knabe, du mit mir gehn?
Meine Töchter sollen dich warten schön;
Meine Töchter führen den nächtlichen Reihn
Und wiegen und tanzen und singen dich ein.«

Mein Vater, mein Vater, und siehst du nicht dort
Erlkönigs Töchter am düstern Ort? –
Mein Sohn, mein Sohn, ich seh es genau:
Es scheinen die alten Weiden so grau. –

»Ich liebe dich, mich reizt deine schöne Gestalt;
Und bist du nicht willig, so brauch ich Gewalt.«
Mein Vater, mein Vater, jetzt faßt er mich an!
Erlkönig hat mir ein Leids getan! –

Dem Vater grauset's, er reitet geschwind,
Er hält in Armen das ächzende Kind,
Erreicht den Hof mit Müh und Not;
In seinen Armen das Kind war tot.

Johann Wolfgang von Goethe

Einleitung

Der *Erlkönig* hat mich in meiner Kindheit tief ergriffen. Mein Vater, der Schauspieler war, wählte dieses Gedicht für seine regelmäßigen Sprechübungen. So prägte sich mir der *Erlkönig* in meiner Kinder- und Jugendzeit ein – stark und nachhaltig schwingend. Der Erlkönig löste eine Welle von Gefühlen in mir aus, die ich in mich eindringen ließ, ohne sie analysieren zu wollen. Das Gedicht zu hören war jedesmal ein Erlebnis für mich, das außerhalb der normalen Alltagseindrücke stand.

Der Tod des Kindes berührte mich dabei nur sekundär, denn es starb ja nicht wirklich, sondern ging hinüber in die Welt des Königs der Elfen und seiner lieblichen Töchter – Gestalten, die mich in ihren Bann zogen. Ihr Reich erschien mir niemals düster. Für mich war es vielmehr eine Welt voll Musik, Freude und Tanz – eine Welt ohne Schwere.

Seitdem ich bewußt zuzuhören vermag, liebe ich Geschichten, Märchen und Sagen. Heute sind es vor allem die Mythen und Legenden anderer Völker, die mich auf meinen weltweiten Reisen begleiten. Sie machen mich vertraut mit dem Wesen und der Tiefe fremder Kulturen. Gerade im Reich der Mythen sehe ich viele Fäden kreuz und quer verlaufen, wie von einer großen Spinne verwoben: Fäden, die unterschiedlichste Völker, verschiedene geistige Ebenen und Sichtweisen, Begriffe, Bilder und Gefühle miteinander verbinden.

Innerhalb der Märchen und Sagen sind Gedanken leicht und beweglich. Es sind phantasievolle Welten, die es möglich machen, über Grenzen zu springen, die der Verstand errichtet hat. Mythen und Märchen öffnen auch Tore zu den Ebenen der Naturwesen, ohne deren belebende, dynamische Kraft die große Schöpfung nicht möglich gewesen wäre und es keinen Fortbestand der Natur gäbe.

Naturgeister gehörten einst ganz selbstverständlich zur menschlichen Gemeinschaft und wurden sogar als Familienmitglieder betrachtet. Doch die im 18. Jahrhundert um sich greifende Aufklärung – die im Grunde genommen keine war, da sie hinsichtlich der großen Lebenszusammenhänge eher Blindheit brachte und Menschen und Natur trennte – sowie der schnelle Fortschritt des Industriezeitalters, der das Maß aller Dinge wurde, brachten schließlich die Entzauberung der Natur mit sich.

Mit der vernunftbestimmten Geisteshaltung, die Rationalismus genannt wird, wurde den emsig schaffenden Geistern der Natur jegliche Existenz abgesprochen. Und Kinder, die sie noch gelegentlich zu Gesicht bekamen und Zugang zu ihrer Welt fanden, wurden milde belächelt, aber mit Bestimmtheit belehrt, daß es keine Zwerge und Elfen gebe und wenn sie noch so echt vor ihren Augen erschienen seien. Solche Gestalten wären einfach nur Produkte ihrer lebhaften Phantasie und Träume.

Eine Zeitlang waren die Menschen sehr stolz darauf, sachorientiert und voll kühlen Verstandes zu sein. Sie kamen sich damit gegenüber der Gefühlsduselei der Alten recht überlegen vor, bis sie sich ihrer wachsenden inneren Leere bewußt wurden. Die zunehmende Umweltzerstörung und Gefährdung der Biosphäre haben eine große Anzahl von Menschen heute besinnlicher gemacht. So ist der Mensch erneut auf das Wunder Natur aufmerksam geworden und erinnert sich ihrer heilsamen Kräfte.

Begonnen hat es mit gesunden Kräutertees, ungespritzter Nahrung und Fitneß-Parcours im ortsnahen Waldstück. Viele Bauern und Gärtner gehen zu sanften Anbaumethoden über; der Einfluß der Mondrhythmen auf alles, was lebt und wächst, erfaßt die Menschen zur Zeit wie ein Rausch, und das Interesse am ganzheitlichen Wissen alter Naturvölker nimmt ständig zu. Im großen Wandel unserer Zeit, der sich mit schnellem Flügelschlag vollzieht, sehnen sich die Menschen wieder nach einem persönlichen Dialog mit der Natur.

Allein oder in Gruppen suchen sie stille, abseits liegende Orte auf, um das Mysterium des Lebens zu ergründen. Auf windumtosten Bergeshöhen, friedlichen Waldlichtungen oder in dunklen, Geborgenheit spendenden Felshöhlen erfahren sie eine neue Art von Andacht und Ehrfurcht vor der großen Schöpfung. Und sie lauschen den Botschaften, die Steine, Bäume und Quellen aussenden. Die Erde wird wieder als lebendiges Wesen begriffen. Gaia, die urzeitliche, weiche, wachstumsfördernde Mutter Erde, ist im Herzen der

Menschen auferstanden. Orte der Kraft, die seit jeher den Alten heilig waren, erfahren zur Zeit große Aufmerksamkeit und Zuwendung und werden unter geomantischen Gesichtspunkten begreifbarer.

Der Wunsch, mit der Natur in Einklang zu leben, ist keine weltfremde Träumerei, sondern entspricht heutzutage einer großen Notwendigkeit, nachdem die Erde so lange Zeit rigoros ausgebeutet und als große Müllhalde mißbraucht wurde. Das Mysterium des Lebens in der Natur zu erforschen bedeutet nicht unbedingt, an archaische Zeiten anzuknüpfen, sondern scheint vielmehr ein Weg zu sein, um aus der eigenen Mitte heraus an einem zukunftsorientierten Weltbild mitzuwirken.

Mit einem sensiblen Naturverständnis gewinnt der Mensch obendrein Einsicht in seine eigene Natur. Und wer sich selbst besser verstehen lernt, vermag auch mit anderen Menschen umsichtiger und verständnisvoller umzugehen. So kann letztendlich die Sensibilisierung für die Natur ein Beitrag zum weltweiten Frieden sein.

Im Zuge neuer Einsichten erfahren zur Zeit unzählige Menschen plötzlich eine innere Umkehr. Darunter so mancher, der noch vor kurzem das neue geistige Erwachen bespöttelt hat, es als naiv oder rückständig abwertete. Die geistige Umorientierung scheint sich allerorts und in allen Gesellschaftsschichten auszubreiten – auch wenn so mancher dabei, vor allem im Berufsleben, Versteck spielen oder ein Doppelleben führen muß. Beamte, Angestellte im öffentlichen Dienst oder Lehrer an Schulen und Universitäten kehren bei der Arbeit stets Sachverstand hervor und tun laut kund, daß die Ratio noch immer auf höchstem Thron sitzt, während sie im Privatleben mit der Wünschelrute nach Wasseradern suchen, zu Kartenlegern und Astrologen gehen, Reiki- und Shiatsu-Kurse belegen oder sich für Märchen und Mythen interessieren. Religionslehrer und Theologen üben sich in Yoga und Zen-Meditation, immer mehr Ärzte öffnen sich für naturkundliche Methoden, therapieren mit Blütenessenzen, Kristallen und Farben, und so manchem Juristen wäre es lieber, nach den Gesetzen der Natur und der Weisheit der Erde argumentieren und entscheiden zu können.

Mit dem neu erwachenden Bewußtsein wächst auch das Interesse an der inneren Struktur der Natur, ihren fließenden Übergängen und Verknüpfungen mit dem kosmischen Geschehen. Und wer einmal beginnt, den Schleier zu lüften, der so lange wie ein starrer Bühnenvorhang die Sicht genommen hat, betritt eine vielfältige Welt mit unterschiedlichsten Ebenen und Bewohnern. So bleibt es nicht aus, daß auch die Reiche der Naturgeister wieder ins Bewußtsein der Menschen rücken.

Der Lebensraum der Naturwesen und der Weltenbau

»Das Schönste, das wir erleben können, ist das Geheimnisvolle. Es ist das Grundgefühl, das an der Wiege von wahrer Kunst und Wissenschaft steht. Wer es nicht kennt und sich nicht mehr wundern, nicht mehr staunen kann, der ist sozusagen tot und sein Auge erloschen.«

Albert Einstein

Die Wesen der Natur – wie zum Beispiel Elfen, Baumgeister, Kobolde, Nymphen – leben weder auf der physischen noch auf der geistigen Ebene. Sie leben in ihrer eigenen Welt – der Welt des Äthers. »Äther« ist ein schwer definierbarer Begriff. Im Lexikon wird er als »Himmelsluft« bezeichnet, aber auch als ein »nicht näher bestimmbares Medium, in dem sich elektrische Wellen im Weltenraum ausbreiten«. In der griechischen Philosophie ist es der Urstoff allen Lebens oder die Weltseele. Diese entspricht dem Prana im Hinduismus oder dem Chi (Qi) der Chinesen, dem Djang der nordaustralischen Aborigines, und westliche Esoteriker bezeichnen diesen Stoff als kosmischen Atem oder Super-Energie. Bei sowjetischen Forschungen wurde eine ätherische Substanz entdeckt, die Bioplasma genannt wurde. Diese ätherische Substanz, die nicht mit dem physischen Äther verwechselt werden darf, durchdringt jede Materie, wirkt aber weder innerlich noch äußerlich. Es ist der Stoff, der Geist und Materie zusammenhält.

»Jedem Atomos ist ein Äther beigegeben« heißt es bei Demokrit. Und Teilhard de Chardin sagt: »Das Ätherische entfaltet die Komplexität des Seins.«

Äther ist in der Segenskraft Christi, die vom Priester auf die Gläubigen übertragen wird. Äther ist ebenso der Stoff unserer Gefühle, weshalb Bach-Blütenessenzen mit ihren spezifischen Schwingungsqualitäten auf das Gemütsleben und somit auf das Wohlbefinden der Menschen einwirken.

In der chinesischen Harmonielehre (Feng-Shui) heißt es, daß Chi (Äther) durch die Akupunktur-Meridiane des menschlichen Körpers fließt; in der Landwirtschaft ist es die Kraft, die Fruchtbarkeit hervorbringt, und auf das Klima bezogen ist es die Kraft, die mit Wind *(feng)* und Wasser *(shui)* fließt. Es gibt nichts auf Erden, das nicht Chi benötigen würde, um zu leben. Der Mensch existiert in Chi, aber Chi existiert auch im Menschen. Der Mensch, der versteht, sein Chi zirkulieren zu lassen, erhält seine Gesundheit und vertreibt alle bösen Geister (womit auch Krankheiten, Depressionen oder schlechte Laune gemeint sind).

Die Ätherebene zu verstehen bedeutet, Lebenskraft zu verstehen – jene Kraft, die auch im Gebet und Ritual aktiviert wird. Die Aborigines sagen: »Djang kommt zu uns, wenn wir singen, tanzen oder die Zeit des Traumes (Schöpfungsgeschichte) neu auf den Felsen malen.« Stets aufs neue schöpfen, neu beleben ist ein wesentlicher Bestandteil ihres Lebens, damit die Welt zu keinem Stillstand kommt. Daß der Lauf der Welt und die Lebenskraft des Menschen erhalten bleiben, ist die große Sorge aller natursichtigen Völker. Der Äther ist ein vitalenergetischer Bereich – eine Welt voller Dynamik.

Eine Welt ohne Dynamik ist eine Welt ohne Kraft und Impulse. Und ist das Lebensfeld geschwächt, wird auch der Körper schwach, das Immunsystem gestört und der Mensch anfällig für Krankheiten. Unsere »zivilisierte« Lebensweise und heutige Umwelteinflüsse bewirken eine zunehmende Schwächung unseres Immunsystems, was sich in der steigenden Zahl von Hautkrankheiten und Allergien bemerkbar macht.

Bearbeitete Nahrungsmittel, die der Kirlianphotographie unterzogen wurden, wiesen kaum noch ein Lebensfeldmuster auf. (Die Kirlianphotographie geht auf den sowjetischen Elektroingenieur Semjon D. Kirlian zurück. Mit seiner inzwischen überarbeiteten Methode werden mittels eines Hochfrequenzfeldes farbige Energiestrahlen sichtbar gemacht, die zum Beispiel von der Hand eines Menschen oder einem Pflanzenblatt ausgehen.)

Der Äther, der Weltseelenstoff oder das vitale Fluidum, durchdringt die vier Elemente Erde, Wasser, Luft und Feuer. Und innerhalb dieses vitalenergetischen Ätherbereiches der vier Elemente entstehen und wirken die Naturwesen. Dabei können sie nicht von ihrem elementaren Reich in ein anderes überwechseln. Bildlich gesehen: Sollte ein Feuergeist von der glühenden Hitze genug haben, kann er nicht einfach in das erfrischend kühle Element Wasser eintauchen. Paracelsus sagte dazu: »Die Wasserleute haben kein Geschäft mit den Bergleuten (Gnomen) ... Jedes (Naturwesen) ist geschaffen, in seinem Element zu wandeln, und hat seine besondere Wohnstatt.«

Wenn Naturwesen auch nicht auf der physischen Ebene existieren, so wirken sie dennoch auf diese ein. Um den Lebensraum der Naturwesen nur ein wenig zu verstehen, ist es notwendig, die verschiedenen Ebenen des Weltenbaues zu kennen oder zumindest die Existenz von anderen Welten anzunehmen, die es neben der physischen Welt noch gibt. Dabei genügt es nicht allein, die Beschaffenheit des Menschen oder der Welt im Sinne Platons in Körper, Geist und Seele zu teilen, sondern das Lebenskonzept muß noch etwas differenzierter betrachtet werden.

Nach naturphilosophischen, theosophischen oder neuzeitlichen spirituellen Denksystemen besteht das Weltengebäude aus sieben Ebenen oder Stufen, die jedoch nicht scharf voneinander getrennt sind, sondern viele Zwischenstufen beinhalten und fließende Übergänge zeigen. (Nach höheren geistigen Erkenntnissen wird jede Ebene in weitere sieben Stufen gegliedert.)

Jedes dieser »Stockwerke« besitzt seinen eigenen Pulsschlag, seine eigene Schwingungsfrequenz. Je höher die Schwingung ist, desto geistiger und subtiler sind darin alle Lebensformen. Diese sieben Ebenen entsprechen den sieben Bewußtseinszuständen oder sieben Körpern des Menschen, die uns wie Schleier oder Schalen einer Zwiebel umhüllen. Sie werden auch die sieben Seelen des Menschen genannt, die zum Beispiel von den ägyptischen Göttinnen Isis oder Hathor in ihren geflügelten Darstellungsformen versinnbildlicht werden. Der siebenfache Körper-, Seelen- oder Weltenbau wird im Hinduismus auch durch die siebenköpfige Weltschlange Ananta, auf der Vishnu im kosmischen Ozean ruht, zum Ausdruck gebracht.

Dabei sind die sogenannten Ebenen oder Sphären nicht so zu sehen, daß sie übereinander gelagert sind oder nebeneinander bestehen, sondern als ineinanderliegende Räume, die sich durchdringen. So befindet sich die irdische Welt wie die himmlische Welt im gleichen Raum. Nur hat jede einzelne Stufe ihre eigene Schwingung, ihr eigenes Frequenzspektrum, die wiederum einem bestimmten Bewußtseins- und Reifegrad entsprechen.

Hier nun ein Überblick über die einzelnen Ebenen und Sphären im Weltenbau – wie sie nach verschiedenen esoterischen Denksystemen gesehen werden und auch den einzelnen Hüllen der Menschenseele entsprechen:

Die unterste Stufe stellt die physische, materielle Ebene dar. Hier schlägt der Lebenspuls am langsamsten. Die Strukturen sind feststofflich und die Energieformen durch ihre körperliche Hülle eng begrenzt.

Die zweite Stufe ist die ätherische oder vitalenergetische Ebene. Hier befindet sich der Lebensschlüssel, der im alten Ägypten Ankh genannt wurde. Er vermag die Tore zu den tiefen Geheimnissen des Lebens zu öffnen. Der Lebensschlüssel ermöglicht auch den Zugang zu dem Wissen der Materialisation und Dematerialisation. In der ätherischen Hülle des menschlichen Körpers befinden sich die sieben Chakren, die Zentren feinstofflicher Energien, die von Sensitiven als rotierende, pulsierende Scheiben wahrgenommen werden und die über die Drüsen mit dem grobstofflichen Körper in Verbindung stehen. Die Ätherenergie nur auf der zweiten Ebene anzusiedeln ist meiner Meinung nach allerdings verwirrend, da sie ja alle anderen Sphären durchdringt beziehungsweise den physischen, astralen und mentalen Leib miteinander verbindet (siehe dazu auch die Abbildung auf Seite 161).

Auf der dritten Stufe folgt die emotionale oder astrale Ebene – die Welt der Gefühle. Es liegt an jedem einzelnen Menschen, ob er seine Gefühlswelt mit destruktiven oder aufbauenden Energien nährt, was nicht nur seinen Gesundheitszustand, sondern auch seinen weiteren Entwicklungsweg bestimmt. Die astrale Ebene ist ebenso die Welt der Schatten, des menschlichen Doppels (siehe das Kapitel »Welt der Schatten und Schemen«). Es ist das Reich, aus dem die Naturwesen ihren Stoff beziehen, um die Natur in Farben zu kleiden und mit Düften auszustatten. In dieser Sphäre ist bereits der Raum als Dimension überwunden.

Der vierte Bewußtseinsbereich ist die Mentalebene, wo das logische Denken, aber auch schöpferische Gedanken, das Verlangen, Wünschen, Streben und der Wille angesiedelt sind. Hier sind Raum und Zeit überwunden.

Mit der fünften Ebene beginnt der geistig-spirituelle Aufbau des Weltengebäudes beziehungsweise der Seelenstruktur. Es ist die Sphäre der Ideale, reinen Ideen, Urbilder, Zahlen und des individuellen Seins. Auf dieser Stufe beginnt das höhere Selbst des Menschen.

Die sechste Sphäre ist die Welt der Devas (himmlische Wesen) und Engel. Es ist die Welt des Erwachens und Verstehens, der Unterscheidungskraft und der Intuition. Auf dieser Ebene herrscht vollkommene Liebe und Harmonie. Es ist sozusagen das mythische Shangrila, der paradiesische Garten.

Die siebte Ebene ist das Reich des göttlichen Lichtes, eine Ebene, wo das höchste oder universelle Selbst zu Hause ist. Es ist die Welt des reinen Bewußtseins. (Diese letzte Ebene wird nach höherem geistigem Verständnis in drei Ebenen gegliedert, wodurch es dann eigentlich insgesamt neun Weltensphären sind.)

Die Verbindung zwischen unten und oben, zwischen Erde und Himmel, wurde von fast allen alten Kulturen symbolisch als Lebens- oder Weltenbaum dargestellt, dessen Wurzeln mit der Erde verhaftet sind und dessen Äste sich dem Himmel entgegenstrecken.

Der Weltenbaum oder die Weltenachse ist vielleicht das wichtigste Symbol, das wir kennen. Es macht uns die untrennbare Einheit von Himmel und Erde anschaulich. Der Kanal zwischen oben und unten wird in vielen Schöpfungen der Natur ersichtlich: wie zum Beispiel im Rückenmarkskanal (Wirbelsäule) beim Menschen, im Pflanzenstengel oder im Stamm des Baumes.

Der großen Bedeutung eines solchen weltenverbindenden Kanals oder einer solchen Achse begegnen wir ebenso in unzähligen künstlerischen und mythologischen Überlieferungen aller großen Kulturvölker: sei es im uralten Kreuzsymbol, im Djed-Pfeiler der Ägypter, in der hinduistischen oder buddhistischen Lotospflanze, im christlichen Kelch, im Zeremonienpfahl der Aborigines oder im Äskulapstab mit der Schlange, die sich um ihn emporwindet.

Ein Inder verdeutlichte mir vor vielen Jahren diesen Kanal als Aufzug, in dem die Seele nach dem Tod hochsteigt und das Stockwerk erreicht, das ihren guten oder bösen Taten im vergangenen Leben entspricht. Auf Haiti werden beispielsweise im Zuge des neuzeitlichen Einflusses heilige Bäume als Highways zwischen Himmel und Erde betrachtet.

Die vier Elemente, die als Bausteine des göttlichen Planes gelten und die Heimat der Naturgeister darstellen, werden den unteren vier Ebenen des Weltengebäudes zugeordnet. So wird die Erde mit der physischen, das Wasser mit der psychischen (astralen), die Luft mit der mentalen und das Feuer mit der geistigen Sphäre in Zusammenhang gebracht, wobei das Feuer auch für die vitale Energie des Äthers steht (siehe das Kapitel »Die Elemente«). Die Lebens- und Schaffensräume der Naturwesen bewegen sich zwischen dem ätherischen und astralen Raum, und die der höherentwickelten Wesen reichen auch bis in die mentale Ebene hinein.

Die Vielfalt des Lebens und das Zusammenspiel der Kräfte innerhalb des gesamten Weltengebäudes werden uns durch das Sein und Wirken der Naturwesen verständlicher. Vielleicht treten die Naturwesen gerade jetzt – wo Zerstörung von Natur und Leben an der Tagesordnung steht – in unser Bewußtsein, um uns wieder an das Wunder Natur zu erinnern.

Was sind Naturwesen?

»Wunderbare Geschöpfe sind es und großer Beachtung wert«, das sagte im 16. Jahrhundert Paracelsus, der berühmte Arzt und Naturforscher, der die physikalischen und chemischen Grundlagen des Lebens erkannte. Naturwesen gehörten für ihn zur Wirklichkeit.

»Sie sind Geist und Mensch und doch keines von beiden« – Paracelsus beschrieb sie als menschliche Wesen aus Fleisch und Blut, die auch essen, trinken, sich bewegen und kleiden wie Menschen. Nur würden sie nicht in der Materie existieren, sondern in einer feinstofflichen Welt, einer Welt, die anders sei als die der Menschen. Deshalb sei auch das, was sie essen und trinken, sowie ihre Kleidung anders – feinstofflicher.

Martin Luther sah in Naturwesen Dämonen, die vom Teufel geschaffen wurden. Paracelsus dagegen war der Meinung, Naturwesen seien keine Dämonen, sondern sie hätten ihren Ursprung in der göttlichen Schöpfung – nur würden sie nicht von Adam, sondern einer anderen Linie abstammen. Was sie noch vom Menschen unterscheide, sei, daß sie keine Seele hätten. Sie könnten aber, wenn sie mit einem Menschen eine Liebesbeziehung eingehen, unsterblich werden, und ihre Kinder, die einer solchen Verbindung entspringen, würden eine Seele besitzen.

Über die Beziehung zwischen Menschen und Naturwesen erzählen unzählige Sagen und Märchen. Bezeichnend ist, daß diese Verbindungen immer an bestimmte Tabus geknüpft sind. Daß ein solcher Kontakt überhaupt möglich ist, liegt daran, daß Naturwesen die Fähigkeit haben, derart stofflich zu werden, daß sie durchaus mit Menschen zusammenleben können. Dieser Ansicht ist auch der Argentinier Livraga Rizzi, Doktor der Geschichte, Archäologie und Philosophie, Träger zahlreicher Auszeichnungen im Bereich Kunst, Wissenschaft und Literatur und Gründer der Neuen Akropolis, eines freiphilosophischen Vereins, und Verfasser eines Studienwerkes über *Die Naturgeister*. Seiner Ansicht nach hat es bereits Naturwesen (die er allerdings Elementare nennt – als Teil der Elemente) gegeben, bevor die Menschen auf die Erde kamen. Im großen und ganzen könnten Naturwesen ihre wahre Herkunft verheimlichen. Auffällig ist, daß in ihrem Garten und ihrer Umgebung Pflanzen üppiger und schneller wachsen als anderswo und sie ungewöhnliche Talente besitzen. Dazu zählen die Wahrsage- und Heilkunst, und sie können Dinge schnell wiederfinden, die andere Menschen verlegt oder verloren haben. Sie wissen auch, wo die Erde ihre Schätze verbirgt.

Für Hans Sterneder, der in seinem Buch *Der Wunderapostel* lange vergessene Schöpfungsgeheimnisse neu aufleben läßt, sind Naturgeister personifizierte Seelen ihres Elementes oder Baumeister der sichtbaren Welt. Und Rudolf Steiner bezeichnet sie bewußt nicht als Naturgeister, da es Wesen ohne Geist seien, »die aber eine Seele und eine automatisch wirkende Intelligenz besitzen«. Ihnen fehle das Ich, und sie hätten keine Verantwortlichkeit.

Anderen Meinungen zufolge besitzen Naturwesen Intelligenz, aber kein Selbstbewußtsein und keine Individualität. Es seien nur Werkzeuge, die die Naturgesetze zur Ausführung bringen. Für wieder andere sind Naturwesen reine Energiezentren. Einig sind sich aber fast alle Sensitiven, daß Naturwesen Wachstumskräfte, verstofflichte Naturkräfte, helfende Geister, belebende Kräfte der Schöpfung oder Hüter der Elemente sind.

In so manchem Märchen werden sie als Unirdische, Unterirdische oder verzauberte Seelen beschrieben, die der Erlösung harren. Und in Schottland sollen Christen behaupten, die Feen seien Nachkommen gefallener Engel. Das glauben auch Orientalen von den Dschinnen. Von den Elben heißt es im Volksglauben, daß sie gestürzte Engel sind, die an der Erdoberfläche hängenblieben. Einer anderen Auffassung zufolge sind Gnome und Undinen zurückgebliebene Menschenseelen aus früheren Erdzuständen. Und so ähnlich wird in einer Tiroler Sage über die Herkunft eines Kasermandls (Bergmännchens) philosophiert: »Ein Mensch ist er nicht, aber vielleicht ist er einmal einer gewesen.«

Was hat sich sonst noch alles über Naturwesen herumgesprochen? Erwähnt wird immer wieder, daß sie ständig in Bewegung sind. Sie gelten als Arbeitsbienen im Reich der Natur. Materie ist für sie kein Hindernis. Sie gehen durch

Mauern oder Felsgestein, als wäre es Luft. Sie leiden nicht an Krankheiten wie Menschen und haben angeblich weder Angst vor dem Tod noch eine Vorstellung davon. Sie leben immer im Augenblick, ergeben sich demütig den Zyklen der Natur und kennen daher den Begriff »Fortschritt« nicht. Ihr Charakter und ihre Empfindungswelt kommen in ihrer äußeren Erscheinung zum Ausdruck.

Über ihr Äußeres heißt es, sie können menschen-, tier- oder pflanzenähnlich, schemenhaft oder körperlich sein, lieblich wie ein Schmetterling oder grausig wie ein Wurm, dünn wie ein Faden oder stark wie ein Baum. Manche sehen wie Menschen aus, haben aber die Füße eines Tieres, einen Rüssel oder Flügel. Manche erscheinen nur nachts, andere nur in der Mittagsglut, und wieder andere bevorzugen die Nachmittagsstunden. Naturwesen ist also nicht gleich Naturwesen, genausowenig wie eine Schnecke mit einem Elefanten zu vergleichen ist oder ein Fisch mit einem Kakadu, obwohl das alles Tiere sind.

Auch ihre Eigenschaften, Fähigkeiten und Gewohnheiten sind reichlich beobachtet und studiert worden. Sie gelten an sich als gutmütig, sanft, freundlich und hilfsbereit. Sie haben viel Humor, sind aber ebenso scheu und vorsichtig. Alles Grobe und Gewalttätige meiden oder fliehen sie. Als mitfühlende Wesen trauern sie um jedes sterbende Tier und um jede sterbende Pflanze. Aber auch kranke Menschen tun ihnen leid, und sie versuchen, ihnen zu helfen, wobei ihnen dies leichter fällt, wenn die Menschen sie darum bitten.

Wenn sie umgekehrt Menschen etwas vermitteln wollen, tun sie das mittels Impulsen auf telepathischem Weg.

Rachsüchtig und gehässig können sie allerdings sein, wenn man sie verletzt oder provoziert, beispielsweise wenn ein Baum gefällt wird, unter dem sie seit vielen Jahren gelebt und an den sie sich gewöhnt haben, oder wenn ein Tier gequält wird. Manchmal heißt es, sie seien wie Kinder: lebhaft, übermütig und voller Streiche. Doch können sie sich ebenso verstockt oder grausam zeigen. Auf Feindseligkeiten reagieren sie vehement; sie unterstützen jedoch voller Freude alle, die ihrer Hilfe bedürfen oder die mit ihnen singen und tanzen möchten. Sie haben viel Spaß an Festlichkeiten und am Spiel.

In Märchen und Sagen sowie aus der Sicht Sensitiver gibt es ebenso monsterhafte, Zerstörung bringende Ungeheuer im Reich der Naturwesen. Manche sollen sich sogar von anderen Naturwesen ernähren und diese in ihren tiefen Schlund einsaugen. Reine und gute Naturwesen von hohem Entwicklungsgrad strahlen helles Licht aus, während boshafte und niedere Wesen dunkel wirken.

Naturwesen stellen meinem Empfinden nach dynamische Kräfte dar, die an sich weder gut noch böse sind. Die jeweilige Raumatmosphäre – zu der ebenso wir Menschen mit unseren Gedanken, Gefühlen und Handlungen sowie unsere Umweltverschmutzungen beitragen – überträgt sich jedoch auf die Naturwesen, was sich dann in den Wahrnehmungen als »gut« oder »böse« widerspiegelt.

Immer wieder werden die Verwandlungskünste der Naturwesen hervorgehoben. Sie können riesig wie Dinosaurier sein, sich aber im nächsten Augenblick ameisenklein machen und umgekehrt. Sie können nach Belieben auch ihren Charakter verändern, sich verdichten oder ganz unsichtbar werden. Sie ahmen gern Tiere und Menschen nach, wobei sie die äußeren Wesenszüge und die Kleidung jenes Volkes annehmen, mit dem sie »aufwachsen«. Sie haben großen Spaß, nicht nur sich selbst, sondern auch Dinge zu verwandeln, und zaubern alles mögliche herbei. Eine Welt voller Magie und Wunder!

Nach Ansicht mancher Sensitiver ist die volkstümliche Beschreibung der Naturwesen der menschlichen Phantasie entsprungen oder als Projektion zu verstehen. Zwar wird zugegeben, daß Naturintelligenzen unter bestimmten Umständen sichtbar werden, daß sie die Fähigkeit haben, verschiedene Gestalten anzunehmen, und sich figürlich dem Menschen zeigen können, aber in Wirklichkeit seien es gestaltlose Formen, ein reiner Energieausdruck oder »Bewußtseinsfokus«, wie es der sensitive Bildhauer Marko Pogačnik nennt. Marko Pogačnik ist aufgrund seines erfolgreichen Erdheilungsprojekts im Schloßpark Türnich bekannt geworden und erwarb sich inzwischen als Berater von Kommunen und Ämtern in bezug auf Landschaftsschutz und -gestaltung internationalen Ruf. Für ihn besitzen »Elementarwesen keinen Formkörper, sondern einen Kraftkörper auf ätherischer Ebene. Dieser Körper hat gewöhnlich die Gestalt eines Flechtwerkes, oder er ist spiralig gedreht und bildet das Gefäß für den Bewußtseinsfokus des Elementarwesens. Dieser Bewußtseinsfunke schwingt auf der Gefühlsebene bzw. in der urbildlichen Dimension.«

Als Antwort auf die zum Teil vertretene Meinung, Naturwesen würden keine Individualität und kein Selbstbewußtsein besitzen, hält er entgegen: »In dem Bereich der Wirklichkeit, in dem die Elementarwesen zu spüren sind, überschreiten wir eine Schwelle, jenseits derer es so etwas wie unpersönliche Kräfte überhaupt nicht mehr gibt. Jenseits dieser Schwelle wird jede Kraft, ihrer Rolle in der Ganzheit angemessen, durch ein Bewußtsein beseelt oder besser gesagt: sie *wird* zum Bewußtsein.«

So ist eine Naturintelligenz, wie beispielsweise die Fee, ein »von Bewußtsein durchdrungenes Wesen und in dieser Eigenschaft einem Menschenwesen ähnlich. Sie ist jedoch kein Mensch, sondern steht für eine bestimmte Bewußtseinsqualität der Natur.«

Und bezüglich traditioneller, volkstümlicher Wahrnehmungen von Naturgeistern meint der Sensitive, »daß es kein Wunder ist, daß die Volksüberlieferungen weltweit die Elementarwesen als menschenähnliche Wesen beschreiben. Die liebevolle Wärme und die intelligenten Fähigkeiten ihres Bewußtseins vermitteln ein Gefühl, daß es sich um menschenähnliche Wesenheiten handelt, obwohl kein physischer Ausdruck ihrer Präsenz zu finden ist. ... Wann immer ein Elementarwesen von einer hellsichtigen Person wahrgenommen wird, wird im Gehirn des Wahrnehmenden ein

Identifizierungsprozeß in Gang gesetzt, der die Wahrnehmung entsprechend den Regeln der Märchenbildersprache in ganz bestimmte Formen kleidet.«

Bei meinen Umfragen für dieses Buch traf ich einige Menschen, die Naturwesen figürlich und auch in bestimmter Kleidung wahrgenommen haben – oft überraschend, ohne jemals davor den Wunsch gehegt zu haben, einem Wichtel oder einer Elfe zu begegnen. Eine junge Brasilianerin erzählte mir beispielsweise, sie habe Zwerge in einem Park gesehen, und beschrieb sie, wie wir sie aus unseren Märchenbüchern kennen: mit altmodischen Beinkleidern und spitzen Hüten, so ganz anders, als es der Märchenwelt der Brasilianer entspricht.

Ich bin der Meinung, daß die Beobachtung eines Naturwesens, das sich in volkstümlicher, traditioneller Art präsentiert – zum Beispiel ein Zwerg mit langem Bart, Knollennase und Zipfelmütze oder eine zarte, pastellfarben gewandete Elfe mit Libellenflügeln –, genauso einer authentischen Wahrnehmung entspricht und genauso Gültigkeit hat wie die Wahrnehmung fließender, rein vitalenergetischer Formen oder eine gefühlsmäßige Bewußtwerdung.

Ich persönlich vertrete die Ansicht, daß es für jeden einzelnen in allen Schwellenbereichen wichtig ist, zu seinen eigenen Wahrnehmungen und Empfindungen zu stehen – wie auch immer seine Zugangswege zu seinem Umfeld und der Natur gelagert sein mögen. Für eine Person kann in letzter Instanz nur das Gültigkeit haben, was sie selbst fühlt und zur Kenntnis nimmt, nur so ist der Mensch frei für seine ganz persönliche Entwicklung und Entfaltung. Um den eigenen Wahrnehmungen Echtheit und Wahrhaftigkeit einzuräumen, darf der Mensch ruhigen Gewissens Objektives und Subjektives miteinander verschmelzen lassen – er muß dies sogar zulassen, will er sich selbst treu bleiben. Dazu ein Kommentar von H. P. Blavatsky, der mir aus der Seele spricht: »Es bedarf der richtigen Wahrnehmung der objektiven Tatsachen, um zuletzt zu entdecken, daß die einzige wirkliche Welt eine subjektive ist.«

Die Beschreibungen naturgeistiger Erscheinungsformen zeigen ein buntes Spektrum – soviel ist sicher. Und tatsächlich sind Naturgeister in einem ungeheuren Gestaltenreichtum vertreten, gehören sie doch so unterschiedlichen Reichen wie dem von Erde, Wasser, Luft und Feuer an. Kein Zweifel, die Welt der Naturgeister ist eine Verflechtung unterschiedlichster Kräfte und Intelligenzen. Wer in ihre Welt Einsicht nimmt, begegnet darin einer Schöpfungsfülle von unvorstellbarem Ausmaß. Und wer sich einmal darin verliert und ihrem Zauber verfällt, ist für die nüchterne Alltagswelt rettungslos verloren.

Die Evolution der Naturwesen

Die Entstehung und Entwicklung der Naturwesen gilt als eines der größten Mysterien. Nach der Erkenntnis verschiedener Seher unterliegen die Naturgeister einem eigenen Entwicklungsprozeß, der aber parallel zur menschlichen Entwicklungslinie verläuft. »Das gesamte Reich der Naturwesen beginnt mit den Sonnenfunken oder Lichtsamen, die die Sonne fortwährend in den Raum hinein aussendet«, schreibt Mellie Uyldert in ihrem Buch *Verborgene Kräfte der Pflanzen*.

So ähnlich wird es von dem österreichischen Mystiker Jakob Lorber, der unzählige göttliche Offenbarungen erhielt, in seinem Buch *Naturgeheimnisse* veranschaulicht: »Die kleinsten Elementarwesen sind die Atome des Äthers – winzige Pünktchen. Diese Atomtierchen entstehen aus dem Zusammenfluß der Sonnenstrahlen. Ihre Gestalt ist kugelförmig, und ihre Nahrung ist die Essenz des Lichtes. Ihre Lebensdauer ist der trillionste Teil einer Sekunde, wonach sie – nach ihrem Ableben sich zu Trillionen einend – eine zweite Klasse zu bilden anfangen.« Dazu machte der Herausgeber die Anmerkung, daß der japanische Physiker Hideki Yukawa 1949 den Nobelpreis für seine Forschung über das atomare Meson mit einer Lebensdauer von einer trillionstel Sekunde erhielt.

Viele spirituelle Durchsagen übermittelt uns auch White Eagle. Über Naturgeister sagt er, daß die Elementarwesen das Produkt von Gedankenkräften höherer Wesen sind. Das genau schildert Marko Pogačnik uns sehr anschaulich: »Ich sah, wie ein Engel durch die Strahlen seines Bewußtseins, die er in den planetaren Kraftkörper hinunterlenkte, kleine Brennpunkte der Kraft und des Bewußtseins erschuf, aus denen sich einfachste Elementarwesen zu entfalten begannen.« Damit fängt die Weltenwanderung des göttlichen Lebensfunkens an.

Daphne Charters, die mit Hilfe automatischen Schreibens nicht nur Kontakt mit ihrem plötzlich verstorbenen Gatten, sondern auch Zugang zu Naturgeistern fand, nennt sie Kleinwesen im elementaren Reich Rudimes. Diese winzigen, sich automatisch bewegenden und mechanisch funktionierenden energetischen Gewebe, die von ihr auch als Splitter, Funken, Fetzen, Pünktchen, Zellen oder Lichtflecken bezeichnet werden, dürfen aber nicht mit den bereits höher entwickelten Naturwesen verwechselt werden, da sie ja noch keine Wesenheit sind. Jedem Naturwesen, das bereits bestimmte Wachstumsschritte absolviert hat, steht zur Bewältigung seiner Aufgaben eine ganze Schar dieser Winzlinge zur Verfügung, die von Daphne Charters in drei Stufen eingeteilt werden.

Da sind einmal die bereits erwähnten *Rudimes*. Sie sind etwa drei Millimeter groß, haben kein Bewußtsein, aber bereits einen Bewegungsimpuls, wodurch das Pflanzenleben aktiviert wird. Sie arbeiten in Gruppen zu Tausenden zusammen, können selbst noch keine Kraft aufnehmen oder abgeben. Ihre Lebensspanne umfaßt etwa einen Monat, dann kehren sie auf die astrale Ebene zurück, wo sie zehn Jahre bleiben.

An nächster Stelle kommen die *Unites*, etwa einen Zentimeter große Wesen. Sie besitzen bereits einfachste Intelligenz und sind fähig, innerhalb ihrer Arbeitsgruppe Kraft aufzunehmen, und geben diese an die Pflanzen weiter. Ihr ätherischer Aufenthalt dauert etwa ein halbes Jahr. Anschließend kehren sie für ungefähr hundert Jahre in die astrale Welt zurück.

Die Kleinwesen der dritten Stufe nennt Daphne Charters *Minutes* und beschreibt sie als fünf Zentimeter große Wesen. Sie wirken ebenfalls in Gruppen. Sie sind aber sexuelle Wesen und fähig, mit dem anderen Geschlecht Energie auszutauschen. Sie können bereits bewußt den Anweisungen der Feen, von denen sie gelenkt werden, folgen. In diesem Stadium beginnen sie, individuelle Wesenheiten zu werden. Diesmal bleiben sie fünf Jahre in der Äthersphäre und fünfhundert Jahre auf der Astralebene. Anschließend können sie angeblich selbst bestimmen, ob sie in der Astralwelt bleiben oder sich als Naturwesen höherentwickeln wollen.

Marko Pogačnik erwähnt, daß jedes Elementarwesen einen dreigliedrigen Evolutionszyklus durchläuft: »Während der ersten Phase lebt das Elementarwesen auf der Gefühlsebene (Astralebene) des planetaren Kraftkörpers ... In der darauf folgenden kreativen Phase übernimmt das Wesen eine Aufgabe und dient so in irgendeiner Weise der Natur oder dem Menschen. Um diesen Dienst ausführen zu können, muß es dichter an die Materie heranrücken und entwickelt dabei den vitalenergetischen Körper. ... Darauf folgt die (dritte) Phase der Regeneration im Schoß der Göttin Gaia (gilt als Urmutter aller Naturwesen), bevor sich der Zyklus wiederholt.«

Nach der Beobachtung des Sensitiven können die Naturwesen der zweiten und dritten Entfaltungsebene einfache Elementarwesen ihrer Gattung aus sich selbst hervorbringen, indem sie einen winzigen Teil von sich abspalten, aus dem sich dann ein neues Individuum entwickelt. Pogačnik beschreibt beispielsweise, wie eine Quellnymphe auf wundervolle Weise und in einer feierlichen Atmosphäre zwei Schwestern gebiert. Dabei sondert die Nymphe auf der Höhe des Bauches ihres vitalenergetischen Körpers zwei nur wenige Zentimeter lange Wesenheiten ab.

Seinen persönlichen Wahrnehmungen und Impulsen zufolge, die Marko Pogačnik aus dem Reich der Elementarwesen erhält, absolviert jedes Naturwesen, das die Evolutionsleiter emporklettert, in jedem der vier Elementarreiche einen dreistufigen Entfaltungsweg. So zählen zu der ersten Ebene die gewöhnlichen Naturwesen wie Elfen, Zwerge oder Nixen, zu der zweiten die reiferen Geister wie die Lehrer, Weisen, Devas und Nymphen und zu der dritten die Meister, Deva-Meisterinnen oder Nymphenköniginnen. Die dritte Stufe bildet bereits einen Übergang zum Reich der Engel.

In diesem dreistufigen Entwicklungsprozeß und den vier Reichen Erde, Wasser, Luft und Feuer sind die Zahlen Drei, Vier, Sieben (3 + 4) und Zwölf (3 × 4) enthalten. Das sind die Zahlen, die auch in den zwölf Tierkreiszeichen vorkommen. Je drei Zeichen werden – der Astrologie wie der Alchimie entsprechend – jeweils einem der vier Elemente zugeordnet (siehe das Kapitel »Die vier Elemente«). Im Pyramidenbau entspricht der quadratischen Grundfläche die Zahl Vier und die Drei einer Seitenfläche. Alle vier Seitenflächen ergeben zusammen die Zahl Zwölf. Zählt man zu der Zwölf noch die Zahl Vier der Grundfläche hinzu, kommt man auf die Zahl Sechzehn. Im numerologischen Sinn ergibt das wieder die Zahl Sieben (1 + 6). Die Drei, Vier, Sieben und Zwölf sind magische Zahlen, die in unzähligen Märchen, Sagen, biblischen Geschichten und Mythen der ganzen Welt enthalten sind.

Als ich vor einigen Jahren Ägypten besuchte, bin ich auf einem Sandhügel im Umfeld der Pyramiden von Gizeh eingeschlafen. Dort hatte ich einen wunderbaren Traum. Ich stieg eine Treppe hoch; es waren die Stufen der großen Pyramide. Je höher ich stieg, desto klarer und weiter wurde der Überblick. Als ich die oberste Stufe erreichte, nahm ich wahr, daß ich gar nicht mehr auf der Pyramide stand, sondern mich irgendwo im kosmischen Raum befand. Vor meinen Augen zeichneten sich strahlende goldfarbene Linien ab. Wie von der Sonne gemalt und gegen einen dunkel-violetten Hintergrund geworfen, entstanden geometrische Figuren und Zahlen. Die Formen flossen schließlich ineinander und verwandelten sich in einen weiten leuchtenden Mantel, der sich um eine lichtvolle Gestalt hüllte. Aus deren Händen strömten die Zahlen Drei und Vier. Die Vier verwandelte sich in ein Quadrat und die Drei in ein Dreieck, aus dem noch drei weitere Dreiecke hervorgingen und sich auf den Grundriß des Quadrates setzten, so daß ihre oberen Spitzen zusammenstießen. Und während der Pyramidenbau mit Unterstützung von wunderbaren Klängen, Kristall- und Sonnenenergie auf der Erde wuchs, erschien im Raum eine helleuchtende große Sieben, die Zahl der Vollkommenheit. Damals begann ich zu ahnen, daß alles bereits im Universum Form angenommen hat, bevor es auf Erden entsteht, und daß die Zahlen, die in der Pyramide enthalten sind, dem gesamten Weltenbau entsprechen.

Daß Naturwesen einen evolutionären Wachstumsprozeß durchlaufen, sich von einer Lebensstufe zur nächsthöheren entwickeln, entspricht der Sichtweise der Theosophen. Die Evolution der Naturwesen beginnt mit der untersten Ebene: dem Reich der Mineralien. Langsam, Stufe um Stufe, können sie sich über das Pflanzen- und Tierreich bis auf die menschliche Ebene und noch höher emporarbeiten. So waren auch »die Menschen in weit entfernten Äonen kosmischer Vergangenheit ebenfalls Elementarwesen« (Blavatsky).

Daß Menschen sich vom Mineralreich über das Pflanzen- und Tierreich zu ihrer jetzigen Form entwickeln, glaube ich seit einem Traum, den ich vor etwa einem Jahr hatte: Ich war eine Kaulquappe und eingebacken in die erstarrte Erdkruste, bis ich von einem »Sonnenfunken« geweckt wurde. Es war das erste Mal, daß ich von Bewußtsein erfüllt wurde – und das war ein großartiges, beglückendes Gefühl.

Auch für Hans Sterneder gibt es den schrittweisen Aufstieg der Naturgeister – beginnend vom Mineral, in dem sie anfangs, eingeschlossen in der Materie, wirken und dann, sich daraus befreiend, zum Individualität besitzenden Berggeist aufsteigen können. Jakob Lorber offenbart beispielsweise, daß »zu ätherischer Freiheit gelangte Naturgeister aus Bäumen sich liebend vereinen und damit einen Geist in höherer Intelligenz darstellen und sich in der Tierwelt einkörpern«.

An das ewige Wachsen erinnern die neun Inkarnationen der indischen Gottheit Vishnu. Er war Fisch, Schildkröte, Eber, Mannlöwe und ein Zwerg, bevor er seine Erfahrungen in der menschlichen (Rama), halbgöttlichen (Krishna) und geistigen Gestalt (Buddha) machte. Und wiederkehrend als Kalki (für Buddhisten ist es Maitreya) wird er am Ende des Kaliyuga, unseres »schwarzen Zeitalters«, auf einem weißen Pferd erscheinen und eine neue Weltepoche ankündigen.

Solange ein Elementarwesen noch keine individuelle Seele beziehungsweise noch kein Einzelwesen besitzt, sondern nur ein Lebensfunken ist, konzentriert es seine ganze Kraft auf einen gemeinsamen Funken: auf die Gruppenseele, mit der es verschmilzt. Stirbt ein einzelnes Wesen, dann ist das nicht anders, als würde einem Menschen ein Haar ausfallen, das wieder nachwächst. Die Gruppenseele ist als magnetisches Kraftfeld zu verstehen. Der göttliche Gedanke oder Gottesfunke darin »zieht immer mehr die Gesamtseele in sich, wandelt letztere allgemach in eine starke bewußte Individualseele« – so beschreibt es Hans Sterneder. Jede Gruppenseele wird wieder vom Gruppengeist, einem geistigen Prinzip, geleitet, damit Kristalle oder Pflanzen sich richtig formen. »Er erzeugt in ihnen das, was wir Instinkt nennen.«

»Haben diese kleinen Wesen ihre Arbeit geleistet, lösen sie sich wieder auf und kehren in ihre Äthersubstanz zurück«, erklärt uns White Eagle. Anderen Aussagen zufolge lösen sich Naturwesen nach Erfüllung ihrer Tätigkeit in Rauch auf oder werden wie ein Feuer gelöscht. Ihre Geburts-, Lebens- und Sterbevorgänge scheinen aber im Grunde denen des Menschen ähnlich zu sein. Jede Existenzform bedarf mit der Zeit einer Veränderung, erneuert sich, wenn auch nicht in derselben Art und Weise. Aber alles, was einmal existiert, bleibt in seinem inneren Kern erhalten.

Im Unterschied zum Menschen, der das individuelle Bewußtsein bewahrt, geht das Innerste des Naturgeistes in die Gruppenseele seiner Artgemeinschaft ein, so beschreibt es Dr. Rizzi. Naturgeister haben demnach auch keine Angst vor dem Tod, da sie diese Vorstellung nicht kennen. Der Tod ist für sie nichts anderes als ein Augenblick, dem andere Augenblicke folgen. Vielleicht läßt sich vor diesem Hintergrund der Tod als eine Art Umsteigebahnhof beschreiben, wo man auf den nächsten Anschluß wartet und sich dazwischen ausruhen und auch noch die Kleider wechseln kann.

Die Lebensdauer der Naturwesen variiert zwischen einem nur sekundenlangen Aufflackern der winzigen Lebensfunken und einer jahrtausendelangen Existenz eines Berg- oder Wassergeistes. Und je unabhängiger ein Wesen wird und je höher es die Evolutionsleiter hinaufsteigt, desto näher kommt es dem Reich der Engel.

Die Existenz der Naturwesen gründet jedoch nicht nur auf Gedankenfunken der »lichten, guten Engel«; auch »gefallene Engel« sind fähig, Lebensfunken in den Raum zu senden. Diese dunklen Kräfte, die aus der Seele des gefallenen Urgeistes Luzifers stammen sollen, wie Jakob Lorber es offenbart, werden erst einmal in die Materie gebannt, um den Weg der Läuterung zu gehen. Mit ihrer Befreiung wird ihnen Gelegenheit gegeben, auf der untersten Stufe der Friedensgeister mitzuwirken, und sie erhalten damit eine Chance, mit der Zeit Baumeister höherer Lebensformen zu werden.

Gut und Böse, Licht und Schatten, sind die beiden gegensätzlichen Aspekte im Leben, und das Dunkle wird nur allzu schnell verurteilt. Doch beide Kräfte wirken innerhalb des kosmischen Gesetzes. White Eagle teilt der Menschheit mit: »Auch was zerstörerisch wirkt, hat einen Sinn und Zweck im großen Schöpfungsplan. Nirgends in der gesamten Schöpfung gibt es so etwas wie splendid isolation. Es gibt in Wirklichkeit keine Trennung zwischen den verschiedensten Lebensformen, denn alle sind voneinander abhängig, und alle greifen ineinander, bilden ein harmonisches Ganzes ... Beide

Kräfte wirken auf die Menschheit zu dem einzigen Zweck, die Evolution zu fördern.« Das zerstörerische Element erweist sich schließlich als konstruktiv, denn wo der Sturm der Zerstörung hinwegfegt, wird der Weg frei gemacht, um Neues zu erschaffen.

Das Ziel des kosmischen Plans ist, so heißt es in allen alten geistigen Traditionen, das vollkommene Gleichgewicht heller und dunkler Kräfte zu erreichen. Während in den christlich überlagerten Volksbräuchen die dunkle Kraft als großes Schreckgespenst hingestellt wird, ist in manchem traditionellen Brauch noch die ergänzende Funktion der Kräfte zu erkennen, so wie es einst auch verstanden wurde. Ein Beispiel ist der Tresterer-Brauch im österreichischen Salzkammergut, der aus einem Dreschertanz hervorgegangen sein soll: Nach alter Tradition laufen im Advent drei verschiedene Gestaltengruppen von Haus zu Haus. Da sind einmal die dunklen Kräfte in zotteligen, pelzigen Schiachmasken (Teufelsmasken); in der zweiten Gruppe findet man Naturgeister wie das Zapfenmandl, Moosmandl, den Oarvogel (Eiervogel) und die Habergeiß. Die dritte Gruppe bilden die rot-weiß gekleideten und mit weißer Federkrone geschmückten Tresterer, die Schönmasken, die die guten und reinen Kräfte darstellen. Alle drei Gruppen treffen sich in friedlicher Absicht in verschiedenen Bauernhöfen. Dort leben Familien, die sich den Besuch der Tresterer sehnlichst wünschen, da diese nach urzeitlichem Glauben Glück und Fruchtbarkeit für Haus, Hof, Feld und Menschen bringen.

Bei diesem Brauch schlagen die »Dämonen« mit ihren Ruten nicht die Umstehenden, sondern »kehren sie ab«, um das Unreine von ihnen abzustreifen. Auch der Raum wird vorher von einer Art Zeremonienmeister rituell gereinigt, um den segenbringenden Tresterern den Weg frei zu machen. Zwar tritt die Wertung der guten und bösen Kräfte in ihren Masken in Erscheinung, aber gleichzeitig wird ihre notwendige Ergänzung im Fruchtbarkeitsaspekt erkennbar. Gänzlich unberührt von der Wertung sind dabei die neutralen Wachstums- und Waldgeister, die zum Ausdruck bringen, daß Leben erst im Zusammenwirken gegensätzlicher Kräfte entstehen kann.

Beide Kräfte wirken schließlich auch im Menschen, und je nachdem, welche davon im überwiegenden Maße vorhanden ist, werden entsprechende unsichtbare Wesen angezogen. Das bedeutet, daß zwischen Mensch und Naturwesen wie auch Geistwesen eine unsichtbare fließende Brücke besteht. Über sie finden gleich und gleich zusammen. So werden Elementarwesen, die noch nicht so ganz im Sinne des göttlichen Funkens leben, von unmoralischen oder verderbten Menschen und deren Ausdünstungen angezogen und vermehren sich sporenartig an üblen, schmutzigen Orten. (Dagegen hilft viel frische Luft, Räucherungen mit Weihrauch und Myrrhe oder Rosenquarz, der aber regelmäßig mental und unter fließendem Wasser gereinigt werden muß.)

In seinem Studienwerk über Naturgeister erwähnt Dr. Rizzi, daß sich Naturwesen – und damit sind die arbeitsamen und hilfreichen Geister gemeint – von aurischen Ausscheidungen der Pflanzen, wie zum Beispiel von Baumharzen und Blütendüften, ernähren und alles mögen, was gut riecht. Aufgrund der ätherischen Verbindung zwischen Menschen und Naturwesen strömen dann auch die aurischen Ausscheidungen der Menschen in die »Vorratskammern« der Naturwesen ein beziehungsweise sind Teil ihrer »Luft«, die sie einatmen. Da aber die Naturwesen im allgemeinen das Reine und Unverdorbene bevorzugen, dürfte ihnen das, was der Mensch mit seiner Unruhe und Hektik, seinem Unfrieden, seiner Neigung zur Wut und Bitterkeit, seinem Neid und seinen Ängsten über die Aura absondert, nicht gerade den Gaumen oder die feine Nase erfreuen. Muß sich da noch jemand wundern, daß sich Naturgeister bei dieser Kost mehr und mehr von den Menschen zurückgezogen haben?

Aufgaben und Wirken

Die Geister der Natur haben wie alle anderen Lebewesen ihre spezielle Aufgabe in einem ganzheitlichen Zusammenhang. Da herrscht ein lebendiges Zusammenspiel zwischen unterschiedlichen Funktionsbereichen, damit sich die Welt in ihrem Reichtum voll entfalten kann. Die Natur und ihr komplexes Wirken allerdings verstehen zu wollen ist, als wolle man den Luftraum der Erde mit seinen Armen umfassen.

Wenn wir Menschen für gewöhnlich all das emsige Schaffen der Millionen von Naturwesen auch nicht sehen können, so wird dennoch das Resultat ihres Wirkens in jeder Pflanze, jedem Blatt, jeder Blüte, jedem Grashalm, jeder Kristalldruse erkennbar. Naturwesen sind dynamische Gebilde, und ihre Aufgabe besteht in erster Linie darin, stets in Bewegung zu sein und damit unaufhörlich Kraftimpulse nach allen Seiten hin zu verströmen.

Während die winzigen Elementarwesen automatische Funktionen haben und pausenlos – sozusagen im Kollektiv – über Pflanzen oder Wurzeln pulsieren, obliegt den Naturwesen der höheren Gilden, wie zum Beispiel den Feen und Devas, die Aufgabe, die noch unreifen Geister zu leiten oder ihre Entfaltungsprozesse zu beobachten beziehungsweise sie zu ermuntern, sich zu entwickeln und nach höheren Lebensformen zu streben. Die höheren Naturwesen koordinieren elektrische Strömungen sowie die Kräfte der Anziehung. Sie lenken die auf- und niedersteigenden Lebenssäfte, tragen Sorge für die Verteilung der Kräfte, die Erhaltung einer bestimmten Energiequalität oder die fortwährende Ausbesserung der Aura der Pflanzen. Dazu kontrollieren sie deren Wachstumsvorgänge.

Auf diese Weise werden den Blättern, Knospen und Wurzeln unentwegt belebende Kräfte zugeführt, die das Werden und Entfalten möglich machen und fördern, die den Blättern ihre Form, den Ästen und Zweigen ihre Ausrichtung, den Blumen ihre Farben und den Blüten ihren Duft verleihen. Während die Pflanze, so wie sie sich dem Menschen zeigt, der physische Körper ist, erlangt sie durch den ihn betreuenden Naturgeist Bewußtsein.

Das Wachstum wird von Natursichtigen als Zusammenspiel zwischen naturgeistigen Intelligenzen und dem Willen des göttlich-geistigen Funkens verstanden. Dieses Zusammenwirken beschreibt Jakob Lorber am Beispiel eines Baumes: Der im Samenkorn wirkende göttliche Geistfunke beruft eine Pflanzenseele beziehungsweise ein organisches Seelengebilde, um für den Baum zu sorgen. »Nach dem Willen des leitenden Geistfunkens verschafft er sich an den Wurzeln, wo er seinen Hauptsitz nimmt, unzählige Arme, mit denen er die Erdsäfte aufgreift und durch die von ihm gestalteten Röhrchen und Kanäle bis in den höchsten Wipfel und in alle Zweige des Baumes treibt …«

Der Baumgeist tritt seinen Dienst an, wobei er während des Baumwachstums seine eigene Entwicklung durchmacht.

Dabei erfährt der anfangs noch aufmüpfige Naturgeist, der dem Baumkörper entfliehen möchte, Demütigung und Läuterung, bis sich sein Wesen zu seiner Aufgabe bekennt und sie annimmt. Je älter ein Baum ist, um so näher kommt er dem reinen göttlichen Schöpfungsgedanken.

Während manche Naturwesen für die Entstehung von Mineralien oder für das Pflanzenwachstum zuständig sind, werden andere im klimatischen Bereich tätig. Und wieder andere sorgen dafür, daß Tiere ihre vorgesehene Form annehmen und gesund bleiben. Sie behüten Waldtiere vor Unheil oder Schafe und Kühe bei Unwetter auf der Alm. Ihre Aufgaben werden auch nach dem Element, dem sie angehören, unterschieden. So überwachen nach Jakob Lorber die Luftgeister den Luftraum und sind beispielsweise für die Bewegungen der Wolken zuständig; die Feuergeister kochen Metalle aus; die Erdgeister halten Feuer- und Wassergeister im Zaum, und die Wassergeister dämpfen die Feuergeister bei ihrer Arbeit. Interessant ist in diesem Zusammenhang, daß die alten Römer am 23. August, zur Zeit der größten Hitze, das Fest Volcanalia zu Ehren des Feuergottes Vulcanus (dem griechischen Hephaistos gleichgesetzt) feierten. Dabei wurden zur Besänftigung des Feuers tropfnasse Fische in die entfachten Flammen geworfen.

Nach Marko Pogačnik sind die Erdwesen für die gestalterischen Prozesse in der Natur zuständig, die Wasserwesen sorgen für die Aufrechterhaltung vitaler Kräfte, die Luftwesen überwachen die Zyklen der Natur, und die Feuerwesen leiten die Wandlungsvorgänge. So hat jeder einzelne und hat jede naturgeistige Gruppendynamik Anteil am kosmischen Tanz des Weltenlaufes.

Im Unterschied zu den Menschen arbeiten Naturgeister nicht in eigennütziger Absicht, sondern um der Natur und dem Ganzen zu dienen. So erwerben sie sich höhere Verdienste, die sie den geistigen Hierarchien näherbringen. Dabei lassen sich die Naturgeister von Engelkräften führen und belehren.

Aus den alten Überlieferungen, die vom Goldenen Zeitalter berichten, geht immer wieder hervor, daß die Menschen ehedem in Harmonie mit Natur- und Engelwesen gelebt und gewirkt haben. Natur- wie Engelwesen sind zwar inzwischen den meisten Menschen unsichtbar geworden, dennoch wirken sie nach wie vor in den menschlichen Bereich ein. Der Glaube an Schutzengel ist über das Christentum erhalten geblieben, aber daß auch Naturwesen die Gedanken- und Gefühlswelt der Menschen beeinflussen können, ist aus unserem Gedächtnis weitgehend entschwunden.

Naturgeistige Intelligenzen arbeiten gern mit Menschen zusammen, die die Natur lieben und gut für ihre Pflanzen und Tiere sorgen. Sie beeinflussen die Gedankenwelt der Menschen, indem sie Impulse aussenden, die der Mensch dann Inspirationen nennt. Sie helfen dem Menschen, sich zu konzentrieren, Gedanken zu festigen, die ohne ihr Mitwirken davonfliegen würden.

Einige Wesen fühlen sich besonders von schöngeistigen, musischen Menschen angezogen, wie Dichter, Musiker, Bildhauer oder Tänzer. Andere wiederum werden von den Gemütsbewegungen der Menschen angelockt. Kreative Schöpfungen oder heftige Emotionen erzeugen starke Schwingungen – und alles, was »Wellen schlägt«, erweckt ihre Neugier. Sie beobachten mit Vorliebe solche Menschen, die interessante Dinge tun. So sollte kein Künstler, kein feuriger Liebhaber denken, unbeobachtet ans Werk gehen zu können.

Daneben gibt es auch törichte oder schwache Wesen, die keine echte Aufgabe gefunden haben und die es bevorzugen, in der Nähe kluger Menschen zu verweilen, um von deren Energien zu zehren. Sie können dabei Schwächen der Menschen, wie Illusionen oder ausschweifende Begierden, verstärken. Solche Wesen finden sich ebenso bei sterbenden Menschen oder auf Friedhöfen ein und saugen übrige Lebensenergien auf, um für sich zu holen, was noch zu holen ist.

Anderen Wesen obliegt es, bestimmte Orte zu hüten. Das sind jene kraftvollen Stätten, wo der Atem der Erde und der Atem des Kosmos miteinander verschmelzen – Orte, die einst von unseren Vorfahren als Quell-, Stein- oder Baumheiligtümer verehrt wurden. Diese Plätze wurden vom christlichen Einfluß überlagert und zum Teil in Wallfahrtsorte umfunktioniert. Solche außergewöhnlichen Orte gelten als Wirkstätten besonders hoch entwickelter Naturwesen, wie Devas oder Lichtfeen es sind, wobei ihnen eine ganze Reihe weiterer Naturwesen zur Seite steht.

Orte der Kraft

Naturwesen wirken auch an der Erhaltung der Landschaftstempel mit. Damit ist ein großflächiges Energiesystem – ein unsichtbares Kraftgewebe – innerhalb einer äußeren Landschaftsstruktur gemeint. Ein solcher Naturtempel besteht aus verschiedenen Plätzen, die unterschiedliche Energiequalitäten besitzen. Jeder Ort wirkt wie ein bestimmtes Organ in einem menschlichen Körper, das mit anderen in ihren verschiedenen Funktionen zusammenwirkt. Die Hüter der Orte sind es auch, die, vermutlich durch Impulssetzung aus höheren Ebenen, die Menschen wieder an ihre Plätze rufen.

Eine Reihe von Therapeuten nutzt den neuen Trend und unternimmt Reisen oder Wanderungen zu Orten der Kraft, um mit ihren Klienten vor Ort psychische Probleme aufzuarbeiten oder abzugeben. Ein Ort der Kraft ist aber kein Müllschlucker, sondern eine heilige Stätte.

Seit Urzeiten gibt es bestimmte geographische Punkte, wo sich die Natur in auffälliger Weise bemerkbar macht. Das können Thermen, Heilquellen, bestimmte Felsformationen, ungewöhnlicher Baumwuchs, Erzlager, Flußschleifen oder Flußinseln sein. In diesem Umfeld spürten die Menschen – als sie noch viel stärker auf natürliche Strahlungen reagierten – eine besondere Kraftkonzentration. An solchen Orten fiel es ihnen leichter, in Kontakt mit geistigen Welten zu kommen und deren Botschaften zu empfangen, Orakel zu verkünden, oder es geschahen dort Wunderheilungen. Solche Stätten galten als vom göttlichen Geist durchdrungen, und man näherte sich ihnen mit Ehrfurcht und Respekt.

Nur ein gereinigter und von psychischem Ballast befreiter Mensch durfte eine solche Stätte betreten. Dazu umarmte man starke Bäume, schlüpfte zwischen engen Felsschluchten hindurch, watete durch einen nahen Bach oder tauchte in ein Wasserbecken ein. Auf diese Weise wirkte man reinigend und glättend auf seine Aura ein. An solche alten Rituale erinnert noch das Weihwasserbecken in der Kirche oder der Brauch der Moslems, sich vor Betreten der Moschee Hände, Füße und Gesicht zu waschen. Wer psychische Probleme hat, sollte es den Alten gleichtun oder im Wald spazierengehen.

Ein Ort der Kraft ist auch nicht dazu da, um aufzutanken im Sinne von konsumieren, sondern um sich kräftemäßig *auszutauschen*. Das ist möglich, da der Mensch selbst ein Ort der Kraft ist, da er selbst durch geistige Konzentration, gefühlvolle Zuwendung und Anteilnahme in sich Kraft aufzubauen und weiterzugeben vermag. Alle Naturvölker wissen das und regen auf diese Weise in speziellen Ritualen die Erde an, die in der Wechselbeziehung mit den Menschen wiederum fähig ist, mit dieser neubelebten Kraft auf ihr Umfeld einzuwirken. Ein solcher Austausch findet auch bei Wallfahrten statt, wenn sich Gläubige auf die heilende, segenbringende Kraft eines Ortes konzentrieren, sich auf die göttliche Gnade besinnen und sich dafür bedanken.

Skeptiker meinen, die besondere Kraft bestimmter Orte sei Einbildung. Aber fast jeder hat bereits die Erfahrung gemacht – bewußt oder unbewußt –, daß er sich an bestimmten Plätzen in seinem Umfeld oder während Wanderungen wohler fühlt als an anderen. Viele Menschen werden von einem bestimmten Baum in ihrer Umgebung oder einer Bank im Park angezogen, und fast jeder hat einen bestimmten Lieblingsplatz in seinem Wohnbereich – und das muß nicht immer der bequemste sein. Oder umgekehrt: Man hat an einem Ort ein beklemmendes, ungutes Gefühl und möchte so schnell wie möglich wieder weg. Das unbewußte Empfinden drückt sich auch aus, wenn Menschen zum Beispiel einen Baum als kraftvoll bezeichnen. Man kann zwar erkennen, ob ein Baum hochgewachsen ist, aber daß er Kraft hat, kann man nicht sehen. Es wird also etwas zum Ausdruck gebracht, was der inneren Wahrnehmung entspricht. Und Besuche von Orten der Kraft haben sehr viel mit innerer Wahrnehmung zu tun – genauso wie der innere Dialog mit einem Hüter des Ortes.

Durch das Einfühlen ist es auch möglich herauszufinden, ob ein Ort beziehungsweise seine Wesenheiten einen Austausch wünschen oder ob sie in Ruhe gelassen werden wollen, was gelegentlich vorkommen kann. Letzteres geschieht vor allem, wenn es sich um Orte handelt, die von Menschen mißbraucht wurden, zum Beispiel für schwarzmagische Rituale, oder die schreckliche Ereignisse gespeichert haben. Solche Plätze strahlen meistens eine »Rühr mich nicht an«-Atmosphäre aus, so daß man erst gar nicht den Wunsch verspürt, näher heranzugehen. Die an diesen Orten lebenden Wesen wollen respektiert werden, und es ist viel Geduld und Liebe notwendig, um sie zu heilen.

Anfangs stand ich den Besuchen von Orten der Kraft eher skeptisch gegenüber. Aber je mehr Orte ich aufsuchte – anfangs im Zuge von Recherchen, später weil es mich einfach hingezogen hat –, desto deutlicher nahm ich wahr, daß jeder Ort seine eigene Atmosphäre, seinen eigenen Charakter, sein eigenes Wesen besitzt und daß jeder Ort andere Signale und Impulse aussendet, die sich oft erst viel später als Inspirationen erweisen. Solche Eingebungen werden durch die Hüter eines Ortes – wieder in Kooperation mit höheren Wesen – bewirkt.

Mit der Erde – dem lebendigen Wesen Erde – fühle ich mich seit vielen Jahren eng verbunden. Angefangen hat es mit meiner Teilnahme an Projekten zum Schutz von Regen- und Mangrovenwäldern und zur Erhaltung des Tigerbestandes in Indonesien und Bangladesch. Während meiner Aufenthalte inmitten ursprünglicher tropischer Wildnis begann ich, die gewaltige belebende und strotzende Kraft wahrzunehmen, die eine vitale Pflanzenwelt und ein gesunder Boden ausatmen. Welch ein Unterschied zu unseren Regionen, wo der Boden im allgemeinen ausgelaugt und kraftlos ist! Und selbst die meisten heimischen Gärten, wo in Privatinitiative einiges getan werden könnte, zeigen sich in der Regel als reine Ziergärten, geschleckt und gekämmt, aber ohne pulsierendes Leben. Sie sind aufgeräumt wie Wohnstuben – doch unsere Vorstellung von Ordnung entspricht nicht der Ordnung der Natur.

So ganz anders habe ich die »Gärten« im Mittelland von Ghana erlebt. Da wächst alles kunterbunt durcheinander: Kakao- und Bananenpflanzen, Süßkartoffeln, Kräuter, Tomaten, Ananas. Unkrautpflänzchen werden nicht ausgezupft, sondern dankbar in ihrer schädlingsabwehrenden Wirkung angenommen, genauso wie die Mithilfe der Naturgeister, die kein Afrikaner verleugnen würde. Für unsere Begriffe herrscht in diesen Gärten das Chaos, aber sie besitzen lebendige Kraft, und diese geht auf die Menschen über. Bei unserer Bodenqualität dagegen bleibt es nicht aus, daß so viele unter chronischer Müdigkeit oder Erschöpfung leiden.

Um ungestört wilde Tiere in freier Wildbahn beobachten zu können, bin ich gern allein quer durch Busch und Urwald gelaufen. Ich fühlte mich wie Alice im Wunderland, während ich durch das Reich der Nashörner, Tiger, Leoparden, Bären, Gorillas oder Orang-Utans streifte oder mitten durch eine Elefantenherde wanderte. Ich hatte dabei nie das Gefühl, in Gefahr zu sein. In diese geriet ich nur in Begleitung von Menschen, die sich zwecks Photoaufnahmen oder weil sie sich mit einer Waffe in der Hand »sicher« fühlten, den Tieren zu stark oder unsensibel genähert hatten.

Befreundete Zoologen meinten, ich habe bei meinen Exkursionen mehr Glück als Verstand gehabt. Aber gerade das ist der springende Punkt: Mit der Natur und ihren Bewohnern – egal ob es sich dabei um Tiere oder Naturwesen handelt – kann ich nicht über den Verstand kommunizieren, sondern nur über die Herz- und Bauchregion, also über die Gefühlsebene.

Erst vor kurzem bin ich mit einer Freundin, die für den Naturschutz in Queensland, im Nordosten Australiens, arbeitet, unter der Führung eines ortskundigen Einheimischen durch ein großes Sumpfgebiet gewandert oder, besser gesagt, knie- bis hüfttief durchgewatet. Diese Sümpfe sind bis heute Lebensraum der gefürchteten Salzwasserkrokodile, die immerhin eine respekteinflößende Körperlänge von bis zu sieben Metern erreichen können. Wir haben – unbewaffnet – ihre Behausungen und ihre frequentierten Wasserwege passiert, um zu ihren Nestern zu gelangen, die meine Freundin für berufliche Studien sehen wollte.

Mir ging es bei diesem Erlebnis nicht um Abenteuerlust oder darum, mir selbst etwas zu beweisen, sondern ich wollte herausfinden, wie weit es wirklich mit meinem Urvertrauen und meinem inneren Zugang zur Natur steht. Es war schlußendlich eine phantastische Erfahrung: Die Wildnis war von einer derartigen Schönheit, daß Angst keinen Raum hatte. Ich spürte, von der Natur angenommen zu werden, was mir wiederum das Gefühl gab, mir könnte nichts passieren. Es war, als würden mir die Hüter der Natur ihren Schutz gewähren. Nach der Durchquerung dichten Mangrovengestrüpps öffnete sich vor uns eine Region mit hohem Sumpfgras, wo wir nestbauende Jabirus (australischer Storch) und die zauberhaften Tänze der Brolgas (aus der Familie der Kraniche) beobachten konnten. Umgeben von einer endlosen Weite, kam ich in einen Zustand der Schwerelosigkeit, Leichtigkeit und inneren Freude. Ich spürte, wie ich mich loslöste vom dem Ego-Ich, das vieles im physischen Leben begrenzt und schwierig macht, und ich eins wurde mit der Natur – eine Erfahrung, die für alle Naturvölker eine Selbstverständlichkeit ist.

Aus diesem Erlebnis heraus begriff ich, was wir alles im Zuge unserer sogenannten Entwicklung und des technischen Fortschritts an Lebenseinsichten verloren haben. Ein Erlebnis, das mich den lebendigen Pulsschlag der Mutter Erde hautnah spüren ließ.

Wie ähnlich kommt meiner Erfahrung im australischen Sumpf die Beschreibung der beiden Autoren Wil Huygen und Rien Poortvliet, die das *Große Buch der Heinzelmännchen* geschaffen haben, ein wunderbares Werk, das auf den ersten Blick als ein Buch für Kinder und Träumer erscheinen könnte; wer jedoch zwischen den Zeilen zu lesen vermag, nimmt seine Tiefe und Weisheit wahr. Die beiden Männer folgen Tomte, einem alten, weisen Heinzelmännchen, auf eine Wanderung, die zwar nur in die Umgebung ihres Hauses, aber dennoch in eine andere Welt führt: »Die Zeit stand still – die Natur umarmte uns –, schloß uns ein wie ein warmer See. Wir waren schwerelos, hatten kein Alter – wußten alles, was längst vergessen war. Tomte hatte uns für eine Nacht die Eigenschaft eines Heinzelmännchens gegeben. Wir begegneten dem Fuchs, eine Häsin zeigte uns voller Stolz ihren Wurf. Wir unterhielten uns mit einem Wildschwein und einem Marder. Wir hörten das Atmen der Bäume, das Flüstern der Sträucher, das Gemurmel des Mooses. Wir lauschten geheimen Erzählungen aus uralten Zeiten, verschmolzen mit jeder lebenden Zelle auf Erden, erkannten alle Dimensionen, unsere Seelen fanden Ausgeglichenheit und Frieden.« – Die Beschreibung dieser Wanderung gleicht einer Melodie und schlägt Urlebendiges im Menschen an.

Daß zur Zeit die Wesen der Natur und die Hüter von Orten der Kraft wie Magnete Menschen an sich ziehen, hat damit zu tun, daß die Erde gerade jetzt sehr viel Zuwendung und Belebung durch menschliche Aufmerksamkeit benötigt. Jeder von uns kann dabei mithelfen, die Erde zu stärken, indem wir uns liebevoll mit ihr und ihren hilfreichen Geistern in Austausch bringen.

Im Reich der Naturgeister

Zwerge, Elfen, beseelte Natur – solche Begriffe können schnell zu einer ironischen Bemerkung eines Verstandesmenschen führen. Ein Verstandesmensch ist jemand, der bei jeder Gelegenheit hervorkehrt, daß er alles regeln, ordnen und kontrollieren kann, daß er alles im Griff hat, der jedoch oftmals im geheimen einen über den Durst trinkt, nach Schlaftabletten oder Valium greift.

Wenn auch die Annahme, daß Naturgeister existieren, für manche Menschen gegen den gesunden Menschenverstand verstoßen mag, so glauben dessenungeachtet alle Völker der Erde an sie, die noch nicht vom Verstandesvirus der Europäer infiziert sind. In Asien und Afrika war ich bei vielen Einheimischen zu Gast. Dort gehörte es zum Alltag, sich mit den Hausgeistern und Ortsgeistern gutzustellen und sich mit ihnen zu arrangieren, um in Frieden und Harmonie zu leben. Aber selbst in Europa gibt es Länder, wo Zwerge und Elfen als Selbstverständlichkeit gelten, zum Beispiel in Island, Irland, England oder Schottland.

So kann es durchaus auch in unseren Breiten und unserer Zeit vorkommen, daß Sie als ahnungsloser Tourist in einer Pension Quartier beziehen und Sie von Ihren Wirtsleuten auf die unordentlich herumliegenden Kissen aufmerksam gemacht werden. Aber das liege nicht an ihrer Schlamperei, sondern an dem Kobold des Hauses, der einfach sein Vergnügen daran habe, in die ordentlich arrangierten Kissen hineinzuspringen und sie zu zerwühlen. Diese Geschichte wurde mir erst vor kurzem von einer aus Schottland zurückgekehrten jungen Frau zugetragen.

Dafür, daß sie angeblich gar nicht existieren, haben diese Wesen erstaunlich viele Namen. Bei uns gibt es Gnome, Zwerge, Kobolde, Heinzelmännchen, Trolle, Moos-, Wild- und Waldfrauen, Nixen, Necker und Wassermänner, die Elben und das Hügelvolk. Die Engländer haben ihre Fairies, die Österreicher die Zapfenmandl, den Schabbock, die Habergeiß, den Butz und das Nörggele, die Dänen kennen das Ellefolk, die Italiener die Folletti, die Holländer die Kabouter und Alven, die Iren die Sidhe, die Slawen die Rusalka, die Franzosen die Dames vertes, die Aborigines haben ihre Mimis und Quinkans, die Lappen die Uldas, die Araber die Dschinnen, und von den Griechen stammen die Nymphen, Dryaden und Oreaden. Eine Liste, die sich noch lange fortsetzen ließe und vermutlich ein ganzes Buch füllen würde.

Viele große Künstler, Dichter und Denker glaubten an Naturwesen, zum Beispiel Paracelsus, Agrippa von Nettesheim, Johannes Kepler, Johann Wolfgang von Goethe, William Shakespeare, Friedrich von Schiller, Selma Lagerlöf, H. P. Blavatsky, Rudolf Steiner, C. G. Jung. Naturwesen spielen eine bedeutende Rolle in unzähligen Dichtungen und Mythen der ganzen Welt. Früher war ich der Meinung, in jedem Mythos stecke ein Körnchen Wahrheit. Doch seitdem ich mich intensiver mit den Mythen vieler Länder beschäftige, gehe ich so weit zu behaupten, daß in den Mythen die ganze Wahrheit steckt – soweit sie nicht verfälscht wurden, wie es in unserem Raum mit vielen alten Geschichten durch christliche Umdeutungen geschah.

In den Sagen und Märchen wie auch im Herzen vieler Älpler und Landleute leben die Geister der Natur noch fort. Wenn wir Geschichten über Elfen, Zwerge oder Nixen hören, passiert etwas mit uns. Selbst jene, die ihre reale Existenz oder die der feinstofflichen Welten beziehungsweise die metaphysische Seite des Lebens abstreiten, bekommen dabei verträumte Augen. Männer sollen sich dabei eher von Zwergen angezogen fühlen und Frauen von Elfen, sagte mir eine Naturinterpretin aus München, die regelmäßig Zwergen- und Elfenwanderungen organisiert.

Naturgeister – in erzählerischer Form präsentiert – stimmen das Gemüt leichter. Vielleicht mögen Menschen Heinzelmännchen und Feen, weil diese in ihrer Welt Werte pflegen, die im menschlichen Alltag nicht mehr gelten: Gerechtigkeit, Wahrheits- und Nächstenliebe, Selbstlosigkeit, Hingabe, Großherzigkeit, Güte, Mitgefühl – und vor allem pulsierende Lebendigkeit und zauberische Verwandlungskunst.

Gnome

> »Zu meinem Erstaunen habe ich gehört, daß es Menschen geben soll, die noch nie ein Heinzelmännchen gesehen haben. Ich bin sicher, daß mit ihrem Sehvermögen etwas nicht stimmt.«
>
> *Axel Munthe*
>
> (schwedischer Arzt und Schriftsteller)

Gnome leben im ätherischen Reich der Erde. Ein Gnom ist eine Art Zwerg, wobei ein Gnom ein Sammelbegriff für die kleinen Wichte ist. Mit einem Wicht (ursprünglich *wiht*) ist einfach ein kleines Wesen gemeint. So wird heute noch ein kleines Kind scherzhaft Wicht genannt, wohl in Erinnerung an das kleine Volk, das in manchen unserer Redewendungen weiterlebt.

Ein solcher Wicht ist aber nicht immer ein Zwerg. Da wird von Zwergenexperten genau differenziert, wobei der Normalsichtige – also einer, der sie nicht »leibhaftig« sieht – nur schwer unterscheiden kann, ob er es mit Zwergen, Elben, Kobolden, Hämmerlingen oder Heinzelmännchen zu tun hat. Erschwerend kommt hinzu, daß jede Region ihre eigene Bezeichnung für sie kennt. Oft werden sie auch einfach kleine Leute, Erd- oder Hügelvolk genannt.

In den Erzählungen und Berichten über Naturwesen sind die Gnome am reichhaltigsten vertreten. Der Grund mag darin liegen, daß sie die »Stofflichsten« unter den Naturgeistern sind und sensitiven Menschen am ehesten zu Gesicht kommen. Gnome bevorzugen als Lebensraum dichte Wälder, Hügel, Grabhügel, wilde Felsregionen, dunkle Schluchten, knorrige Wurzeln, verlassene Häuser, Ruinen oder Orte, wo es Erzstätten gibt, reine Moos-, Moor- und Almlandschaften – Naturplätze, die noch idyllisch sind und lebendig pulsieren. Ziergärten mit Zierblumen und Ziersträuchern sind dagegen nicht ihr Fall. Gnome, die sich gern in der Nähe von Menschen aufhalten, suchen sich ihr ruhiges Plätzchen im Stall, im Kamin oder gar in der guten Stube, wobei sie einsam gelegenen Häusern den Vorzug geben. Sie sind aber auch stets dort zu finden, wo Menschen mit ihren Händen arbeiten: bei kreativen Gartengestaltungen, im Bergwerk oder bei Bauarbeiten. Wo Menschen in der Erde wühlen, helfen die kleinen Wichte gern mit. Eine Zwergenexpertin erzählte mir, daß Zwerge ihre helle Freude an Baggermaschinen haben, weil sich da »was tut«. An sich sind sie an allem interessiert, was um sie herum vorgeht, aber ganz besonders gern sehen sie beim Liebesakt der Menschen zu – das würde ihnen ganz besonders gefallen.

Beschäftigung und Bewegung machen ihnen viel Spaß – aber nicht, wenn sie dazu gezwungen werden, wozu zum Beispiel Magier fähig sind. Und so mancher Spiritist will sie für einen Spukzauber einspannen. Dienen tun sie aber jedem mit Freude, der mit ihrem Element umzugehen versteht.

Jeder Ortswechsel ist ihnen unangenehm. Sie hängen sehr an ihrem persönlichen Umfeld, flüchten aber vor Kunstdünger, Pestiziden und Giften jeder Art. Sie scheuen Orte, wo gewalttätige oder aggressive Menschen leben. Eisen und Stahl sind ihre Feinde. Auch die Begradigung von Fluß- oder Bachläufen beeinträchtigt ihr Wohlbefinden.

Gnome meiden das Sonnenlicht. Was für uns die Sonne ist, bedeutet ihnen der Mond. Sie mögen keine Stürme, und jeder Wind lähmt ihre Kraft. Dabei ist Energie für sie ganz wichtig. Eine Kraftübertragung erfolgt in Sekundenschnelle, wenn sie einander liebevoll umarmen.

Sie kennen sich in der Heilkunde aus und wissen Bescheid um die Einflüsse der Planeten und die geheimen Kräfte der Natur. Sie sind bewandert in magischen Künsten, und eine ihrer besonderen Fähigkeiten ist, sich an jeden gewünschten Ort in Blitzesschnelle zu versetzen, und sie sollen eine Reihe von Dingen besitzen, die Wunder wirken können.

An Orten, wo sie getanzt haben, wird der Boden besonders fruchtbar. Die Energie, die so zum Beispiel rund um einen Baum erzeugt wurde, unterstützt den Geist des Baumes bei seiner Aufgabe. Weithin bekannt sind Gnome für ihre Verwandlungskünste. Aber nicht nur, daß sie sich groß oder klein machen können – mittels ihrer Tarnkappe werden sie auch unsichtbar. Die Tarnkappe ist Symbol ihrer Unfaßlichkeit und Feinstofflichkeit. Manche kleinen Wichte geben zum Spaß den Menschen ab und zu eine Kostprobe ihrer Verwandlungsfähigkeit und verlängern beispielsweise einen Arm oder ein Bein meterlang.

Eine Geschichte aus der Weststeiermark erzählt von einem Spielmann, der abends durch den Gößnitzgraben heimging. Plötzlich stand ein kleines Mandl vor ihm, versperrte ihm den Weg und rief: »Die Nacht gehört mir, der Tag gehört dir.«

Darauf antwortete der Spielmann: »Weg und Steg müssen frei sein.«

Daraufhin gab das Mandl den Weg frei und zeigte mit seinem Finger zur nahen Ruine Leonrod. Dabei wurde sein Finger immer länger und länger. Er wurde so lang, daß er bis an die Ruine reichte. Dann war das Mandl verschwunden.

Die Zwerge in unseren Sagen und Märchen sind Lehrmeister der Menschen. Nur haben wir viel von dem, was sie uns zu sagen haben, im Laufe unserer Distanz zum Naturreich vergessen.

Ein kleiner Bub hütete einmal im steirischen Oswaldgraben die Schafe. (Der heilige Oswald taucht immer an mystischen Orten auf. Er ist der Heilige, der für das Wetter zuständig ist. Zwei Raben sind seine Begleiter. So spielt der altgermanische Wettergott Odin seine Rolle in christlichem Gewande weiter fort.) Der Hüterbub fand einen kleinen, wunderbar glänzenden Stein. So etwas Schönes hatte er sein Leben lang nicht besessen, und er freute sich darüber. Da hörte er plötzlich eine Stimme hinter sich: »Wenn du mir den Stein gibst, mach' ich dich sehr reich und glücklich.« Der Hüterbub drehte sich um und sah einen Zwerg. Der Stein war ihm gar kostbar, und er fühlte sich gut in seiner Hand an. Nur schweren Herzens trennte er sich von diesem Kleinod. Der Zwerg nahm das Geschenk dankend an und verschwand, und der Bub meinte, daß er betrogen worden sei.

Doch tags darauf kam das Zwerglein erneut auf die Weide und brachte diesmal einen großen Korb mit. Darin befand sich eine mit Gold gefüllte Schatulle. Außerdem lag noch ein Brotlaib darin. Aber kein gewöhnlicher, sondern von jener Sorte, die niemals weniger werden, soviel einer auch davon abschneidet. Der Bub, der über seinen eigenen Schatten gesprungen war, als er sich von dem ihm teuren Stein trennte, bedankte sich von ganzem Herzen für das Geschenk und konnte als Erwachsener ein gutes Leben führen.

Ein Mann, der einen großen Buckel hatte, konnte sich seines Lebens kaum noch freuen, und traurig ging er über das Feld. Da trat ein Zwerg auf ihn zu und sagte ihm, er könne sich wünschen, was er wolle. Gold oder Gut – er würde ihm seinen Wunsch erfüllen, was immer es sei.

Der arme Mann meinte: »Gold und Gut brauch' ich nicht, aber meinen Buckel möchte ich nicht mehr haben.«

Sein Wunsch wurde ihm sogleich erfüllt. Als dann der Mann seinem Nachbarn die Begebenheit mit dem Zwerg erzählte, schlich sich dieser ebenfalls auf das Feld, um sich von dem Zwerg großen Reichtum zu wünschen. Er traf auch tatsächlich den Zwerg, und als ihm dieser ebenfalls einen Wunsch freistellte, wollte er nicht gleich seine Geldgier verraten und sagte: »Ich wünsch' mir das, was mein Nachbar nicht haben wollte.« Und damit meinte er natürlich Geld und Gut, auf das der Nachbar verzichtet hatte. Doch ehe er sich versah, bekam er den Buckel des Mannes. Da wurde er wütend und wollte, daß ihm der Zwerg den Buckel wieder wegmache, aber dieser erfüllte nur jeweils einen einzigen Wunsch. Kichernd lief der Zwerg davon.

Wer mit Zwergen zu tun hat, die noch nach moralischen Grundsätzen leben, ist also gut beraten, ihnen gegenüber mit offenen Karten zu spielen und geradeheraus die eigenen Gedanken und Absichten kundzutun.

Eine andere Sage erzählt von einem armen Jungen, der im Wald nach Beeren suchte und dabei einen freundlichen Zwerg unter einer Buche traf. Der Zwerg forderte den Buben auf, ihm zu folgen, und brachte ihn zu einer Tür im Fels, die in das Innere des Berges führte. Dort war ein reicher Goldschatz verborgen. Der Bub durfte sich so viel mitnehmen, wie er in seiner Jackentasche tragen konnte. Er dürfe auch wiederkommen, versprach der Zwerg, und nochmals davon nehmen, aber er dürfe niemandem etwas davon erzählen. Der Junge versprach es und kehrte zu seiner Mutter heim. Diese drängte ihn jedoch zu sagen, woher er das Gold habe. Der Junge aber schwieg. Als er noch einmal ein paar Handvoll von den Goldmünzen mitbrachte, bedrängte ihn seine Mutter so lange, bis er ihr doch sein Geheimnis verriet. Da packte die Mutter den Buckelkorb, um darin mehr Gold transportieren zu können, und stieg mit dem Jungen den Berg hoch. Doch diesmal fand der Junge den Eingang zum Inneren nicht mehr. Der Fels war verschlossen, und auch der Zwerg ließ sich nicht mehr blicken.

Und die Moral der Geschichte: Brich gegenüber Zwergen niemals ein Versprechen! »Bescheidenheit ist eine Zier, und weiter kommt man *doch* mit ihr.«

Die Größenangaben für Wichtelmänner variieren zwischen Däumlings- und Kindesgröße. Ihre Hautfarbe wird meistens als erdfarben, also bräunlich, gräulich, aber auch als gelblich beschrieben, und es soll ebenso grüne und schwarze Gnome geben. Die Gnome erinnern an alte Männlein und Weiblein, und bereits in jungen Jahren sollen sie alt aussehen. Ihre Stirn ist runzelig und ihr Kopf zu groß im Vergleich zum restlichen Körperbau. Typisch ist auch die Beschreibung ihrer Wohlbeleibtheit, ihrer Knollennase und ihrer abstehenden Ohren. Männliche Gnome haben meist einen langen Bart. Die Gnome selbst sollen mit ihrem Äußeren sehr zufrieden sein.

Sie tragen gern jene Mode, die modern war, als sie geboren wurden. Sie bevorzugen dabei die Farben Rot, Grün und Braun. In der Regel kleiden sich die Frauen mit Bluse, langem bäuerlichem Rock und Kniestrümpfen, und sie schmücken sich mit Blüten. Die Männer tragen lange Beinkleider, einen Wams und einen breiten Gürtel – und ohne Mütze läßt sich kein Zwerg blicken.

An volkstümlicher Musik, Zupfinstrumenten und Flötenspiel, an Stampftänzen und deftigem Essen haben sie größte Freude. Ihre Nahrung stammt natürlich aus ätherischer Substanz.

Mit Vorliebe ahmen sie die Menschen nach. Eine Sensitive sagte mir, die Zwergenfrauen würden Einkaufskörbe tragen, Wäsche waschen, Kuchen backen und Kaffeeklatsch abhalten. Und aus volkstümlichen Überlieferungen wissen wir, daß die Zwergenmänner Meister der Schmiedekunst sind, aber auch dem Schuster-, Tischler- und Schneiderhandwerk nachgehen.

Erhard Bäzner erklärt in seinem Band *Die Naturgeister* allerdings, daß die Zwerge nicht wirklich essen und trinken würden, sondern nur so tun, als ob. Auch würden sie nicht wirklich schlafen, sondern sich nur in ein Bett legen, da sie eben den Menschen so gern nachahmen.

Wichtelmännchen, die mit Menschen zusammenleben, sind auch mit deren Gefühlen eng verbunden, weshalb sie guter Dinge sind, wenn es den Menschen gutgeht, und traurig, ist einer von »ihren« Menschen krank. Sie sollen sich sogar so stark einfühlen, daß sie, wenn ein Mensch von Zahnschmerzen geplagt ist, diesen Schmerz derart nachempfinden, daß sie sich ein Tuch über die Backe binden und sich von anderen Zwergen und ihren Frauen trösten lassen – so beschreibt es zumindest Erhard Bäzner. Er erwähnt auch, daß die Gnome ihren Tagesablauf in drei Abschnitte teilen: Ein Drittel des Tages wird der Arbeit gewidmet, ein Drittel verbringen sie mit Lernen, und das letzte Drittel gehört der Muße und dem Spiel.

Gnome sind bekannt für ihre unermüdliche Schaffenskraft im Inneren des Erdreiches. Ständig sind sie in rhythmischer, kreisender oder wellenförmiger Bewegung, um die Atome im dynamischen Umlauf zu halten. Ihnen obliegt das Wachstum und die Entwicklung von Gestein und Mineralien, und sie sind beteiligt an der Entstehung und Formgebung der Kristalle. Sie arbeiten intensiv mit Wurzelstöcken, und im Frühjahr wecken sie die Lebenskräfte der Pflanzen, leiten die Energie über die Wurzeln in den Stamm oder über die Pflanzenstengel in die Blütenkelche und regen die Triebkraft in den Bäumen an. Am liebsten arbeiten sie in Gruppen. Nach Rudolf Steiner sind Gnome die Vermittler zwischen dem Erdreich und der Pflanze: »Sie bringen das Mineralische der Erde in Strömung, um es an die Wurzeln der Pflanzen heranzubringen.« Gnome sind aber auch für die Pflege und den Schutz von Tieren zuständig. Sie sind fähig, schwache und kranke Tiere zu stärken oder zu heilen.

Auch wenn sich die einzelnen Mitglieder einer Gnomengruppe äußerlich sehr ähnlich sind, so gibt es einzelne unter ihnen, die weiser sind als die anderen und über höhere Fähigkeiten verfügen. Diese nehmen dann ratgebende und leitende Positionen ein. Aber alle unterstützen einander, ohne zu zögern. Alles, was sie tun, entspringt einer Art automatischem Bewußtsein, um so dem großen Ganzen, der gemeinsamen Sache am besten zu dienen.

Sie haben Schulen und Kulturstätten. Eine besondere Rolle nehmen ihre Lehrer, Heiler, Künstler und Philosophen ein. Zwerge erachten es als sehr wichtig, in ihrer geistigen Entwicklung voranzukommen. Nach Dr. Rizzi existieren auch kultische Plätze, wo sie regelmäßig Zeremonien abhalten.

Jedes Zwergenvolk besitzt einen eigenen Herrscher oder König. Dieser wird nicht gewählt, sondern wächst aufgrund seiner Kraft, Weisheit und natürlichen Autorität in diese Rolle. Ein Zwergenkönig sorgt in erster Linie nicht für sich selbst, sondern in gütiger Weise für sein Volk, und dieses steht ganz hinter seinem Herrscherpaar, das in wunderbaren Palästen wohnt. Im Reich der Zwerge gibt es weder Volksaufstände, noch hegt ein Wicht den Wunsch nach revolutionärer Veränderung. Alles nimmt auf natürliche Weise seinen geregelten Lauf. Wie wäre es, wenn wir Menschen uns einmal zwecks lebensfördernder Studien ins Reich der Zwerge begeben würden?

Genauen Einblick in den Alltag der Heinzelmännchen bietet *Das große Buch der Heinzelmännchen* – ein Werk, das auf liebevolle Weise Anregung gibt, wieder über die Natur und ihre inneren Vorgänge nachzudenken. Heinzelmännchen sollen demnach ihren Ursprung in Skandinavien haben und mit den großen Völkerwanderungen auch in südlichere Gefilde Europas gekommen sein. Ihre Welt nehmen sie vorwiegend über Düfte, also durch Riechen wahr. Sie sind Meister der Runenzeichen.

Bei der Geburt eines Heinzelmännchens wird ihm ein Bäumchen gepflanzt, und später wird das Bäumchen von den Eltern mit Runen gekennzeichnet. Eine Abschrift davon wird auf einer Steintafel niedergelegt, die das Zwergenkind im Alter von fünfundzwanzig Jahren ausgehändigt bekommt. Diese Tafel bewahrt es sein Leben lang an einem geheimen Ort auf. Ihren Lebensbaum besuchen die Heinzelmännchen jedes Jahr zur Wintersonnenwende.

Über die geschlechtliche Fortpflanzung der Gnome gibt es unterschiedliche Ansichten. Manche meinen, sie würden aus den Wurzeln oder Bäumen geboren werden. Die Geburt soll jedenfalls nicht wie beim Menschen erfolgen. Im Alter von etwa hundert Jahren wird das Heinzelmännchen heiratsfähig. Bei Vollmond verspricht dann das Paar – unter dem Lebensbaum der Zwergenfrau – einander Treue.

Die im Freien lebenden Heinzelmännchen – die Wald- und Gartenheinzelmännchen – wohnen am liebsten unter alten Bäumen, bevorzugt werden Eichen und Buchen. Jene, die die Nähe von Menschen suchen, finden ihr Zuhause im Dachstuhl alter Bauernhöfe. Es gibt aber auch Heinzelmännchen, die es vorziehen, in Sanddünen zu wohnen.

Heinzelmännchen haben in der Regel ein wonniges Gemüt und einen spaßigen Charakter. Nur einer unter tausend mag ein ungutes Naturell besitzen. Oft wirken die kleinen Wichte ganz verträumt, dann ist es, als würden sie mit ihren Gedanken in anderen Welten weilen. Sie besitzen einen feinen Orientierungssinn, dem der Zugvögel ähnlich, und ihren Weg können sie unter der Erde, auf der Erde, aber auch von Baumwipfel zu Baumwipfel nehmen.

In unseren Regionen sollen die Heinzelmännchen eine stattliche Größe von bis zu fünfzehn Zentimetern erreichen und ein Gewicht von zweihundertfünfzig bis dreihundert Gramm auf die Waage bringen. Größer sollen ihre Artgenossen in Sibirien sein. Diese werden außerdem als weniger freundlich beschrieben. Sie zeigen sich viel rachsüchtiger, geht ihnen etwas gegen den Strich. Dann können sie Mißernten, Dürre, Schneestürme, Kälteperioden oder Überschwemmungen heraufbeschwören. Dieser wenig erfreuliche Charakter kommt daher, daß sie dort soviel mit Trollen zusammen sind. Schlechter Umgang färbt eben ab. Während die Heinzelmännchen fleißig, hilfsbereit, schlau und drollig und sonniger Natur sind, gebärden sich die Trolle als faule, üble, unordentliche, bösartige Gesellen, die ihre Babys oft gegen Menschenkinder austauschen.

Heinzelmännchen kann man nichts verheimlichen. Sie können durch einen hindurchsehen, als wäre man aus Glas. Im Kontakt mit Menschen nehmen sie nicht so sehr deren physischen Leib wahr, sondern vielmehr das wahre Ich. Ihre Botschaft ist, daß sie zwar nichts dagegen einzuwenden haben, daß Menschen ihre drollige und spaßige Seite und ihre handwerklichen Fähigkeiten erkennen, aber es wäre ihnen lieber, wenn die Menschen mit etwas mehr Tiefe in ihre Welt hineinblickten.

Während das Durchschnittsalter der Heinzelmännchen oder Gnome in der Regel mit einigen hundert Jahren angegeben wird, erreichen sie nach Daphne Charters nur ein Alter von fünfundzwanzig Jahren, und nach Erhard Bäzner werden sie vierzig bis siebzig Jahre alt. Aber vielleicht handelt es sich dabei um verschiedene Zwergen- oder Gnomenrassen. Sie sollen keine Krankheiten kennen und können entweder an einem Unfall oder durch einen Angriff eines raubtierartigen Wesens sterben. Im Normalfall aber sterben sie einfach daran, daß sich nun einmal jede Erscheinungsform irgendwann abnutzt und der Veränderung bedarf. Fühlt ein Heinzelmännchen, daß es ans Sterben geht, zieht es sich an einen geheimnisvollen Ort zurück, um in Frieden entschlafen zu können. Nach seinem Tod beginnt auch sein Lebensbaum abzusterben.

Das Wort »Heinzelmännchen« wurde erstmals 1534 von dem Theologen Erasmus Alberus gebraucht, womit er koboldartige Hausgeister, die den Menschen bei ihrer Arbeit helfen, meinte. Diese erhalten spezielle Namen, damit sie angerufen werden können. Lieblingsnamen für die Wichte sind nach dieser Überlieferung Heinzlein, Hinzemann, Hinzel- oder Petermännchen. Die Gunst der Kobolde kann man sich erwerben, wenn man ihnen etwas Milch und Brot bereitstellt. Als Dank dafür geben sie den Menschen die beste Zeit für Aussaat bekannt und den Zeitpunkt, um Heilpflanzen zu sammeln. Die Heinzelwichte würden selbst Hochzeiten im Haus der Menschen feiern und sich von Menschenfrauen auch bei der Geburt ihrer Kinder helfen lassen. Sie fühlen sich auch heute noch von Menschen angezogen, die aktiv und rührig sind. Und aus esoterischer Sicht unterstützen Gnome jene Menschen, die sich von ihren materiellen Begrenzungen zu befreien und die niederen Triebe zu bekämpfen versuchen.

Heinzelmännchen leben in Frieden mit den Menschen, solange sie nicht verspottet werden oder man ihnen Übles nachredet oder versucht, ihnen eine Falle zu stellen. Dann können sie sehr ärgerlich werden, Krankheit verursachen, Unfälle herbeiführen oder sich in anderer Form rächen, wie zum Beispiel Goldemar, der Hausgeist der Hardenberger, die in Hardenstein an der Ruhr ihren Sitz hatten. Goldemar war eng vertraut mit der adeligen Familie. Er sprach auch sonst mit allen Menschen, warnte sie vor Unheil und zeigte ihnen Mittel und Wege, es zu umgehen. Goldemar ließ sich zwar anfassen, wobei seine Hand sich weich und kalt wie die eines Frosches oder zart wie die einer Maus anfühlte, aber sehen konnte ihn keiner. Nur sein Schatten soll manchmal wahrgenommen worden sein. Als einmal einer aus Neugierde dem Kobold eine Falle stellen wollte, indem er Erbsen streute, rächte sich Goldemar fürchterlich an dem Frevler, indem er ihn in viele Stücke schlug. Danach verließ er Hardenstein, zumindest hat niemand mehr danach seine Präsenz gespürt.

Kobolde haben aber auch Spaß daran, Menschen zum Narren zu halten und Verwirrung zu stiften. Sie verführen Kinder zu albernen Späßen und belegen oft Menschen mit einer Art Zauber, der die Betroffenen verunsichert nach »verlegten« Dingen suchen läßt, die sie womöglich gerade noch in der Hand gehalten haben. Das kann ein Kugelschreiber, eine Schere oder die berühmte Nähnadel sein. Kobolde können Menschen dazu bringen, daß sie unbewußt Dinge woanders hinlegen und sich nicht mehr daran erinnern, oder sie können selbst solche Gegenstände an einen anderen Platz bringen. Ich erinnere mich noch an den Ausspruch meiner

Großmutter, wenn sie etwas suchte und nicht fand. Dann pflegte sie zu sagen: »Da ist ein Zwerg am Werk.« Oder ich hörte in meiner Kindheit eine ältere Frau, die ihre Brille verzweifelt suchte, vor sich hin murmeln: »Da sitzt ein Zwerg drin.«

Kobolde, die eine Neigung zu Spuk und Spektakel haben, werden auch Klabautermännchen genannt. Und manche von ihnen lieben es, in Schubladen oder alten Möbeln herumzustöbern. Gnome, die sich auf einer noch unreiferen Entwicklungsstufe befinden, sollen sich über die Schwächen der Menschen lustig machen. Reifere Gnome zeigen dagegen Würde und Mitgefühl.

Eine junge Frau aus meinem Bekanntenkreis erzählte mir von einem solchen Koboldererlebnis. Sie war mit Freunden zu einem Almhüttenfest in der Nähe von Füssen eingeladen, und es ging ziemlich laut und lustig zu. Die Menschen sangen und machten Musik. Nur ein Mädchen, das offenbar Liebeskummer hatte, saß abseits und sah traurig vor sich hin. Da gewahrte meine Bekannte eine ganze Gruppe kleiner grüner Männchen, die vor dem Mädchen auf- und abhüpften, um es zum Lachen zu bringen. Als das nichts nutzte, sprangen sie dem Mädchen sogar auf den Kopf, was von diesem aber gleichfalls unbemerkt blieb. Da begannen die Männchen, einen wilden Tanz vor dem Mädchen aufzuführen, und bogen sich dabei vor Lachen, und sie schüttelten ihren Kopf darüber, daß jemand bei einer so tollen Stimmung so traurig sein kann. Die Männchen folgten dem Mädchen selbst noch bis aufs Matratzenlager, was aber niemand außer meiner Bekannten bemerkte. Ich fragte, wie sie denn genau aussehen und welche Kleider sie angehabt hätten. Sie antwortete, daß die Männchen stets in Bewegung waren und ihre ganze Erscheinung grünphosphoreszierend leuchtete. An Kleider könne sie sich nicht erinnern, aber sie hätten Hüte gehabt. Sie erwähnte noch, daß sie davor noch nie Zwerge gesehen habe und daß sie es kaum fassen könne, daß Zwerge tatsächlich Hüte tragen.

Kobolde können sich aber auch in einen Wurm oder eine Schlange verwandeln. So wurden Ringelnattern als Hausgeister betrachtet. Sie galten als Glücksbringer und Schutzgeist der Familie, der schädliche Einflüsse von Haus und Hof fernhielt. Einem solchen Hausgeist wurden stets Milch und eingetunkte Brotstückchen bereitgestellt. Die Natter oder Unke, wie sie auch genannt wurde, war mit der Familie eng verbunden, und wenn ihr Pfeifen ertönte, kündigte sie damit den Tod eines Familienmitgliedes an.

Da gibt es die Geschichte eines kleinen Mädchens, das sich mit der Hausnatter angefreundet hatte und sie täglich mit Milch versorgte. Als ihre Mutter das eines Tages bemerkte, erschlug sie die Natter. Daraufhin ging es dem Kind schlecht, und es starb.

So gern die Gnome sich mit Milch, Brot oder Speck verwöhnen lassen – Kleider wollen sie nicht als Geschenk annehmen. Das scheinen sie als eine Beleidigung oder eine Art Vertrauensbruch zu betrachten, und sie verlassen daraufhin diesen Menschen, selbst wenn sie bis dahin im guten oder freundschaftlichen Einklang mit ihm gelebt hatten.

Die Sennen einer Alm im tirolerischen Ötztal hatten seit langem Frieden mit den Bergmandln und brachten ihnen regelmäßig Brot und gelegentlich auch eine Schnitte Käse mit. Einer gutherzigen Schafhüterin gelang es sogar, daß der Butz seine Scheu vor den Menschen verlor. Als sie sich einmal von dem Wicht beobachtet sah, während er oberhalb auf einer Steinplatte hockte, forderte sie ihn freundlich auf: »Hüpf doch herab zu mir, damit wir uns ein wenig unterhalten können.«

Und der Butz näherte sich dem Mädchen, das gar so lieb sprach, und setzte sich daneben auf den Stein. Die Hirtin wußte, daß dieses kleine Wesen mit den langen Haaren und abstehenden Ohren von einer anderen Lebenswelt tief im Berg kam. Ein alter Senn hatte einmal zu ihr gesagt, daß das ein sehr altes Volk sei, viel älter als Menschen es wären. Das Mädchen bedankte sich bei dem Butz dafür, daß er so gut auf das Vieh achtgebe und die Alm vor Unheil bewahre. Das freute den Butz, und stolz sagte er: »Ja, die Schafe und Kühe kennen mich wohl.«

Von nun an trafen sich das Mädchen und der Butz regelmäßig zu einem Schwatz da oben auf der Alm. Eines Tages fragte der Butz, ob sie nicht einmal mit ihm in den Berg kommen wolle. Da lachte die Schafhüterin und meinte, sie sei doch viel zu groß dafür. Doch der Butz antwortete: »Ich mach' dich so klein, wie ich bin. Das Zauberwort kenne ich dazu.«

Dann fragte das Mädchen, was es denn da drinnen tun solle. Und der Butz, der das Mädchen sehr mochte, sagte: »Du könntest immer mit mir da drinnen bleiben.«

Diese Vorstellung machte aber die junge Hirtin bange, denn wenn sie sich auch gut mit dem Butz verstand und ihn mochte, so konnten sie niemals von gleicher Art sein. Und sie verließ die Alm.

Daraufhin gab es viel Mißgeschick. Das Vieh rannte wie aufgeschreckt durcheinander, und ein Schaf stürzte eine Steilwand hinunter. Der alte Senn wußte, daß der Butz dahintersteckte, und manchmal sah er das Bergmandl im Mondschein ganz traurig auf einem Felsen sitzen.

»Die Alm muß wieder Frieden haben«, sagte der Senn zur Schafhirtin, die er im Tal besuchte. »Du mußt ihn versöhnen.«

Da nähte sie dem Butz eine schöne rote Jacke und stieg wieder auf die Alm hinauf. Sie sagte dem Mandl, daß sie ihn nicht vergessen habe, und überreichte ihm die Jacke. Doch er blickte sie daraufhin sehr unglücklich an, und sein Gesicht sah uralt aus: »Jetzt komme ich nie mehr aus dem Berg heraus.« Und kein Mensch hat ihn mehr gesehen.

Ein Hirte hatte sich sein Bein verletzt, als er einen Hang hinabgerutscht war, und konnte nun das Vieh nicht mehr hüten. Da suchte der Bauer einen neuen Hüter für seine Ziegen. Nachts klopfte es an der Tür des Bauern, und ein kleines Wesen stand davor. Der Bauer dachte zuerst, es sei ein Bub, der sich verlaufen habe, und brachte ihn in die

Stube. Doch im Licht der Lampe erkannte der Bauer, daß es kein Bub war, sondern ein altes Mandl mit einem runzeligen Gesicht; seine zerzausten Haare standen wie Borsten vom Kopf ab.

Der Wicht sagte, er würde den Bauern schon seit langem kennen, schon seitdem dieser selbst so klein war, wie er es ist, und er wolle gern seine Ziegen hüten, mit denen er gut auskomme.

»Bist du denn ein Nörggele?« fragte der Bauer.

»Nenn mich, wie du willst, Bauer, solange ich deine Ziegen hüten darf.«

»Aber du bist doch viel zu klein, du kommst den Geißen ja zwischen die Beine.«

»Ich kann höher springen als du – und flinker bin ich auch.« Da stellte der Bauer das Nörggele als Hirten ein. Der einzige Lohn, den es verlangte, war dunkles Brot mit viel Butter darauf.

Als das Nörggele dem Senn auf der Alm erzählte, daß es seinen Hüterbuben bei seinem Sturz aufgefangen habe, sonst wäre er viel tiefer gerollt, bedankte sich der Senn herzlich dafür und sagte spontan: »Wir zwei halten zusammen, nicht wahr?«

So gab es Eintracht auf der Alm, und das Nörggele wurde der beste Hirte, den der Bauer jemals gehabt hatte. Die Geißenherde konnte das kleine Mandl gut überschauen, indem es den Tieren auf den Rücken sprang und auf ihnen ritt. Es hatte die Herde gut im Griff, da es gut mit den Tieren redete.

Eines Tages meinte der Bauer, das Nörggele müsse ein

neues Röcklein haben, sein Gewand wäre ja schon ganz abgetragen. Und er ließ ihm ein neues lodenes nähen, das er dem Nörggele dann am Morgen zum Butterbrot legte. Von diesem Tag an blieb das Nörggele verschwunden.

Was lernen wir aus dieser Geschichte über die Bedeutung von Kleidern? Es sind Hüllen, die einengen, begrenzen. Ob Gnome menschliche Kleider, die »Hüllen« der Menschen, als Beschränkung ihres Bewegungsfreiraumes empfinden? Sie scheinen jedenfalls nicht in eine Haut schlüpfen zu wollen, die selbst manchem Menschen zu eng ist.

Diese beiden Geschichten machen aber auch auf den einst selbstverständlichen Umgang zwischen einem Menschen und einem »Unirdischen« aufmerksam. Sie lassen die Gefühlsebene spüren, auf der Wesen zweier unterschiedlicher Welten miteinander zu kommunizieren vermögen.

Mancherorts werden Bergmännchen Hämmerlinge oder Schachtzwerge genannt. Das sind jene, die unter Tage im Gestein hämmern und klopfen. Sie leben in Bergwerken oder Steinbrüchen. Selbst der härteste Fels ist kein Hindernis für sie. Sie gehen durch die dichteste Materie hindurch, als wäre sie Luft. Da sie stets im Inneren der Berge zu tun haben, kennen sie all die geheimen Orte, wo Schätze verborgen sind. Von Bergleuten werden sie immer wieder gesichtet. Die Hämmerlinge sollen Bergmannkleidung tragen. Sie graben und schaufeln ganz emsig, wobei sie es bevorzugen, gruppenweise in Schichten zu arbeiten. Bergleute, die sich gut mit ihnen stellen wollen, geben von ihrem Essen etwas an sie ab. Dafür erhalten sie wertvolle Tips, wo sie fündig werden. Die Gnome im Schacht sollen äußerst gutmütig und hilfreich sein; wenn sie allerdings beleidigt werden, können sie in ihrem Ärger Bergrutsche verursachen.

Eine andere Art von Gnomen sind die Elben oder Alben. Es wird dabei zwischen Licht- und Schwarzalben unterschieden. Die Schwarzalben wohnen in der Erde und vertragen kein Sonnenlicht, und die Lichtalben sind – wie ihr Name bereits sagt – dem Licht zugeordnet und der segenspendenden Kraft von oben. Der Unterschied zwischen Schwarzalben und Zwergen oder Kobolden ist allerdings für einen Normalsichtigen kaum auszumachen. Auch sie treiben gern ihre Späße, zum Beispiel mit Wanderern, die gerade ihren Weg kreuzen. Einigen von den Schwarzalben wird ein dämonischer Charakter nachgesagt und daß sie bösen Zauber über Menschen bringen. Eigenbrötler oder Sonderlinge eines Ortes wurden einst als Elpentrötsch bezeichnet. Damit ist einer gemeint, der »von einem Elb getreten« wurde.

Das erinnert mich an eine Erfahrung im Norden von Madagaskar. Als ich auf Nosy Komba die Umgebung erkunden wollte, wurde ich von Einheimischen vor dem Bergwald gewarnt, weil dort angeblich Zwerge wohnen. Trifft man auf einen, darf man ihn auf keinen Fall ansehen, sonst würde er einem den Geist verwirren. Hat einmal ein Mensch in auffallender Weise seine Persönlichkeit verändert oder ist er nicht mehr ganz bei Sinnen, heißt es gleich: »Er hat einen Zwerg.«

Es gibt auch Elben, die phosphoreszierende Lichter über Sümpfe und Moorgebiete tragen. Sie werden Irrwische genannt und sollen eine Menschenseele besitzen und mit den Gespenstern verwandt sein. Da sie sich noch an ihr Erdendasein erinnern können, werden sie noch nicht in den Kreis der Elben aufgenommen. Sie selbst wissen nicht, welcher Welt sie näherstehen.

Oft ist von dem Kleinen Volk die Rede, das an einem bestimmten Ort – meist sind es verlassene Siedlungen, versteckte Täler oder im Nebel liegende Inseln – gelebt hat. Von so einem geheimnisvollen Kleinen Volk habe ich auch im Süden von Madagaskar gehört, wo es tief im einsamen Buschland zu Hause sein soll. Und in Island leben die Huldufolks, die »versteckten Leute«, in ländlichen Dorfgemeinschaften in einer verborgenen Welt. Höchst selten werden sie Menschen sichtbar, und noch seltener kommunizieren sie mit ihnen. Es soll aber Menschen geben, die sogar mit ihnen zusammengelebt haben.

Daß diese zarten Wesen Menschen in der Regel meiden, mag auch daran liegen, daß die ätherische Hülle der Menschen derart von psychischen Schadstoffen durchtränkt ist, daß deren Nähe für das Kleine Volk gefährlich werden könnte. So heißt es auch, daß ungezügelte Laster, Faulheit sowie üble und niedrige Gedanken der Menschen die Gnome der unteren Grade anstecken und deren Entwicklung behindern. Das ist einer der Gründe, warum sich die umsichtigen Naturwesen mehr und mehr von den Menschen zurückziehen. Von einem Sensitiven habe ich erfahren, daß Naturgeister einem Menschen nur nahe kommen, wenn dessen Aura rein ist. Jede Verunreinigung würde ein Naturwesen in die Flucht schlagen.

Zwerge sind auch Helden literarischer Werke, wie zum Beispiel der Zwergenkönig Laurin, der in den Südtiroler Dolomiten den Rosengarten – eine Idylle von großer Schönheit – hütete. Doch Dietrich von Bern drang in den Zaubergarten ein, verwüstete ihn und verlangte von Laurin ewige Treue. Laurin nahm Dietrich und dessen Freund mit in die Unterwelt, wo er die beiden betäubte. Doch Kühnhild, die Laurin zuvor entführt hatte, kam den beiden Männern zu Hilfe, und Laurin wurde noch einmal überwältigt. Nach dieser Zähmung entwickelte er sich allerdings zu einem getreuen Gefolgsmann Dietrichs.

Aus einer anderen Erzählung geht hervor, daß Laurin als Narr auftreten mußte. Doch er konnte seinen Bezwingern entkommen und in sein Reich zurückkehren. Den Rosengarten umspann er nun mit einem magischen Faden, damit kein Mensch ihn mehr finden konnte.

Der Rosengarten steht für das Paradies, für Freude und Wohlbefinden; er ist ein Symbol für Vollkommenheit und das innere Zentrum im Leben. Aber die Dornen der Rose bereiten auch Schmerz. Die vierblättrige Rose versinnbildlicht darüber hinaus die vier Himmelsrichtungen und die vier Elemente.

In den germanischen Sagen werden Zwerge stets als große Meister der Schmiedekunst erwähnt. Sie stellen für die Götter Waffen her, die mit Zauber beschlagen sind, und magische Ringe, die sich aus sich selbst vermehren. In der altgermanischen Heldensaga der *Edda* ist es der Zwerg Regin, der für Sigurd, den jungen, strahlenden Helden, ein Schwert schuf, das den Namen Gram erhielt. Mit diesem Schwert hieb Sigurd den Amboß Regins entzwei. Regin war wissend, zauberkundig, aber auch grimmiger Natur. Er übernahm Sigurds Erziehung und erzählte ihm von dem Zwerg Andwari, der in Hechtgestalt in einem Wasserfall sich Nahrung fing. Und er erzählte von seinem Bruder Otr, der in der Gestalt eines Otters sich einen Lachs holte, doch dabei von Loki, einem der Asen-Götter, getötet wurde. Als Wiedergutmachung verlangte Hreidmar – der Vater von Otr, Regin und dem Wurm Fafnir –, daß der Balg des Otters mit Gold gefüllt werde. Daraufhin fing Loki den Zwerg Andwari in seiner Fischgestalt im Netz, und Andwari, der viel Gold besaß, mußte es Loki bis auf den letzten Ring aushändigen. Da ging der Zwerg in den Stein ein und sprach die Verwünschung aus, daß das Gold keinem zugute kommen solle.

Fafnir und Regin verlangten von ihrem Vater einen Anteil des Bußgeldes, doch als dieser ablehnte, wurde er von Fafnir getötet, der nun alles Gold an sich nahm, ohne seinem Bruder Regin etwas davon abzugeben. Regin sann daraufhin auf Rache und stachelte Jung-Sigurd an, Fafnir, den Wurm, zu töten.

Regin und Sigurd fanden Fafnirs Höhle. Der Wurm lag auf

dem Goldschatz. Da hob Sigurd eine Grube aus und stellte sich hinein. Als dann Fafnir sich von seinem Lager erhob und über die Grube glitt, stieß ihm Sigurd das Schwert ins Herz. Bevor Fafnir starb, sprach er zu Sigurd: »Regin verriet mich, er verrät auch dich.«

Regin ging zu seinem toten Bruder und schnitt ihm das Herz heraus. Er bat Sigurd, es zu braten, während er schlafen wolle. Als Sigurd mit dem Finger probierte, ob das Herz gar sei, verbrannte er seinen Finger und steckte ihn in den Mund. Doch daran war Fafnirs Blut, und als er es über die Zunge aufnahm, vermochte er die Stimmen der Vögel zu erlauschen. Und er hörte, wie Adlerfrauen sich unterhielten. Eine sagte, daß er – Sigurd – klug wäre, das leuchtende Lebensfleisch zu essen. Eine andere Adlerfrau sprach davon, daß Regin falsch sei. Und noch eine andere bezeichnete Regin als einen gemeingefährlichen Feind und sagte, daß es unklug sei, ihn noch länger zu schonen. Da tötete Sigurd Regin, aß Fafnirs Herz und trank sein Blut.

Der Wurm verkörpert die lebendige Erde, und letztlich ist es das Fleisch und Blut der Erde, das Sigurd in sich aufnimmt – und damit auch die Weisheit der Erde und die Tiefe ihrer Wandlung.

Auch der griechische Gott Apollon tötete den Drachen, der in der Tiefe der Erde lebte und der anfänglich Gaia, Mutter Erde, versinnbildlicht hatte. Apollon beziehungsweise Helios, der Sonnengott, ging später in Jesus Christus, der unbesiegbaren Sonne, auf. So ist das Fleisch und Blut Jesu Christi, das der Priester während der heiligen Wandlung in Form von Wein und Brot zu sich nimmt, im ursprünglichen Sinn das Fleisch und Blut der Erde, die aber gerade durch die Kirche im Mittelalter als Hort der Dämonen gesehen wurde. Das hatte fatale Folgen für die Erde. Nur so konnte sie derart von den Menschen – ohne daß sie dabei ein schlechtes Gewissen haben mußten – bekämpft, bezwungen und ausgebeutet werden. Die Verleugnung der Erde als lebendiges Wesen konfrontiert uns heute mit all den Umweltproblemen und zunehmenden Naturkatastrophen.

Im Nibelungenlied ist es der Held Siegfried, der es mit dem Zwergenkönig Alberich, dem Meister der Schmiede und dem Hüter des Verborgenen, zu tun bekommt. Dieser kann sich mit einer Tarnkappe unsichtbar machen und hat so alle Vorteile auf seiner Seite. Siegfried kann Alberich die Zauberkappe entreißen, doch in seinem Edelmut schenkt er dem Zwergenkönig das Leben, worauf Alberich künftig Siegfrieds Schätze (die vom Drachen stammen) bewacht.

Der in geheimen Künsten bewanderte Zwerg Alberich ist in den Merowingersagen der König der Unterwelt. Da auch Zwerge immer wieder in Verbindung mit Hügelgräbern gebracht werden, ist es möglich, daß sie einst als Hüter der Schwelle bei Totenritualen eine Rolle spielten. So sind Wurm, Drache oder Zwerg vor allem Hüter der inneren Schätze. Sie zeigen, was an kostbaren Erzen vorhanden ist, aber die Umwandlung überlassen sie dem Menschen. Es liegt an unserer eigenen Imaginationskraft. Aber manchmal muß erst ein Zwerg stolpern, wie im Märchen von Schneewittchen, um einen Menschen zur Besinnung zu bringen.

Baumgeister

In den Bäumen wohnen die Dryaden; so nannten die Griechen die Baumgeister. Aus dem Altitalienischen stammt die Bezeichnung Faun, eine Abteilung von Faunus, dem einstigen Feld- und Waldgott. Dryaden werden in der Regel als männliche Baumgeister gesehen, die von hoher menschenähnlicher Gestalt sind; Faune werden im Mythos bocksbeinig dargestellt.

Baumgeister sind mehr oder weniger an den Baum gebunden und können sich nur so weit von ihm entfernen, wie die Wurzeln reichen. Wenn es in einem Wald ein dichtes Wurzelgeflecht vieler Bäume gibt, sollen sie sich über diese – wie über magnetische Bahnen – fortbewegen können. Mellie Uyldert bringt dazu den Vergleich der Oberleitungsbusse, die den Fahrdraht nicht verlassen können.

Baumgeister sind eng mit dem Leben ihres Baumes verknüpft: Stirbt der Baum, stirbt auch der Geist in ihm. Wird beispielsweise ein Baum von einem Blitz getroffen, kann es sein, daß sich sein Geist nicht mehr rechtzeitig retten kann. Ein Baum gilt aber erst dann als tot, wenn auch die Wurzeln abgestorben sind – erst dann wird der Geist von der Materie frei. Werden jedoch die Wurzeln herausgerissen, kann dadurch das befreite Baumwesen eine neue Aufgabe an einem anderen Baum übernehmen, indem es sich in einen neuen Schößling versetzt, wobei ihm andere Naturwesen behilflich sind.

Ein kleiner Baumgeist wächst anfangs nur widerwillig in

seine Aufgabe hinein und erfährt erst mit den Jahren Reife und Würde. Alte Bäume gelten für Naturgeister als Orte besonderer Ehrerbietung. Naturgeister sollen zwar nicht wie Menschen einen Glauben an einen Gott kennen, aber das Bewußtsein für etwas Höheres und Reineres besitzen. Ihre Konzentration, die sich dabei auf bestimmte Bäume richtet, empfängt auch der Mensch in der Nähe alter Bäume, denen er sich einfühlsam, ehrfürchtig und mit Respekt nähert. In früheren Zeiten haben Menschen bestimmte Bäume regelmäßig mit Aufmerksamkeiten bedacht oder im Vorbeigehen gegrüßt, und Männer haben sogar ihren Hut gezogen.

In diesen Zeiten ging der Mensch vorsichtig mit Bäumen um, lebte er doch noch in dem Bewußtsein, daß sich ein Baumgeist fürchterlich rächen kann, wenn der Baum verletzt oder umgehackt wird, ohne ihm dafür eine plausible Begründung zu geben oder ohne sich dafür zu entschuldigen. Baumgeister konnten mit persönlicher Zuwendung versöhnt werden. Doch ein Mensch, der sich an einem Baum verging, ohne sich mit dem Geist versöhnt zu haben, mußte damit rechnen, daß entweder sein Vieh oder ein Familienmitglied krank wurde oder ihm ein anderes Unglück widerfuhr.

In einem Dorf in Ghana hörte ich, daß Geister, die in Bäumen leben, fürchterliche Rache nehmen, wenn man ihre Wohnstätte umsägt, um daraus Möbel zu machen. Immer wenn ein Baum umgeschlagen wird, bringt man seinem Geist Opfer dar, zum Beispiel Eier. Eier haben mystische Bedeutung. Sie sind sowohl das Symbol des Welteneies als auch Sinnbild der Keimzelle jeder Lebensform. Mit einem solchen Opfer ist der Holzfäller auch davor geschützt, daß ihm die Hacke ausrutscht und ihn verletzt.

In Ghana wurden einst besonders mächtige, starke Bäume als Odum-Bäume bezeichnet. Sie dienten auch als Orakelstätte. Damals wäre es nie erlaubt gewesen, einen Odum-Baum zu fällen; keiner hätte es jemals gewagt, sich an einem solchen Heiligtum – den Hainen der Druiden vergleichbar – zu vergreifen. Als dann die Europäer kamen, verlangten sie von den Einheimischen, ihre Odum-Bäume umzuschlagen, in denen sie nur den großen materiellen Wert sahen. Die Einheimischen litten dabei Seelenqualen. Eine Geschichte erzählt, daß so ein Odum-Baum bereits durchgesägt war, aber der Stamm auf dem Stumpf senkrecht stehen blieb. Erst ein starker Sturm brachte den Stamm schließlich zum Fallen.

Bäume wie die Linde und Birke oder fruchttragende Holundersträucher werden in Mythen und Legenden von weiblichen Baumgeistern bewohnt. Dann ist entweder von weiblichen Dryaden oder Baumnymphen die Rede. Nymphen sind an sich frei umherschweifende Wesen des Waldes und gelten bereits als höherentwickelte Naturgeister, die lieblichen jungen Frauen gleichen.

In manch alter Legende wird berichtet, daß sich eine Nymphe in einen Baum verwandelt hat, um in Würde weiterleben zu können. Ein bekanntes Beispiel dafür ist die Nymphe Daphne aus der griechischen Mythologie. Sie war die wunderschöne Tochter des Flußgottes Peneios und wurde von Apollon umworben. Doch sie hatte nicht die Absicht, sich ihm hinzugeben, und floh vor ihm. Als der Sonnengott nicht aufgab, sie zu bedrängen, wurde sie von ihrem Vater – auf ihre Bitte hin – in einen Lorbeerbaum verwandelt. Er ist der Baum der Inspiration und Weissagung.

An Orakelstätten kauten Priesterinnen seit jeher Lorbeerblätter, um Inspirationen zu erhalten. Poeten und große Geister wurden mit Lorbeerkränzen ausgezeichnet. Nach Daphnes Verwandlung ehrte Apollon mit Lorbeerkränzen hingegen tapfere Männer für Sieg und Ruhm – ein Zeichen, daß bereits die körperliche, vor allem männliche Stärke mehr galt als weibliche Intuition oder ganzheitliche Weisheiten. Die Priesterinnen der Orakelstätten repräsentierten als Kanal zwischen Himmel und Erde die Ganzheitlichkeit. Doch Apollon ließ alle Orakelstätten zerstören – bis auf Delphi, über das er sich selbst als Herr und Meister erhob.

Es ist gut möglich, daß auch die heilige Kümmernis auf eine Baumnymphe ähnlich der Daphne zurückgeht. Die heilige Kümmernis ist eine an ein Kreuz genagelte Jungfrau mit Bart und Krone, die einst an der bejahrten Linde im steirischen Bergdorf Geistthal am Dorfplatz hing. Später wurde die wunderliche Holzfigur in dem dahinterliegenden burgähnlichen Gebäude aufbewahrt, das in früheren Zeiten Amts- und Gerichtshaus war. Dort sollen Gefangene auf unerklärliche Weise aus dem Kellergewölbe verschwunden sein. Heute ist in dem alten Gebäude ein Gasthaus untergebracht.

Der Legende nach war die heilige Kümmernis die Tochter eines mächtigen Burgherrn, der für sein schönes Kind einen Ehemann ausgewählt hatte, den die Tochter aber verschmähte. Heimlich war sie zum Christentum übergetreten und wollte keinen Mann heidnischen Glaubens heiraten. Als ihr Vater sie zu zwingen drohte, floh sie in den Wald und bat Gott, daß er sie verwandeln möge. Sie wollte so häßlich sein, daß kein Mann sie begehre. Ihr Wunsch wurde erfüllt, und über Nacht wuchs ihr ein Bart. Als der Vater seine bärtige Tochter sah, war er so voller Zorn, daß er sie ans Kreuz schlug. Allerdings bereute er dann seine Tat und ließ nach ihrem Tod die lebensgroße Figur seiner Tochter schnitzen, die er an der alten Linde befestigte. Da vor ihrem Bildnis Wunder geschahen, verehrten die Menschen sie bald als Heilige. Sie wurde allerdings nie in die Reihen der katholischen Heiligen aufgenommen.

Die Linde war ein bevorzugter Baum der Nymphen oder Devas, um die Zukunft zu offenbaren oder Heilungen zu bewirken. Die Linde war auch der germanischen Freyja und der römischen Venus geweiht. Da solche heiligen Bäume bei der einheimischen Bevölkerung in hoher Verehrung standen, wurden sie von der römischen Kirche in Marienlinden umbenannt und mit Marienbildnissen geschmückt.

Da gibt es die Geschichte eines Holzfällers, der eine Linde umschlagen wollte, doch plötzlich ertönte eine sanfte Stimme aus dem Baum heraus: »Schlag mich nicht um, ich wohne hier.«

Nach christlicher Auslegung war der Holzfäller natürlich sicher, daß es sich um Maria, die Muttergottes, handelte, die so zu ihm gesprochen hatte.

Marienbildnisse an Eichen oder Linden sind Mittelpunkt unzähliger Legenden, die von Kirchengründungen berichten. Da werden Kirchen – in Abstand von den alten Baumheiligtümern – errichtet und dann die Bildnisse vom Baum entfernt und unter das Dach der Gotteshäuser gebracht. Doch aus unerklärlichen Gründen oder auf geheimnisvolle Weise verschwinden diese Bildnisse über Nacht aus den Kirchen und werden wieder an den Bäumen aufgefunden. Das wiederholt sich so oft – in der Regel dreimal –, bis die Menschen einsehen, daß der eigentliche Ort der Kraft bei Eiche oder Linde ist, und die Bildnisse dort bleiben oder man dort eine neue Kirche errichtet.

Der Bevölkerung, die sich den Traditionen sehr verbunden zeigte, war es im Grunde genommen egal, welchen Namen man den Frauenbildnissen gab. In ihrem Herzen lebte weiterhin die Frau im Walde oder die Grüne Frau, deren Kraft sie in den alten Bäumen spürten, fort.

Die heiligen Bäume waren den Kirchenpatronen schon in den Anfängen der Verbreitung des christlichen Glaubens ein Dorn im Auge gewesen. Und um dem heidnischen Glauben ein Ende zu machen, wurde eine Reihe heiliger Bäume zerstört. Bonifatius fällte im Jahr 723 die heilige Eiche von Geismar, und Karl der Große ließ 772 den Weltenbaum Irminsul, der wie ein Pfeiler dem Himmel entgegenragte und das Heiligtum der sächsischen Germanen war, vernichten. Und im Jahr 895 wurden auf dem Konzil von Nantes die Bischöfe aufgefordert, Bäume, die »Dämonen« geweiht waren, zu fällen. Bereits Julius Cäsar ließ in Gallien die großen Bäume, die den Menschen heilig waren, umschlagen. Bäume lassen sich zwar zerstören, aber die Erinnerung an sie läßt sich nicht so leicht auslöschen. So sind uns noch unzählige Geschichten von Bäumen erhalten geblieben.

Eng verbunden fühlte sich ein englischer Gutsbesitzer mit den Grünen Frauen, die in drei Bäumen auf einem Hügel seines Landsitzes wohnten. Jahr um Jahr besuchte er in der Johannisnacht die drei Bäume und opferte den Grünen Frauen Schlüsselblumen. Auf seinem Sterbebett legte er seinen drei Söhnen eindringlich ans Herz, den alten Brauch fortzuführen und jedes Jahr in der Johannisnacht in alter Verbundenheit und aus Dank für ihre Anwesenheit den Grünen Frauen Schlüsselblumen zu bringen.

Die beiden älteren Söhne taten diese Mahnung als alten, weibischen Aberglauben ab. Nur der jüngste von ihnen hielt sich weiterhin an den alten Brauch der Baumverehrung. Jahr um Jahr brachte er, wie sein Vater, den Grünen Frauen in der Johannisnacht Schlüsselblumen. Dieses Tun fand der älteste Bruder jedoch mit der Zeit albern. Er holte die Axt und hieb einen der drei Bäume um. Kurz darauf starb er. Im nächsten Jahr fällte der zweite Sohn einen weiteren Baum. Auch er starb kurze Zeit darauf. Der jüngste Sohn hielt weiterhin der Grünen Frau im letzten der

Bäume die Treue und erfreute sich eines langen und sorglosen Lebens.

Daß es gerade Schlüsselblumen sind, die den Grünen Frauen geopfert werden, mag auch ein Hinweis auf den Schlüssel zum Feenhügel sein – zum Tor zur Unterwelt, dem geheimnisvollen Reich der Tiefe, das im Menschen selbst verborgen liegt.

Mit dem Geschlecht der Baumnymphen wird die Gründung der Stadt Prag in Verbindung gebracht. Als Ahnherrin der Przemysliden gilt die sagenumwobene Lubosza, Tochter der Baumnymphe Krokowka. Deren Schicksal war eng mit dem Leben einer Eiche verbunden. Sie wußte: Stirbt der Baum, stirbt sie mit ihm. Deshalb bat sie den Knappen Krokus, besonders gut auf ihre Eiche zu achten. Krokus erhielt durch Krokowka große Reife und Weisheit und wurde vom Volk zum König gewählt. Von ihm empfing die Baumnymphe drei Töchter, denen sie außergewöhnliche Gaben vermachte. Die älteste war bewandert in der geheimen Kräutermedizin, die zweite hatte magische Fähigkeiten, und die dritte und jüngste war Lubosza, die Klugheit und Tatkraft auf ihren Lebensweg mitbekam.

Eines Tages wurde die Eiche vom Blitz getroffen, und Krokowka starb mit dem Baum. Bald darauf starb auch Krokus. Lubosza, die voller Tatendrang war, wurde seine Nachfolgerin. Doch das Volk wünschte sich einen männlichen König. Da ritt Lubosza auf ihrem weißen Pferd über Land, um einen König zu finden. Dabei überließ sie ihrem Schimmel die

Wahl. Dieser hielt vor einem Bauern, der gerade sein Feld pflügte. Der Name des Bauern war Primislaus. Er wurde König und gründete – auf Luboszas Rat hin – die Stadt Prag.

Die enge Verbundenheit zwischen der Nymphe und ihrem Baum wird auch in der folgenden rührenden Geschichte aus Böhmen deutlich. Nymphen suchten gern die geschlechtliche Vereinigung mit einem Mann, um dadurch – wie der Mensch – eine unsterbliche Seele zu bekommen. Doch wenn auch eine Nymphe mit einem Mann zusammenlebte, blieb sie dennoch ihr Leben lang mit ihrem Baum verbunden.

Ein Mann hatte eine Baumnymphe geheiratet und war sehr glücklich mit ihr. Aber er wurde eifersüchtig, als er feststellte, daß sie Nacht für Nacht das Haus verließ und in eine Weide am nahen Bach hineinschlüpfte. Eines Tages fällte er die Weide, in der Hoffnung, daß dann seine Frau wieder zu Hause bleiben würde. Doch als er heimkehrte, fand er seine Frau tot im Bett liegen. Aus dem Holz der gefällten Weide baute er eine Wiege für seine kleine Tochter. Und wenn sie weinte, legte er sie in die Wiege, worauf sie sanft einschlief. Als die Kleine heranwuchs, machte sie aus Weidenholz eine kleine Pfeife und hörte daraus ihre Mutter sprechen und singen.

Elfen und Feen

»Geist, wo geht die Reise hin?« fragt der Droll in Shakespeares Stück *Ein Sommernachtstraum*, und der Elf antwortet:

»Über Täler und Höhn,
Durch Dornen und Steine,
Über Gräben und Zäune,
Durch Flammen und Seen,
Wandl' ich, schlüpf' ich überall
schneller als des Mondes Ball
Ich dien' der Elfenkönigin.«

Die Königin der Elfen ist Titania, Gattin des zauberkundigen Elfenkönigs Oberon, dessen Gestalt aus Alberich, dem König der Zwerge, hervorgegangen ist. Titania war einst ein Name für die große Muttergöttin, Herrin der ägäischen Titanen, die von den Göttern des Olymp abgelöst wurden. Titania ist auch identisch mit der griechisch-kretischen Rhea, die die Kräfte der Erde zu beherrschen wußte.

Während in der Dichtung die Elfen in vielem dem Menschen ähneln und zu Leidenschaften fähig sind, werden von Sehern Elfen eher insektenähnlich beschrieben. Sie werden oft mit Feen, die bereits menschengestaltigen Lichtwesen gleichen, verwechselt oder ihnen gleichgestellt. Elfen gelten als verspielt oder sogar leichtsinnig. Sie kennen noch nicht Schmerz, Schwermut, Trauer und Ernst. Diese Erfahrungen gehören aber bereits zum Leben der Feen.

Manche meinen, Elfen seien die weiblichen Partner der Zwerge. Doch Elfen und Zwerge teilen sich nicht einmal den gleichen Lebensraum. Zwerge bevorzugen eher dunkle Wälder und Gebiete, wo man das Gefühl einer gewissen Bodenschwere hat. Dagegen sind Elfen mehr an Orten zu finden, die Leichtigkeit und Unbeschwertheit vermitteln, wie zum Beispiel auf großen Blumenwiesen, in offenen, duftenden Heidegebieten oder in Seenlandschaften. Anmutig wie Schmetterlinge flattern Elfen über den Pflanzen, und sie bezaubern jeden, der sie sieht oder sie in inneren Bildern wahrzunehmen versteht. Lieblich und zart ist ihr Wesen, und schwerelos sind ihre Tänze zu sanften Melodien, eingehüllt in die Farben des Regenbogens. Manche Elfen sollen die Farben Grün und Braun bevorzugen. Ich kenne eine Zwölfjährige, die auf ihren Spaziergängen durch das Moos des öfteren Elfen sieht. Sie erzählte mir, die Elfen hätten immer die Farben der Blüte, die sie umflattern.

Licht wirkt belebend auf Elfen. Sie tanken Energie aus den Sonnenstrahlen, allerdings vertragen sie kein grelles Sonnenlicht. Dunkelheit und düsteres Wetter bremsen ihre Aktivität, weshalb sie sich bei Regen oder Schnee in unterirdische Regionen oder in Bäume zurückziehen. Bei angenehmem Wetter jedoch ruhen sie in Baumkronen, Blütenkelchen oder im Moos.

Elfen sind in der Regel bis etwa dreißig Zentimeter groß und können auch die Größe eines Menschen annehmen, wenn ihre Aufgabe es verlangt. Wie Libellen sind sie stets in gleichmäßig schwirrender Bewegung. Ihr Aufgabenbereich ist die Pflanzenwelt, die sie nicht nur mit Kraft und Düften versorgen, sondern auch heilen und beschützen.

Die Elfe ist für die Pflanzen, was der Schutzengel für Menschen ist, sagt Mellie Uyldert, und im Gegensatz zu den meisten Menschen nehmen die Pflanzen diesen liebevollen Dienst dankbar und den kosmischen Gesetzen folgend an. Mellie Uyldert ist eine bekannte Pflanzenkundige und Sensitive aus den Niederlanden. Ihrem Wissen nach endet bei einjährigen Pflanzen der Dienst einer Elfe im Herbst, wenn die Pflanze stirbt. Dann überwintert die Elfe in der Erde und betreut im Frühjahr ein neues Pflänzchen. Mehrjährige Pflanzen werden stets von derselben Elfe versorgt. Während ihrer Ruhepausen erhalten die noch lernbedürftigen Elfen von einem Lehrer Unterricht.

Elfen haben ebenfalls eine Gruppenseele und wählen eine aus ihrer Mitte aus, der sie ihre ganze Kraft und Aufmerksamkeit zukommen lassen. Daphne Charters erhielt aus dem Reich der Elfen die Information, daß Elfen etwa fünfzig Jahre lang Dienst auf Erden tun und danach wieder in die Astralwelt zurückkehren. Dann können sie sich entscheiden, ob sie wieder mit der Erde arbeiten oder auf der Astralebene bleiben wollen, wo sie oft bis tausend Jahre lang verweilen und sich zu Feen entwickeln können.

Auch Elfen haben Könige und Königinnen, aber das Geschlecht einer Elfe läßt sich scheinbar nicht eindeutig feststellen. Mellie Uyldert ist der Ansicht, daß Elfen kein Geschlecht besitzen und sich deshalb auch nicht fortpflanzen wie Menschen. Dr. Rizzi hingegen meint, sie hätten zwar menschenähnliche Gestalt und zeigten sich mal weiblich, mal männlich, was aber nur die Imitation eines Geschlechtes sei. Und nach Daphne Charters' Einblicknahme sind die meisten Elfen hier auf der Erde männlicher Natur, während die weiblichen sich lieber auf der Astralebene fortentwikkeln. Der Elf würde aber nicht darunter leiden, keinen Kraftaustausch mit einem weiblichen Partner durchführen zu können. Er sei verspielt wie ein Kind, dazu kühn und abenteuerlustig.

Daß sie meistens als weiblich und jungfräulich beschrieben werden, liegt an dem Eindruck von Zierlichkeit und Jugendlichkeit, den sie vermitteln. Manche Elfen sollen Flügel besitzen, andere wiederum nicht. Dieser Unterschied macht wohl ihre Zuordnung zu den Elementen schwierig. Dr. Rizzi sieht in ihnen luftige Wesen. Marko Pogačnik dagegen ordnet sie dem Element Erde zu, was mir sinnvoller erscheint, da die Pflanzen, mit denen sie betraut sind, der Erde zugehören. Den Naturwesen dürfte es hingegen gleich sein, wie der Mensch sie kategorisiert.

Vom Menschen können Elfen nur den Ätherkörper wahrnehmen. Sie mögen Kinder und Erwachsene, die aufrichtig und ehrlich sind, naturliebende Künstlernaturen und Blumenliebhaber. Diesen sollen sie gern eine Freude machen, indem sie Blüten mit besonders erlesenem Duft versehen. Andere Elfen wiederum spielen dem Menschen liebend gern kindische Streiche. Wenn Sie etwa während eines Waldspaziergangs ohne ersichtlichen Grund stolpern, dürfen Sie annehmen, daß ein Elf mit im Spiel war.

Wie Zwerge machen Elfen oft Menschen nach. Aber es scheint, daß auch der Mensch von den Elfen einiges abschaut. Auf die Beziehung zwischen Mensch und Naturgeist deutet das Wort »Ball« hin, womit ein Kraftwirbel gemeint ist. Eine solche Kraftkonzentration erzeugen Elfen bei ihren nächtlichen Reigentänzen. Diese dynamische, belebende Kraft wirkt auf die Pflanzenwelt ein und regt das Wachstum an. Tanzbälle kennen auch die Menschen. Die Drehung der Paare und die erotische Anziehung der Geschlechter erzeugen Funken, die sich ballen. Eine gewaltige Energie entsteht dabei und wird zu einer Kraftquelle für die Beteiligten.

Ein wunderbares Symbol des Weltentanzes, an dem die Zwerge, Elfen und Feen durch ihre rhythmischen Bewegungen teilhaben, ist auch Nataraja, der tanzende Shiva im Flammenkreis. In seiner Linken hält er die Fackel – das Feuer, das zwar zerstört, aber auch reinigt und den steten Wandel aller Dinge meint –, und in seiner Rechten hält er die Trommel – den Pulsschlag des Lebens.

Tanzen tun auch die Feen gern – am liebsten im hellen Licht des Mondes. Aber die Feen bringen nicht nur harmonische Bewegung zum Ausdruck, sie bezaubern auch mit ihren Gesängen, die die menschliche Seele berühren. In der volkstümlichen Vorstellung sind Feen von außergewöhnlicher Schönheit: weiß, rein und edel wie Lilien. Am beliebtesten sind die Glücks- und Zauberfeen, die den Menschen Wünsche erfüllen.

Feen scheinen niemals zu altern. Im Gegensatz zu den Zwergen sehen Feen immer jung aus, auch wenn sie bereits viele Jahre alt sind. Ihre Größe variiert zwischen dreißig Zentimetern bis Menschengröße, wobei sie angeblich wie die Elfen ihre Größe, ihrer Aufgabe entsprechend, selbst bestimmen können. Feen haben lange glänzende Haare und tragen lange gegürtete Leinenkleider oder Gewänder, die sie zart wie Schleier umfließen und manchmal mit Federn gesäumt sind. Die Feder symbolisiert die Leichtigkeit der Luft, die sanfte Bewegung des Windes, aber auch Wahrheit, Macht und magische Kraft. Die Feder wird ebenso mit der Seele und der Reise in andere Welten in Zusammenhang gebracht.

Feen kennen ebenfalls unterschiedliche Entwicklungsstufen, und je höher ihr Grad ist, desto lichtvoller wird ihre Ausstrahlung und subtiler ihre Form. Wenn sie auch bereits höher entwickelt sind als Gnome und Elfen, so sollen sie dennoch nicht alle eine eigene Seele besitzen. Aber sie haben bereits die Möglichkeit, ein Einzelwesen zu werden, wobei sie Unterstützung von der Deva erfahren, die für sie zuständig ist. Devas sind hochentwickelte Naturwesen. Im Hinduismus wird unter einer Deva ein himmlisches oder göttliches Wesen verstanden, und im indonesischen Raum ist damit eine Pflanzengöttin gemeint. Devas gelten im naturgeistigen Raum als Nothelfer und Vorbilder auf dem Weg zu höherem Bewußtsein.

Feen beaufsichtigen Gnome und Elfen, und sie betreuen Mineralien, Pflanzen und das Wild. Allgemein heißt es, daß ihre ganze Aufmerksamkeit der Harmonisierung aller Lebensformen gilt.

Faule oder unordentliche Menschen mögen sie nicht. Und da sie sehr sensibler Natur sind, empfinden sie grobes oder derbes Verhalten von Menschen verletzend. Doch sie arbeiten gern mit Menschen zusammen, die Tiere und die Natur lieben, und vermitteln über die Gedankenebene Kräuterkundigen, Heilern oder Ärzten wichtige Informationen. Sie können dies leichter tun, wenn sie darum gebeten werden, da auf diese Weise die energetische Verbindung verstärkt wird, über die sie entsprechende Impulse senden.

Während Elfen Schmerz, Schwermut, Trauer und Ernst noch nicht kennen, gehören diese Erfahrungen bereits zum Leben der Feen. Sie müssen auf der Hut sein vor dämonischen oder vampirartigen Wesen aus ihrem eigenen Reich, die danach trachten, ihre Stärke auszunutzen oder ihre Kraft anzuzapfen oder abzusaugen. Die Kraft der Feen erschöpft sich auch an heftigen Stürmen, die in den Sagen als Wilde Jagd dargestellt werden.

In den Alpensagen ist oft von Wild –, Waldfrauen oder Saligen die Rede, die zurückgezogen in verborgenen Höhlen, Grotten oder in hochliegenden Bannwäldern wohnen, wo niemals der Schlag einer Axt zu hören ist. Nur manchmal vernehmen die Menschen mit dem leisen Abendwind ihren zarten Gesang, der wie sanfte Wellen auf- und absteigt. Ihre lieblichen Gesänge haben so manchen Mann verzaubert und in ihren Bann gezogen. Es heißt, daß Menschen, die eine Zeitlang mit ihnen lebten, nach ihrer Rückkehr heilerische, seherische oder musische Fähigkeiten mitgebracht haben, aber so mancher soll dabei auch dem Wahnsinn verfallen sein.

Von der inneren Sehnsucht nach der Zauberwelt der Feen, die den öden Alltag vergessen läßt, erzählt folgende Geschichte. Einen jungen Tiroler Bauern ließ das feine Singen der Unirdischen nicht mehr los, und wie unter einem inneren Zwang stieg er zum Bannwald hoch. Im Dämmerlicht sah er die zauberhaften Frauen auf einem großen Stein unter einer Lärche sitzen, und ihr Gesang verdrehte dem jungen Mann den Kopf.

Schwermütig kehrte er nach Hause zurück. Seiner Frau fiel seine Veränderung auf, und sie fragte, was mit ihm los sei. Er schüttelte nur den Kopf und antwortete, er könne es sich selbst nicht erklären, es sei da eine innere Traurigkeit in ihm.

Am nächsten Abend, nachdem seine Frau eingeschlafen war, stieg er wieder zu den drei schönen Feen hinauf. Diesmal kamen sie auf ihn zu und sagten in lockendem Ton: »Komm mit uns!«

Sie sprachen zwar zu ihm, aber kein lautes Wort war zwischen ihnen nötig. Er verstand sie auch so und folgte ihnen. Sie stiegen mit ihm über den Bannwald hinaus hoch in ein Bergtal, das er noch nie zuvor gesehen hatte. Hunderte von Gemsen grasten dort, und sie liefen nicht vor ihnen davon. Dann zeigte sich ein breiter Spalt im Berg, der sie ins Innere einließ. Die Frauen führten ihn zu einem weichen Lager, wo er zwischen ihnen einschlief.

Wie er wieder nach Hause gekommen war, das wußte er danach nicht mehr, aber er konnte an nichts anderes mehr denken als an die Feen. Er fühlte sich wie im Rausch und stieg in der nächsten Nacht wieder hoch. Doch seine Frau hatte diesmal an einen seiner Jackenknöpfe einen festen Faden geknüpft, dessen Knäuel sie lose in der Hand behielt. So konnte sie ihm mühelos folgen.

Als sie ihren Mann mit den Wilden Frauen sah, verwünschte sie diese und ihren Mann. Da waren die Feen auf einmal verschwunden, nur aus der Ferne erklang ihr trauriges Lied. Von nun an blieb der Bauer abends wieder zu Hause, aber glücklich wurde er nimmermehr.

Manchmal kamen die Saligen oder Feen herab auf die Alm und ins Tal, halfen den Menschen bei der Ernte, machten krankes Vieh gesund, schenkten den Armen Brot und Äpfel oder spannen in der Nacht, während die Hausleute schliefen, die Garnspindeln auf den Spinnrädern voll. Daß die Saligen für sich selbst von den Kühen Milch holten, ließen die Menschen im allgemeinen gern geschehen, da die Milch dadurch nie weniger wurde – im Gegenteil.

Doch da gab es im Oberen Vinschgau einen hochmütigen Bauern, der meinte, sein Reichtum wäre allein durch seine persönliche Umsicht und Arbeit entstanden. Nur die alte Magd wußte, daß der Segen den Saligen zu verdanken war, die abends lautlos in ihren dünnen Gewändern in den Stall kamen, um sich Milch zu holen. Die Kühe blieben gesund und gaben mehr Milch als alle anderen Kühe der Umgebung.

Als der Bauer eines Tages die fremden Frauen ertappte, wie sie angeblich seine Milch stahlen, jagte er sie erbost davon. Erschrocken flohen die Saligen. Von da an gaben die Kühe des Bauern kaum noch Milch, sie wurden krank, und mit dem Hof ging es bergab. Schließlich mußte der Bauer sogar all sein Hab und Gut verkaufen.

Besonders liebevoll gingen die Waldfrauen mit dem Wild um, und sie warnten mancherorts die Wilderer davor, die Tiere im Wald abzuschießen; das habe böse Folgen für sie. An jenen Orten, wo die Wilderer nicht auf sie hörten und weiterhin das Wild erlegten, rächten sich die Saligen fürchterlich. Unwetter kam über jene Ortschaften, und sie versanken im Schlamm oder Schnee.

Wo die Menschen aber mit den Feen in Frieden lebten, gab es glückliche und fruchtbare Jahre. Die weißen Frauen hatten auch prophetische Gaben, und wenn sie ihre weißen Kleider vor ihren Felslöchern aufhängten, war das für die Menschen ein Zeichen, daß schlechte Zeiten bevorstanden.

Was die Feen schließlich vertrieb, war das laute Peitschenknallen, das mit den ersten Fuhrwerken kam. Darüber erschraken die sensiblen Frauen derart, daß sie sich von den zunehmend unruhiger werdenden Siedlungen fernhielten.

Die irischen Feen heißen Sidhe. Sie gelten als Ureinwohner Irlands, und ihnen wird auch die Errichtung der großen Steinheiligtümer zugeschrieben. Ihre Musik wirkt so betörend, daß ihr so mancher Mensch verfallen ist. Gefährlich soll ihr Auftauchen zur Mittagszeit oder in den Stunden der

Morgen- und Abenddämmerung sein. Das sind genau die Zeiten, vor denen Menschen in Asien und Afrika draußen in der Natur immer wieder warnen, da dann die unruhigen Geister am aktivsten sind.

Sidh bedeutet Grabhügel. Davon abgeleitet ist die Bean-Sidhe, die Frau aus den Hügeln, deren grelle Stimme den Tod ankündigt. Der Grabhügel ist das Feengrab – Feenhügel genannt. Die Feen verließen den Grabhügel zu Samhuin, dem keltischen Totenfest, das von Allerseelen und Halloween abgelöst wurde.

Der Feenhügel ist der Schoß der Erde, aus dem alles Leben immer wieder neu hervorkommt. Er gilt als Eingang zum Paradies. Es ist ein Reich unter der Erde, unter dem Wasser – irgendwo bei Inseln im westlichen Ozean gelegen.

Das Wort »Fee« kommt aus der keltischen Mythologie und stammt von dem lateinischen *fatum* (Schicksal) ab. Peris, die persische Fee, ein Dschinn-ähnliches Wesen, fand im 18. Jahrhundert über französische Dichtungen Eingang in die deutschsprachige Märchenwelt. Das lateinische *fatare* bedeutet »verzaubert«, und das englische Wort *fey* (fairy = Fee) bedeutet »entrückt« oder auch »dem Tode nahe«.

Das Wort »Fee« wurde in verschiedener Bedeutung verwendet. Man benutzte es zum Beispiel auch für Frauen, die sich mit Heilkunde beschäftigten, nach Kräutern suchten oder in magischen Künsten bewandert waren. In vielen Erzählungen verlangen Feen von Menschen, mit denen sie Kontakt aufgenommen haben, Verschwiegenheit über ihre

Anwesenheit oder ihren Wohnort. Vermutlich handelte es sich dabei um weise Frauen oder Druidinnen, die sich vor der Verfolgung durch Christen in die Einsamkeit der Wälder zurückziehen mußten, um Folter und Bestrafung zu entgehen.

Die Feen wurden ebenso mit den Nymphen oder den Nornen gleichgesetzt. Die Nornen sind die drei Schicksalsgöttinnen. Die erste spinnt den Lebensfaden, die zweite verkörpert das Schicksal, und die dritte trennt den Lebensfaden, der einst die sichtbare und unsichtbare Welt verband. Die Schicksalsfee ist es, die bei den Neugeborenen erscheint, um ihnen ihr Los (ihre Zukunft) zu verkünden.

An die drei Nornen erinnern im katholischen Glauben noch die heilige Katharina, Margarethe und Barbara. Diese drei Heiligen sind vermutlich Nachfolgerinnen der drei vorchristlichen saligen Jungfrauen Ambett, Borbett und Wildbett.

Die Feenkönigin ist aus alten Fruchtbarkeits- und Todesgöttinnen sowie Seelenführerinnen hervorgegangen. So wird das Wirken der Feen mit Muttersegen und Fruchtbarkeit sowie mit Leben, Tod und Wiedergeburt in Verbindung gebracht. Das Reich der Feenkönigin liegt im Inneren der Erde. Es wird als das Land der ewigen Jugend, des ewigen Lebens, der Glückseligkeit, des Lichtes und der Freuden bezeichnet. Es ist das Land der Regeneration zwischen Leben und Tod. Es handelt sich um keinen Ort der Bestrafung, sondern um eine Zwischenstation im Wandel allen Seins.

In der französischen Dichtung ist Auberon der König der Feen und wie Shakespeares Oberon, der König der Elfen, aus dem Zwerg Alberich hervorgegangen. Auberon ist von kleinerem Wuchs, nachdem er von einer bösen Fee verwünscht wurde.

Auf dem Weg zu Auberons Burg Monmur gelangen Huon von Bordeaux und seine Gemahlin Esclarmonde nach einer langen Reise über das Wasser in die Burg der »Mönche«, ein Name, der den Bergmännchen gegeben wurde, da sie eingeschlossen wie im Kloster leben. In der Dichtung sind die Mönche Anhänger Luzibels und warten auf Erlösung am jüngsten Tag. Alles, was sich unter Tage befindet, wurde in der christlichen Vorstellung dämonisiert. Auf einem Zaubermantel kann das Paar entfliehen, und die beiden erreichen schließlich doch die Burg Monmur. Auberon erzählt ihnen von seinem bevorstehenden Tod. Aber er könne erst sterben, wenn Huon seine Nachfolge als Feenkönig antrete – was dieser auch tut. Der alte König verabschiedet sich von allen Feen und dem neuen Königspaar, um aus der Welt, die er lieber gegen das Paradies eintauscht, zu scheiden.

Esclarmonde, die Reine, ist eng mit der Geschichte der Katharer verbunden. Sie gilt als Gralshüterin von Montsegur, dem Burgberg der Katharer, die im 13. Jahrhundert als Ketzer grausam verfolgt wurden.

Die Feen werden von Marko Pogačnik dem Element Luft zugeordnet. Dagegen unterscheidet Daphne Charters die Feen in Pflanzen-, Wasser-, Luft- und Feuerfeen, wobei jede

Fee das elementare Reich, in dem sie wirken möchte, selbst wählen kann. Die Pflanzenfeen wirken auf Feld und Flur, in Gärten und selbst in städtischen Parkanlagen, wenn sie sich erst einmal an die Nähe von Menschen gewöhnt haben. Lärm und Unruhe der Städte beunruhigen zwar die scheuen Wesen, aber jeder Erfolg, den sie dort verbuchen können, bewirkt ein Glücksgefühl in ihnen, das wiederum ihre Lebenskraft steigert.

Bei den Aufgaben der Wasserfeen unterscheidet Daphne Charters zwischen den Bereichen Meer und Binnengewässer. Die Wasserfeen dirigieren ein endloses Heer kleiner Elementarwesen, die unentwegt in Bewegung sind. Die Fee der Binnengewässer soll ein wachsames Auge auf die Elementarwesen haben, damit keine Schaffenspause entsteht, wenn diese ermüden und von anderen abgelöst werden, was zum Beispiel bei starken Regenfällen geschehen könnte. Schwerer haben es die Meeresfeen, die bei Stürmen und hohem Wellengang große Wendigkeit und schnelles Reaktionsvermögen beweisen müssen, um Überflutungen und schwere Schäden an der Küste zu verhüten. Sie helfen zudem Menschen, die in Seenot geraten sind.

Feuerfeen müssen besonders gewandt, schnell und beherzt sein, da das Element Feuer schwer zu bändigen ist. Ihnen obliegt es, das Feuer in Schranken zu halten, den Blitz so zu lenken, daß er keinen Schaden anrichtet, oder sie unterstützen Menschen bei Löscharbeiten. Für diese Aufgaben sind eine tausendjährige Erfahrung und hohe Intelligenz erforderlich. Ruhepausen genießen sie in der Uressenz des Feuers, wo sie sich regenerieren und ihnen auch weitere Erkenntnisse zuteil werden.

Luftfeen sollen über zwei Meter groß, von graziler Gestalt und anmutiger, eleganter Schönheit sein. Ihre Aufgabe ist es, schadenbringende Stürme zu verhindern oder zumindest zu mildern. Sie sollen am liebsten Seite an Seite mit ihren bevorzugten Partnern arbeiten.

Was die Feenfrauen und -männer zusammenführt, sei einzig und allein die Liebe. Sobald diese erlischt, geht jeder wieder problemlos seiner eigenen Wege, und jeder von beiden kann erneut einen Partner suchen, mit dem er Liebe und Kraft austauschen möchte. Dabei sollen sie Ekstasen erleben, die Menschen nicht kennen.

Marko Pogačnik sieht die Aufgabe der Feen darin, daß sie die Lebensprozesse zwischen Himmel und Erde koordinieren. Sie stimmen die irdischen Lebensrhythmen auf die Rhythmen des Universums ein, fördern und harmonisieren die verschiedenen Abläufe innerhalb der Naturreiche und kümmern sich um Orte der Kraft. Sie bemühen sich, die Menschen dazu zu bewegen, deren sakralen Wert zu sehen und zu schützen.

Dem eigentlichen Wesen der Feen und ihrem Wirken kommen wir mit der Beschreibung von Marko Pogačnik über eine Feenschar, die er auf einer adriatischen Insel beobachten konnte, etwas näher: »Die ›Nabelschnur‹ der Feen nahm ich in Form einer hohen dünnen Kraftsäule auf dem Gipfel des zentralen Hügels wahr. Die Kraftsäule war in der Erde verankert und schimmerte in sämtlichen Farben des Regenbogens, so als sei sie aus zarten Farbfäden zusammengesetzt … An einem Punkt, den ich auf etwa hundert Meter Höhe schätzen würde, lief die Kraftsäule in ein Bündel dynamischer Wesenheiten aus, die ich als Raumfeen erkannte. In einer gleitenden Bewegung dehnten sie sich aus ihrem Zentrum heraus aus, bis sie den gesamten Raum über der Inselgruppe überspannten. Kaum hatten sie die Grenze ihres Gebietes erreicht, kehrten sie bogenförmig zu ihrem Ursprungsbrennpunkt zurück. In der nun eintretenden Ruhepause glichen sie den geschlossenen Knospen einer Blüte. Aber schon im nächsten Augenblick begannen die weißen Gestalten der Feenwesen sich wieder auszudehnen und auf der schon beschriebenen Bahn durch den Raum zu gleiten. In ihrer Dynamik glichen sie einer sich fortwährend öffnenden und schließenden Blüte.«

Dabei handelte es sich um zwölf Raumfeen, die die »Blüte« bildeten, während eine dreizehnte Raumfee in der »Unterwelt« durch kreisende Bewegungen wirkte.

»Ich begriff, daß der Arbeitsbereich der Raumfeen nicht auf den Luftbereich ›oberhalb‹ der Erdoberfläche begrenzt sein kann, die Raumatmosphäre mußte unbedingt auch einen Teil der dunklen, unterirdischen Welt umschließen, um vollständig zu sein … Die dreizehnte Fee, die noch an die Rhythmen des Mondes und an die alte Naturordnung erinnerte, stand für jenen dunklen Teil der Weltensphäre, der zusammen mit dem unterirdischen Aspekt der Feen als erster aus dem Bewußtsein der Menschen verbannt wurde.«

Diese Verdrängung spiegelt sich wider in der Feengestalt Morgana, die aus der Göttin Morrigan hervorging und in der Dichtung die Schwester von König Artus und Königin der Schatten wurde. Morrigan wurde in Irland in ihrer dreifachen Gestalt verehrt: erstens als Fruchtbarkeitsgöttin in der Gestalt der Jungfrau Ana (sie lebt in Morg*ana* fort, wobei auch die katholische heilige Anna, die Mutter Marias, mit ihr identisch sein dürfte), zweitens als die Lebensgebärerin, die in Gestalt der Mutter Babd aus dem wallenden Kessel stets neues Leben hervorbringt, und drittens als Todesgöttin in Gestalt der Greisin Macha.

Morrigan stieg in Gestalt eines Raben aus ihrem Feenhügel, suchte Schlachtfelder auf und thronte auf einem hochgestellten Stein. In der Oststeiermark gibt es noch an entlegenen Orten Menhire, die von der Landbevölkerung Seelensteine genannt werden, und es heißt, daß einst um solche Steine die Feen – und später die ausgelassenen Weiber, die »Hexen«, bei Fruchtbarkeitsfesten – getanzt hätten.

Morgana ist in der Artussage die Stolze und Unbeugsame, aber davor war sie eine wirklich machtvolle Göttin und Herrscherin. Und nun wurde sie zur bösen Fee, zur dunklen, dämonischen Schwester, um das strahlende Licht, das ihr Bruder, König Artus, verkörpert, besser hervorzuheben. Genauso ist es Artemis ergangen, die im Zuge des wachsenden Einflusses der Indogermanen zur Schwester Apollons gemacht wurde, der ursprünglich ihr ergebener Wolf, ihr Schatten, gewesen war. Doch als Sonnengott bezwang er die dunkle Kraft der Erde und die wilde Natur, die die freischweifende Artemis versinnbildlichte. Die Macht der Frauen war zwar gebändigt, aber die nun herrschenden Männer bedurften deren Kraft an ihrer Seite.

Morrigan taucht manchmal auch als neunfache Göttin oder als neun Schwestern auf, die auf westlich liegenden Glücksinseln mit den toten Helden leben. Die Neungestaltigkeit der Göttin wurde auf die neun Morgans übertragen, neun Feen, die Vogelgestalt annehmen können und auf Avalon, der im Nebel liegenden Insel der Toten, zu Hause sind, wo ewiger Frühling herrscht und Äpfel wachsen, die alle Krankheiten heilen und ewiges Leben bescheren. Die Feen in unseren Sagen erinnern an die neunfache Göttin, die in vielen alten Kulturen verehrt wurde und unzählige Namen hatte – und letztlich die neun Stufen des Weltengebäudes und damit auch die Weltachse repräsentierte.

Die neun Schwestern werden ebenso als Meerjungfrauen gesehen. Daran erinnert noch das mittelalterliche Wort *meerfei* (Meerfee). Morgan ist wie Venus oder Aphrodite die Meergeborene. Die neun Morgans sind zweifellos mit den neun Walküren verwandt oder identisch. Auch diese wurden aus den Wellen geboren, hatten Rabenfedern, waren auf Schlachtfeldern anzutreffen und kümmerten sich um die gefallenen Helden.

Im irischen Volksglauben heißt es, daß alle sieben Jahre vor der Küste von Galway die neun Inseln der Morgans aus dem Meer auftauchen. Sie würden aber verschwinden, sobald sich ein Mensch mit seinem Boot nähert. In den Alpen ist von mancher Heidenkirche die Rede. Das sind kirchenähnliche Formationen im Fels, die nur zu bestimmten Zeiten und Umständen sichtbar heraustreten. Günstig für solche Sichtungen sind der Herbst und nebelige Tage.

Morgan, die Magierin, stand auch Patin für jene verwirrende Erscheinung der Natur, die Fata Morgana genannt wird. Fata ist die Schicksalsgöttin, die nach italienischem Volksglauben als zaubernde Fee hinter den trügerischen, Wasser vortäuschenden Luftspiegelungen steckt.

Undinen

Die Bezeichnung »Undina« benutzte Paracelsus für Wasserleute. Das lateinische *unda* bedeutet Welle oder Woge. Und mit Wellen wird etwas in Gang gesetzt. Sie wühlen auf. Wellen sind ein Symbol für Veränderung, Wandlung. Undinen werden mitunter Engel des Abgrundes genannt, aber im eigentlichen Sinn verkörpern sie den tiefen Grund.

Undinen sind unter den Naturgeistern jene, die am stärksten Zugang zur Emotionalität der Menschen haben. Besonders angezogen fühlen sie sich von stark gefühlsbetonten Menschen. Leidenschaftliche Bewegungen können Wassergeister in Scharen herbeilocken, die den emotionalen Wellengang dann noch erhöhen. So vermögen sie innere Stürme oder Depressionen auszulösen. Über Menschen, die leicht in Tränen ausbrechen, wird gesagt, sie hätten nahe am Wasser gebaut. Solche Naturen sollten wohl nicht zu nahe an einem Gewässer wohnen.

Zu den Aufgaben der Wassergeister gehört die Belebung aller Gewässer. Sie helfen mit, die Schuppen der Fische und die Schalen der Muscheln zu gestalten, versorgen Fische mit Lebensenergie und kümmern sich um den Stoffwechsel der Unterwasserpflanzen. Beeinträchtigt wird ihre Arbeit durch den Schiffsverkehr, aber vor allem durch die enormen Verschmutzungen und Verseuchungen der Meere, Seen und Flüsse.

Eine besondere Rolle spielen Wassergeister bei Naturkatastrophen, die der Mensch nur als Akt der Zerstörung wahrnimmt. Doch nach einer Offenbarung Jakob Lorbers sind das geistige Erlösungsprozesse von ungeheurer Dynamik. Aus dem übermütigen, kreisförmigen Tanz kleiner freier Wassergeister werden die Wellen in die Höhe getragen. Manche treiben es aber zu bunt und erheben sich hoch über den Wasserspiegel. Von ihren kreisenden dynamischen Bewegungen, in die immer mehr Wassergeister miteinstimmen, werden auch Naturgeister, die im Landesinneren leben, wie von einem großen Magnet angezogen – und nichts kann sie auf ihrer rasenden und wirbelnden Reise aufhalten.

Die schnell kreisende Bewegung trägt zur Auflockerung der Materie bei, und je schneller die Geister herumwirbeln, desto leichter können sie sich von der Materie befreien und zur nächsthöheren Stufe aufsteigen. Ein Wirbelsturm mag Dächer abdecken, Autos durch die Luft schleudern und Gemüse- und Obstgärten zerstören – aber unter dem Aspekt, daß eine Reihe von Naturgeistern dabei die Befreiung aus ihrem materiellen Gefängnis erlangt, ist es ein freudiges Ereignis. Aus der Sicht des Universums und seiner Geister ist eben vieles anders, als der Mensch es sieht.

Derwische scheinen um das Geheimnis des Wirbelns zu wissen. Mit ihren immer schneller werdenden Rundtänzen gelangen sie in Ekstase, wodurch sich ihr Geist von der Körperhülle zu befreien und in höhere Sphären zu reisen vermag, um dort Botschaften zu empfangen.

Auch im Reich des Elementes Wasser gibt es Wesen unterschiedlichster Art. Die kleinen Winzlinge, die Daphne Charters als Rudimes bezeichnet, werden aus dem ätherischen Schaum des Meeres geboren und vergehen wieder darin. Diese kleinen Wesen verursachen mitunter das Meeresleuchten in Neumondnächten, das als böses Vorzeichen gilt. In Vollmondnächten aber bewirken sie nach altem Volksglauben Heilung, weshalb die Menschen in diesen Nächten im Meer baden gingen.

Kleine Undinen, die manchmal Flügel haben oder winzigen Nebelschwaden gleichen, können mit Booten ein übermütiges Spiel treiben, so daß die Ruderer nicht vorankommen. Undinen halten sich aber nicht nur im offenen Meer auf oder kreisen darüber, sie sind auch in Küstennähe, in stillen Buchten, Grotten, an Bach- oder Seeufern oder in Moorlandschaften anzutreffen. Ihre Kleidung wird als grün oder blau schimmernde Substanz beschrieben, und sie schmücken sich gern mit Muscheln, Algen, Perlen oder Blütenkränzen. Undinen gelten allgemein als träumerische Naturen.

Wasserwesen können sich ebenfalls verwandeln und menschliche Gestalt annehmen und sich unter Menschen mischen. Nur ihr nasser Kleidersaum verrät dann ihre wahre Herkunft.

Die Bezeichnung »Undinen« wird nicht nur allgemein für Wasserwesen verwendet, sondern auch speziell für weibliche Wassergeschöpfe, die in wilden Flüssen oder Wasserstrudeln leben. Ihr Oberkörper ist der einer schönen Frau, während ihr Unterkörper eher fließende Formen zeigt. Es heißt, Undinen würden sich manchmal an den Wegesrand setzen, um junge Männer zu betören. Sie wollen sie heiraten, damit sie Unsterblichkeit erlangen. Es heißt aber auch, sie würden Menschen mit in ihre Höhlen nehmen und ihnen einen Zaubertrank reichen, worauf die Menschen ihre Schwächen und Fehler erkennen würden. Unter dem hypnotischen Blick der Undinen könne keiner die Wahrheit leugnen. Außerdem versuchen sie, mit schönen Gaben die Menschen in Versuchung zu führen, um ihre Standhaftigkeit zu prüfen. Wer die Prüfung nicht besteht, ist ihnen auf ewig ausgeliefert.

Für Brunnen und Quellen zuständig sind die Nymphen. So nannten die alten Griechen ihre Wasserfeen. Sie hüten und begleiten das reine Wasser, das aus der Tiefe kommt, und machen so manchen Quellplatz zu einem Ort der Heilung. Alte Quellheiligtümer wurden im Zuge der Christianisierung oft dem heiligen Florian geweiht, der ursprünglich als Beschützer der Quellen und Brunnen galt. Da mit Wasser Feuer gelöscht wird – ganz der Aufgabe der elementaren Geister entsprechend –, wandelte sich der heilige Florian zum Feuerpatron. Er ist der Heilige, der vor Feuer beschützt; er wird aber zugleich um Fruchtbarkeit bringenden Regen gebeten und versinnbildlicht damit zwei gegensätzliche Elemente.

Nymphen sind zauberhafte, liebliche Wesen und sollen vom Menschen kaum zu unterscheiden sein. Allgemein werden sie als sanftmütig bezeichnet, können aber bösartig werden – wie alle Naturwesen, wenn ihnen jemand Unrecht tut. Schrecklich rächen sie sich an Männern, die ihnen untreu wurden. Nymphen sind ebenso Zauberinnen, die magische Kräfte besitzen und in die Zukunft sehen können.

Die Wasserwesen der Meerestiefen sind die Nereiden. Sie gelten als gute Wassergeister. In der griechischen Mythologie sind es die Töchter des Meeresgottes Nereus (ein Sohn von Gaia), die im Gefolge Poseidons, des Fürsten des Meeres, beziehungsweise seiner Gattin Anfithrite zu finden sind. Die Nereiden werden ebenso als Begleiterinnen der Nephrodite erwähnt. Während ihre obere Körperhälfte frauenähnlich ist, folgt in der unteren Hälfte ein schlangenförmiger Leib, der in Flossen endet. Die Nereiden waren einst die Schutzgeister der Kapitäne und Mannschaften von Segelschiffen. Menschen gegenüber sind sie hilfreich. In Seenot Geratenen helfen sie aus ihrer Notlage heraus. Auf telepathischem Weg vermitteln sie den Menschen das Wissen über versunkene Kontinente, und gelegentlich verraten sie ihnen, wo versunkene Schätze liegen.

Den Nereiden ähnlich ist die Meerfee Melusine, eine französische Sagengestalt aus dem Mittelalter. Ihr Ursprung wird im phönizischen Raum vermutet; mit den Kreuzrittern gelangte die Überlieferung nach Europa.

Melusines Mutter war die Fee Persine, die ihren Mann verließ, nachdem er sie beleidigt hatte. Zusammen mit Melusine zog sie zu ihrer Schwester auf die Verlorene Insel. Melusine wollte ihre Mutter rächen und bannte ihren Vater in den Berg Avalon. Das wiederum machte Persine wütend, und sie bestrafte ihre Tochter damit, daß sich jeden Sonnabend ihr Unterleib in eine Schlange verwandelt.

Als Graf Raimond von Poitou Melusine heiraten wollte, stimmte sie unter der Bedingung zu, daß sie einen Tag in der Woche für sich allein verbringen könne, er dürfe sie an diesem Tag nicht einmal sehen. Sie verschwieg ihm ihre regelmäßige Verwandlung und zog sich wöchentlich in ihr privates Bad zurück. In einer Geschichte heißt es, Geistliche hätten ihr dämonisches Geheimnis entdeckt und sie getötet. In einer anderen Überlieferung wird sie von ihrem Mann bei ihrer Verwandlung überrascht, und er verlangt von ihr, daß sie die Burg verläßt.

Ähnlich ist die Geschichte der Undine Merfey, die sich in den Ritter von Stauffenberg verliebt. Sie sind glücklich, bis er ihr »wahres dunkles Wesen« erkennt. Merfey muß ihn verlassen, und er heiratet eine andere. Ihre Welten sind einfach zu unterschiedlich.

Betörend ist der süße Gesang der Sirenen, Mischwesen zwischen Wasser und Luft. Kopf und Oberkörper sind die einer jungen Frau, während der restliche Körper Vogelgestalt besitzt. Sie leben in der Nähe des Eingangs zur Unterwelt, und in der Beschreibung Homers gehen sie auf die magischen Frauen von Kyrene zurück. Sirenen sind wegen ihrer verführerischen Töne, die sie aussenden und die über das innere Gehör vernommen werden, gefürchtet. Ihre Musik kommt aus einer anderen Sphäre. Sie betört und zieht selbst den standhaftesten Mann in ihren Bann.

Im griechischen Mythos verführen sie mit ihrem magischen Gesang vorbeifahrende Seeleute, die so die Herrschaft über ihr Schiff verlieren. Dann kommen die Sirenen und saugen den Schiffbrüchigen das Blut aus. Um heil durch die Gewässer von Kyrene zu gelangen, stopfte Odysseus seiner Mannschaft die Ohren mit Wachs zu und ließ sich selbst an einen Mast binden. Allerdings holte sich Skylla, ein sechsköpfiges Meerungeheuer und einst eine wunderschöne Nymphe, die von der Zauberin Kirke verwandelt wurde, sechs Männer des Odysseus.

Die männlichen Wassergeister der Ozeane sind die Meeresfürsten, die auf schäumenden weißen Rössern über die Wellen reiten. Und in den Teichen, Seen und Flüssen leben die Wassermänner, auch Nöck oder Nix genannt. Der Nix wird meistens als kleiner Junge mit langen grünen Haaren oder grünen Zähnen beschrieben. In vielen Geschichten halten die Wassermänner die Seelen der Ertrunkenen in Töpfen gefangen. Der Wassermann gilt auch als Seelenführer. Wassermänner können sich in verschiedene Gestalten verwandeln, unter anderem auch in eine Kröte oder eine Kugel, wobei der Froschkönig in Erinnerung kommt, der seiner Erlösung harrt.

Ein Fischer lebte einmal mit seiner Tochter bei Ybbs nahe am Donauufer. Als er eines Tages von seiner Arbeit heimkam, hatten sich viele Menschen vor seinem Haus versammelt und teilten ihm die traurige Nachricht mit, daß der Donaufürst seine Tochter geholt habe. Diese lebte nun mit dem Wasserfürsten in seinem prachtvollen Palast aus Marmor und Kristall, und jedesmal wenn jemand ertrank, band sie einen Blumenstrauß, den sie an die Wasseroberfläche sandte.

Als der Fischer in einer hellen Mondnacht auf dem Strom war, teilten sich die Wellen, und der Donaufürst erschien vor ihm mit einem blauen fließenden Bart und einer funkelnden Krone auf dem Haupt. Es hieß, der Fürst würde immer Menschen nach einem Wunsch fragen und sie dann in die Tiefe stürzen, denn dort würde jeder das Gewünschte finden. Und so fragte er auch den Fischer. Dieser dachte mit Wehmut an seine Tochter und was der Fürst ihm angetan hatte. Als der Wassermann ganz nahe am Boot war, schlug der Fischer mit einem Ruder zu, wobei vier Steine aus der Krone des Fürsten herausbrachen und an das Ufer flogen. Der Wassermann eilte ans Ufer, um die Steine zu finden – und noch lange irrte er an der Donau umher.

Nachdem nun die Menschen die Naturwesen aus den Augen verloren haben, weiß niemand mehr, ob der Donaufürst noch immer ein Suchender ist oder ob er in der Welt der vier Elemente Erlösung gefunden hat.

Die bekanntesten Wasserfrauen in unserer Region sind die Nixen oder Seejungfrauen. Das Wort Nixe soll von dem altdeutschen Wort *niddhus* (Krokodil) oder *nicchus* stammen, womit eine Wassergottheit gemeint war, die aber auch als Kelpie in Gestalt eines Pferdes gesehen wurde.

Nixen sind graziöse weibliche Wesen von großem Liebreiz. Ihr Körper strahlt in phosphoreszierendem Grün oder Blau. Nixen besitzen einen mädchenhaften Oberkörper, der in einer Fischflosse endet. Der Fischkörper versinnbildlicht wohl, daß sie schwer zu fassen sind und stets entgleiten, weshalb Nixengeschichten in der Regel damit enden, daß sie wieder in ihr nasses Element zurückkehren.

Nixen haben ein kindliches, fröhliches Naturell und tanzen vergnügt in Gruppen auf den schaukelnden Wellen oder ruhen in abgeschiedenen Buchten. Sie bewohnen stille Berg- oder Waldseen, Teiche, Weiher, aber auch mächtige Ströme und Meere. Seichte Gewässer mögen sie weniger, weshalb sie sich wohl von Menschen angezogen fühlen, die Tiefgang besitzen. Nixen sind auch fähig, in die Erde einzutauchen wie der Mensch ins Wasser, können dort aber nur wenige Sekunden ausharren. Die Nixen sollen nach Daphne Charters ein Alter zwischen fünfzig bis siebzig Jahren erreichen. Sie wohnen in Familienverbänden auf dem Grund der Seen, Flüsse und Meere.

Typisch für Nixengeschichten sind Tabus. Werden diese gebrochen – was der Mensch in der Regel aufgrund seiner Unvollkommenheit tut – gibt es kein Happy-End.

So ging es auch einem Jäger, der sich in eine blonde Nixe verliebte, die in einem tiefen Teich wohnte. Immer wieder zog es ihn dorthin, und sehnsüchtig starrte er in das Wasser und wartete, daß sie mit ihren tiefgrünen Augen aus der Tiefe auftauchte. Er konnte an nichts anderes mehr denken und wollte ohne sie nicht mehr leben. Sie willigte ein, seine Frau zu werden, doch dürfe er niemals fragen, wohin sie gehe, wenn sie manchmal nachts das Haus verlasse. Dem Jäger war es recht, und er versprach, diese Abmachung einzuhalten. Ihnen wurde ein Töchterchen geboren, und viele Jahre lang waren sie sehr glücklich. Doch dann wurde seine Frau immer trauriger, und immer öfter entfernte sie sich nachts aus dem Haus.

Von Eifersucht geplagt, folgte der Jäger eines Tages seiner Frau, die zu dem nahen Teich ging, wo er ihr einst begegnet war. Er sah sie mit anderen Nixen, in schimmernde Kleider gehüllt, und sie tanzten im Mondschein zu einer Musik, die wie das Schlagen an gläserne Glocken klang. Er war wie gebannt von diesem Zauber. Doch dann bemerkte er, daß die anderen Nixen seine Frau in das Wasser zu locken versuchten. Da bekam es der Jäger mit der Angst zu tun, und er vergaß alle Vorsicht und eilte auf seine Frau zu. Diese sah traurig zu ihm hinüber, und mit klagenden Lauten glitt sie gemeinsam mit ihren Schwestern in den Teich. Bevor sie endgültig im Wasser versank, sah sie ihn noch einmal ganz unglücklich an und sprach: »Ich kann nicht bei dir bleiben, da du mir nicht vertraut hast.«

Von nun an lebte der Jäger allein mit seiner Tochter. Nur manchmal meinte er, nachts um das Haus herum ein Geräusch zu hören, das wie das sanfte Schlagen von Wellen klang. In diesen Nächten träumte dann die Tochter, daß ihre Mutter sie in ihren Armen wiege.

Es ist sehr lange her, da lebte im Neusiedler See das muntere Volk der Nixen. Menschen, die sie sahen, erzählten wundersame Geschichten über sie. Zu dieser Zeit wohnte auch ein geiziger Fischer am See. Täglich kehrte er mit reichem Fang zurück und erzielte mit dem Verkauf der Fische einen guten Gewinn. Doch je mehr Geld er zusammenbrachte, um so hartherziger wurde er. Fiel sein Fang einmal weniger reichlich aus, schimpfte er auf das untaugliche Nixenvolk, das ihm mit seinen Tänzen die Fische verscheuchen würde.

Und als sich eines Tages eines der zauberhaften Geschöpfe in seinem Netz verfing, blieb er taub für die Bitte der Nixe, sie zu befreien. Er war verärgert, daß sie ihm das Netz zerrissen hatte und dadurch die gefangenen Fische wieder freikamen. So erschlug er die Nixe. Doch bevor sie starb, verfluchte sie ihn, daß er niemals mehr die Seinen wiedersehen solle. Der Fischer lachte nur darüber und empfand keine Rührung. Kaltblütig holte er das Netz ein. Doch da verfinsterte sich auf einmal der Himmel, und die Sonne verschwand hinter dunklen Wolken. Ein heftiges Beben ließ das Wasser erzittern, und ein Sturm peitschte die Wellen immer höher. Dem

Fischer gelang es nicht mehr, sich ans Ufer zu retten. Immer wieder trieben die Wellen sein Boot in den See hinaus. Noch heute soll an manchen stillen Abenden das Rufen des Fischers zu hören sein, der mit seinem Boot im offenen See herumtreibt und das rettende Ufer nicht erreicht.

Karl Spiesberger greift in seinem Buch *Naturgeister* einen Brauch auf, den Guido von List in seinen *Deutschen Mythologischen Landschaftsbildern* erwähnt hat. Bis zum 19. Jahrhundert soll – zumindest noch in versteckter Form – der schreckliche Brauch des Loskuchens auf den Donauschiffen durchgeführt worden sein. Um die Wassergeister der damals noch ungebändigten Donau friedlich zu stimmen, losten die Fährmänner untereinander das Opfer. Dazu mußte jeder nach einem Stück Kuchen greifen, und wer nach dem mit Kohle gekennzeichneten Stück gefaßt hatte, wurde nackt und blumenbekränzt in den wilden Strom gestoßen. Und so soll auch bei der ersten Ausfahrt im Jahr jeder achtgegeben haben, um nicht als erster ins Wasser zu fallen, denn dann konnte er kaum erwarten, daß ihn einer aus der Mannschaft retten würde, denn »der Erste« gehörte dem Strom.

Dazu fällt mir eine abenteuerliche Bootsreise ein, die ich vor etlichen Jahren zwischen indonesischen Inseln erlebt hatte. Heftige Stürme kamen auf, die sich die ganze Nacht nicht beruhigen wollten, und gnadenlos spülten die Wellen über uns hinweg. Ich hatte mich an festgemachte Ölfässer angebunden, um nicht über Bord zu gehen. Einer aus der Mannschaft erzählte mir in dieser sowieso schon schauerlichen Situation von einem Brauch, der früher bei solchen Unwettern auf See praktiziert worden ist. Alles, was fremd und anders war als gewohnt, wurde für das Toben der Naturkräfte verantwortlich gemacht. Und ich bekam die Geschichte eines Mannes zu hören, der einen Haarwirbel hatte, der gegen die Richtung der anderen Haare wuchs, außerdem hatte er noch rötliche Haare. Das war Grund genug, ihn den erzürnten Meergeistern zu opfern, um sie zu besänftigen.

Ich war nun auf dieser Fahrt nicht nur die einzige Frau, sondern auch das einzige Fremde an Bord. Ich glaubte zwar nicht, daß auch nur einer von der Mannschaft Hand an mich legen würde, aber wohler war mir erst, als ich wieder festen Boden unter meinen Füßen spürte.

In Morondava, an der Westküste Madagaskars, saß ich einmal am frühen Morgen am Strand und sah hinaus in die endlos schäumende Weite, als sich Isidore, ein Einheimischer, der mir bereits einige interessante Orte in der Umgebung gezeigt hatte, neben mich setzte. Er sah ebenfalls gedankenverloren hinaus auf das Wasser, bis er plötzlich sagte: »Es war genau an dieser Stelle, als ich eine Nixe auf mich zukommen sah. Sie hatte sich aufgerichtet, bis ihr ganzer Oberkörper aus dem Wasser hervorkam.«

Ich fragte ihn, wie sie denn ausgesehen habe.

»Wie eine normale Frau eben. Sie hatte Brüste. Doch ich bekam Angst und lief davon. Später habe ich mich allerdings darüber geärgert, denn es heißt ja, daß Nixen den Männern, denen sie sich zeigen, zu großem Reichtum verhelfen. Aber auch im heiligen See gibt es Nixen und riesige Krokodile.«

Das hörte sich sehr interessant an, und ich sagte ihm, daß ich diesen Ort gern besuchen wolle. Er erwiderte, daß wir dazu drei Autostunden benötigen würden. Das machte mir nichts aus. Ein französisches Ehepaar schloß sich uns an, und gemeinsam fuhren wir über Stock und Stein, über dürres Gestrüpp und Schlammpisten. Das letzte Stück mußten wir zu Fuß gehen. Der morastige Weg führte uns zu einem dichten Schilfgürtel, der uns die Sicht nahm. Isidore kratzte sich am Kopf und meinte, das Dickicht sei dichter, als er es in Erinnerung habe. Aber der See befinde sich hinter dem Schilf.

Da stand auf einmal ein fremder Mann vor uns, ein Fischer von einem nahen Dorf. Er war von kleinem Wuchs und wirkte wie ein sorgloser Junge, aber seine Augen waren die eines weisen, lebenserfahrenen Mannes. Isidore wechselte ein paar Worte mit ihm, die wir nicht verstanden. Dann wies der Kleinwüchsige uns an, ihm zu folgen, und er führte uns zu einer Öffnung im Dickicht, die freie Sicht auf den See gewährte.

Vor uns schwamm ein grüner Pflanzenteppich, der voller lilafarbener Blüten war, und dahinter breitete sich der dunkel schimmernde See aus. Es war wahrlich ein Märchensee, ein Platz, an dem sich Nixen einfach wohl fühlen müssen. Ich fragte den kleinen Mann geradeheraus, ob es hier wirklich Nixen gebe. Meine Frage erstaunte ihn gar nicht. Er nickte nur. »O ja, es gibt viele Nixen«, antwortete er in gebrochenem Französisch und in einer Art, als wäre es das Selbstverständlichste der Welt. Er erzählte, sie würden manchmal den Fischern beim Fang helfen, sie kämen gut miteinander aus. Sie hätten sogar einmal einen Fischer gerettet, als sich ein Sturm erhob und heftiger Regen im Nu das Kanu füllte und zum Kippen brachte.

Unter einem nahen Strauch sah ich einige Pirogen (Einbäume) liegen und fragte, ob wir auf den See hinausrudern könnten. Da schüttelte der Fischer den Kopf und deutete auf den Pflanzenteppich, der vor uns lag. Er erklärte, daß das im Augenblick nicht möglich sei. Nur zu bestimmten Zeiten würden die Pflanzen auseinandertreiben und Booten den Weg frei geben. Es hatte den Anschein, als wollten die Nixen zu diesen bestimmten Zeiten nicht gestört werden.

Wir bedauerten, nicht auf den See hinauszukönnen, aber es war auch ein gutes Gefühl, daß es auf dieser Welt noch Orte gibt, wo sich der Mensch der naturgemäßen Ordnung anpaßt. Als wir auf dem Pfad am Schilf zurückkehrten, ragte vor uns ein Krokodil halb aus dem Wasser; es tauchte aber blitzschnell unter, als wir näher kamen. Daß Nixen und Krokodile in engem Verbund leben, so wie aus der Wortverwandtschaft von *nihhus* (Krokodil) und *Nixe* zu entnehmen ist, schien sich an diesem Ort zu bewahrheiten.

Bevor das Vieh auf die Almen getrieben wurde, trafen sich die Hirten am Fuß der Koralpe (Steiermark) in einem Gasthaus, um sich bei Schnaps und Bier mit Frauen auszutoben, bevor es in die Einsamkeit ging. Derbheit und Verderbtheit lagen in der Luft, ballten sich schwer und drückend zusammen. Bis plötzlich ein alter Mann mit der Faust auf den Tisch schlug und ausrief: »Was hockt ihr da beisammen und haltet euch für gescheit, dabei habt ihr noch gar nichts gesehen von dieser Welt. Ihr seid dümmer als das Vieh, das ihr vor euch hertreibt.«

Die Hirten verstummten verwundert, und einer hob bedrohlich seine Brauen: »Sag einmal, was hast du denn schon gesehen, daß du so daherredest?«

Der Alte freute sich, daß er die Aufmerksamkeit dieser rauhen Burschen gewinnen konnte, und er begann zu erzählen:

»Drei Wegstunden hinter der Koralpe liegt ein See, umgeben von hohem Fels. In meiner Jugend war ich ein Hirte, wie ihr es seid. Ich habe da oben Schafe gehütet, und als sich eines im Fels verstieg, wollte ich ihm nachklettern. Dabei löste sich ein Felsbrocken und ist in den See gefallen. Hohe Wasserfontänen stiegen dabei auf, und die Wellen sind über das Ufer geschwappt. Dann war es ganz ruhig – und ich wollte schon weitersteigen, als plötzlich wieder Bewegung ins Wasser kam. Und ein Licht breitete sich aus, das einem leuchtenden Nebel glich. Dieser Nebel wurde in der Mitte dichter und nahm die Gestalt einer wunderschönen Frau an. Nie in meinem Leben habe ich etwas so Schönes gesehen. Da hörte ich die Frau rufen: ›Stör meine Ruhe nicht noch einmal, sonst packe ich dich und zerreiße dich in der Luft!‹«

Der alte Mann schwieg nun, und einer der Hirten fragte: »War das alles?«

Da antwortete der Mann: »Hättest du sie gesehen, würdest du nicht so sprechen. Du könntest nicht mehr so ruhig hinter dem Tisch sitzen und tun, als wäre das das ganze Leben. Nach dieser Begegnung hat es mich an keinem Ort mehr gelitten. Unstet bin ich durch die Länder gereist, habe mich in Geschäfte und Betriebsamkeit gestürzt, um mich zu betäuben. Doch jetzt, da ich alt bin, erkenne ich, daß ich nur einmal in meinem Leben den Blick auf etwas Vollkommenes werfen durfte.«

Bevor er schlafen ging, deutete er noch an, daß er morgen auf die Koralpe und dann noch einmal zu dem See gehen wolle. Als er sich früh am Morgen auf den Weg machte, gesellte sich ein junger Mann zu ihm, der gestern seine Geschichte gehört hatte. Er wollte ihn begleiten und mit zu dem See kommen.

»Weißt du denn, was du tust? Du wirst danach nicht mehr derselbe sein, der du jetzt bist.«

Der Junge aber sagte: »Ich wünsche mir ja so sehr, ein anderer zu werden. Alles ist mir zu eng und eintönig geworden. Ich wäre glücklich, einmal etwas Vollkommenes sehen zu dürfen.«

Der Alte konnte es ihm nicht verwehren. Und sie stiegen gemeinsam zu dem See auf. Still lag er vor ihnen. Die Schneeschmelze hatte erst vor kurzem eingesetzt, und wo die Flanken des Berges aufragten, glitzerte es noch weiß. Die Sonne spiegelte sich im Wasser, und nichts rührte sich. Die beiden Männer schwiegen eine Weile, dann hob der Ältere einen Stein auf und warf ihn weit hinaus ins Wasser. Erst blieb alles ruhig, doch plötzlich deutete der Alte auf den See: »Schau, Nebel kommt hoch!«

Der Junge vermochte zuerst nichts Ungewöhnliches zu sehen, doch dann bemerkte auch er, daß das Wasser weißlich leuchtete und aufsteigender Nebel sich wie milchiges Licht über dem Wasser ausbreitete. Sein Herz begann schneller zu schlagen, als in der Mitte des Sees – aus dem Nebel heraus – eine Frau hervortrat. Der Nebel strömte nun über das Ufer und kam direkt auf den Alten zu. Der Junge sprang erschrocken zur Seite. Er sah, wie der alte Mann seine Arme ausstreckte, als wollte er die Frau in der Ferne umarmen. Die Frau neigte grüßend ihren Kopf und lächelte. Da lächelte auch der Alte in seliger Verzückung.

Der Nebel umschlang sanft seine Gestalt. Dann begann er vom Scheitel an zu zittern, und ein Beben erfaßte den ganzen Körper. Eine gewaltige Kraft war in ihm wach geworden, alles in ihm strebte nach oben und weg von der Erde. Er schien leicht wie eine Feder. Dann fiel er seufzend zusammen, und Nebel bedeckte ihn. Auch die Frau in der Mitte des Sees wurde wieder vom Nebel umhüllt, wurde zur weißen Säule, die im Wasser versank. Der Nebel lichtete sich und verlor seine leuchtende Kraft. Es war, als sei nichts geschehen. Als der Junge auf den Alten zueilte, fand er diesen bereits tot.

Der junge Mann sagte den anderen Hirten nur, der alte Mann sei an Erschöpfung gestorben. Er wollte nicht von etwas sprechen, dessen unfaßbare Schönheit noch in seinem Inneren fortlebte. Und wie dem Alten, so geschah es auch ihm. Er wurde von einer inneren Unruhe erfaßt und reiste durch ferne Länder. Viele Jahre später erzählte jemand, er sei Kunstmaler geworden und würde weiße Frauen im Nebel malen.

Es erging den beiden Männern wie jedem, der sich einmal losgelöst hat vom Normalen und Begrenzten – und danach nicht mehr in die Haut zu schlüpfen vermag, die ihm bereits davor zu eng geworden war. Undinen bringen den Menschen auf den Gipfel der Glückseligkeit – und stürzen ihn gleich darauf in ein tiefes Tal. Das ist die Macht der Wassergeister. Sie versetzen hohe Wellen in Bewegung. Da kommt etwas ins Rollen, das keinen Stillstand mehr kennt. Wellen sind Sinnbild der steten inneren Veränderung – und das ist Bereicherung in jedem Fall.

Sylphen

Sie reisen wie der Wind. In den Sylphen wirkt das Licht der Sonne, und sie lieben die Wärme. Stürmen, Schnee und Regen weichen sie aus, so auch dem Flugzeug. Sie sind gewandt und können schnell sein wie der Blitz. Ständig sind sie in Bewegung. Die Bewegung ist es, die ihnen Kraft verleiht.

Die Luft ist zwar das Element der Sylphen, aber sie können sich auch auf Bergen aufhalten oder mit fließendem Wasser reisen. Nur die Tiefe der Erde und abgasverpestete Städte meiden sie. Der Körper eines Luftgeistes soll selbst für Hellsichtige nur schwer auszumachen sein. Ihr Körper ist wohl menschenähnlich, aber ihre Haare und der Rest des Körpers sind von fließender, aber auch kräftiger Natur. Wegen ihres großen Elans wirken sie jugendlich. Ihre Kleider werden als ineinanderwehende Schleier beschrieben, was den Anschein erweckt, als würden sie ihre Gestalt unentwegt verwandeln. Da manche Flügel haben und Sylphen großes Licht ausstrahlen, werden sie des öfteren mit Engeln verwechselt. Die Luftwesen, die über dem Flachland wirken, sollen etwa eineinhalb Meter groß sein und die über dem Gebirge etwa zwei Meter. Sie können sich aber auch über eine ganze Landschaft ausbreiten.

Ihre Aura, so sieht es Erhard Bäzner, ist etwa zehnmal so groß wie ihr Körper – eine wunderbare Aura, von der Frohsinn, Glück und große Geistigkeit, aber auch wundervolle Klänge ausgehen. Und von ihrem Gesicht sah er ein Licht in Form eines Sechsecks ausstrahlen.

Sylphen überwachen den Luftraum und die Luftströmungen, haben mit der Bewegung des Windes und der Wolken zu tun. Sie dürfen aber nicht mit Wolkengeistern verwechselt werden. Die Luftwesen senden Lichtfunken aus und beleben damit die Erde und das Wasser und regen alle Keime des Lebens an. Nach Rudolf Steiner ergänzen sie sich mit verschiedenen Tierwesen, und durch Vögel werden sie mit der Erde verbunden. Sylphen sind auch Träger der kosmischen Liebe. Sie besitzen bereits große geistige Reife und sind über Albernheiten und Neckereien, die für Gnome und Elfen typisch sind, weit erhaben. Sie gelten als die reinsten

Naturwesen. Die höchsten unter ihnen sind die Devas. Deren Lebensraum erstreckt sich bereits über den astralen Bereich bis zu den unteren Stufen der geistigen Hierarchien.

Von kreativen, künstlerischen Menschen fühlen sich die Sylphen angezogen. Sie inspirieren und fördern die Begeisterungsfähigkeit. Sie helfen mit, Träges in Bewegung zu setzen, und rütteln das Gewissen auf. Sie sollen sich auch darum bemühen, Lebenskraft absaugende Wesenheiten von Menschen fernzuhalten. Sie gelten als Begleiter verstorbener Seelen, damit diese von störenden Geistern nicht behelligt werden. Sie umsorgen traurige oder kranke Menschen mit ihrem Licht und stehen vor allem Kindern in Gefahren bei.

Als Schulmädchen war ich einmal spät dran und rannte der Straßenbahn nach. Wie blind wollte ich über die Straße laufen, als ich plötzlich eine Hand an meiner Schulter spürte, die mich heftig zurückriß – und im gleichen Augenblick donnerte ein Lastwagen an mir vorbei. Ich hatte nicht achtgegeben und mich nur auf die Tram konzentriert und wäre dabei um ein Haar überfahren worden, hätte mich nicht ein schützender Geist zurückgehalten. So ähnliche Erlebnisse haben viele in ihrer Kindheit. Dabei mag es ein Engelwesen sein oder eine Sylphe, die rettend eingreift – das sind einfach Namen für eine Kraft, die liebevoll und schützend in unserem Umfeld vorhanden ist.

Ungezügelt, wild und von grimmiger Art sind dagegen die Sturmgeister. Sie lassen sich weder zähmen noch belehren. Ihr ganzes Sinnen ist auf Vernichtung ausgerichtet. Selbst untereinander liefern sie sich stürmische Gefechte. Ihre Dynamik nimmt zu, sobald dunkle Wolken aufziehen und die Sonne verschwindet. Sie sollen in einer Höhe von etwa tausend Metern über dem Boden ihr Reich haben und bis zu zehn Metern groß werden.

In Italien kennt man die Folletti, die in Windwirbeln unterwegs sind. Sie zerstören Ernte und Häuser, bringen schwere Regenfälle oder Schnee und können ebenso Erdbeben bewirken. Es heißt, mit Knoblauchgeruch könne man die Wind-Folletti vertreiben. In der volkstümlichen Überlieferung der Abruzzen nimmt dieses Luftwesen die Gestalt einer Heuschrecke oder eines jungen Mannes an, der einen seidenen Hut trägt und mit Holzklappern Lärm macht.

Sturmgeister treiben die Stürme voran, können Tiere in Unruhe versetzen, aber auch menschliche Leidenschaften und grausame Triebe anstacheln. Ihr stürmisches Tun verstärkt die erdmagnetischen Ströme und regt das Wachstum an. Wie sagt doch Mephisto: »Ich bin ein Teil von jener Kraft, die stets das Böse will und stets das Gute schafft.«

Salamander

Wo immer ein Flämmchen aufflackert – und mag es noch so winzig sein – sind sie zur Stelle. Bei jedem Streichholz, das aufflammt, ist ein Feuergeist, ein Salamander, zugegen. Die Bezeichnung »Salamander« wird mit der im Mittelalter berühmt gewordenen spanischen Universität von Salamanca in Zusammenhang gebracht, die vor allem wegen ihrer alchimistischen Studien bekannt geworden ist.

Salamander sind Geister der Wandlung, die für Alchimisten bei ihren Forschungen und Experimenten große Bedeutung hatten und ihnen vermutlich zu Diensten waren. Alchimisten hatten eine besondere Beziehung zum Feuer, das sie als höchstes, alles beherrschendes Element betrachteten. Die Universität von Salamanca stand unter dem Einfluß der zauberkundigen Mauren. Und Magier bedienten sich gern der Feuergeister, um sie in bestimmte Metalle oder Legierungen zu bannen, damit sie in Amuletten als Schutzkräfte wirken. Salamander gelten als besonders mächtige Wesen, und nur Standhafte und Willensstarke sind ihnen gewachsen.

Salamander werden als Würmer oder Schlangen gesehen, die sich im Feuer um sich selbst drehen. Sie können aber auch die Formen anderer Tiere annehmen. Manche haben Flügel, andere sind menschenähnliche lange, dünne Wesen. Die höheren Salamander können – so Bäzner – eine schöne weibliche Gestalt annehmen. Sie haben rotes Haar, tragen rote oder blaue Kleidung und wirken sehr stolz. Salamander sollen in der Regel dreißig bis siebzig Zentimeter groß sein, können sich auch kleiner machen und bei größeren Feuerherden entsprechend wachsen.

Es sind unruhige Wesen, und sie sind nicht ortsgebunden. Sie warten nur darauf, daß sich irgendwo ein Funke entzündet. Mit den Blitzen kommen sie zur Erde und versuchen dort, wo sie einfahren, Brände zu stiften. Wo sie in die Erde sausen, kriegen Zwerge einen gehörigen Schreck. Besondere Anziehungskraft für Feuerwesen haben heiße Leitungsdrähte und alles, was zischt und brodelt. Salamander erfreuen sich an Feuersbrünsten, die außer Kontrolle geraten, und sie tanzen in wilder Lust in jedem Flammenmeer. Löschaktionen finden sie jammerschade, und vor Wasserstrahlen nehmen sie schnell Reißaus.

Angezogen werden Salamander auch von heißen Debatten und Wortgefechten. Wo ein hitziger Streit im Gange ist, fachen sie gern die Glut noch etwas an und verführen oft zu Kurzschlußhandlungen. Man kann Feuergeister aber auch um Hilfe bitten, wenn einmal ein Kamin- oder Lagerfeuer nicht gleich brennen will. Und sie sind ebenso bei zündenden, einfallsreichen Gedanken zugegen, helfen mit Inspirationen und unterstützen geistige Verwandlungen.

Marko Pogačnik bezeichnet Feuergeister der höheren Entfaltungsebene als Geister des Lichtes. Er sieht sie als Mittler der Eingebungen, die aus der Engelswelt zu uns fließen. Durch die Begegnung mit Feuergeistern lernte er, »daß Feuer nicht nur mit Verbrennungsvorgängen zu tun hat, sondern auch mit Lichtwerdung und sogar mit Sichtbarwerdung der Welt durch das Licht.«

Feuergeister haben ebenso mit Vermoderungs- Wandlungs- und Reifungsprozessen zu tun. Und sie übermitteln den Menschen Mut zur persönlichen Wandlung. Rudolf Steiner sah Feuergeister »in einer inneren Verwandtschaft mit den Gedanken der Menschen stehen, mit alledem, was aus der Organisation des Kopfes vorgeht ... Die Wahrnehmung des Feuerwesens kann den Menschen dazu bringen, sich selbst als Denker zu sehen – und nicht bloß Denker zu sein ... Kommt man in diese Sphäre der Feuerwesen hinein, dann sieht man in den Gedanken nicht bloß sich selber, sondern sieht den Gedankeninhalt der Welt.«

Salamander sollen sich gern in der Nähe vergeistigter und intelligenter Menschen aufhalten, um sich dadurch selbst schneller entwickeln zu können. Die Feuergeister der höheren Entwicklungsstufen sind nicht mehr von unkontrollierten Feuersbrünsten magisch angezogen. Im Gegenteil: Sie kontrollieren das Feuer, damit es keinen Schaden anrichtet, und reifere Geister bevorzugen das sanfte, wärmende Feuer in einer Wohnstube.

Ich besuchte einmal eine Freundin in ihrer Hütte auf einer hohen Bergalm im Salzburger Land, um für ein Wochenende auszuspannen. Bereits als ich über die Almwiese wanderte, spürte ich, daß hier oben in totaler Abgeschiedenheit und Ruhe unzählige unsichtbare, aber lebhafte Wesenheiten zu Hause sind. Abends waren wir Frauen dann derart ins Gespräch vertieft, daß wir versäumten, auf das Feuer zu achten. Wir bedauerten zwar, daß es ausgegangen und der Ofen kalt geworden war, aber keine von uns beiden hatte Lust, ein neues Feuer anzumachen. Nachts schlief ich in der Stube, das heißt, ich versuchte es zumindest. Es rumorte an allen Ecken und Enden, und rund um mich herum herrschte Bewegung. Wenn sie sich auch nicht sichtbar machten, so war die Präsenz der Wesenheiten doch körperlich fühlbar. Im

Morgengrauen fand ich dann endlich etwas Ruhe, und als ich aufwachte, war es bereits gemütlich warm in der Stube. Etwa zur gleichen Zeit kam meine Freundin in den Raum und bedankte sich bei mir, daß ich schon ein Feuer im Ofen angemacht habe. Verwundert erwiderte ich, daß ich eigentlich gedacht habe, daß sie es gewesen sei. Da lachte meine Freundin und sagte, dann sei das wohl der Feuergeist gewesen – er habe das schon einmal davor zuwege gebracht.

Seitdem weiß ich, daß in jedem kleinen Feuerchen ein Feuergeist zugegen ist. Selbst wenn ich bloß eine Kerze anzünde, betrachte ich diesen Akt mit ganz anderen Augen. Ich verbinde mich in meinen Gedanken mit diesem Wesen und frage es, wie es sich wohl fühlt in einer Welt, die etwas arm geworden ist an lichten Augenblicken.

Die Elemente

»Materie ist nur eine andere Erscheinungsform von Energie.« *Albert Einstein*

Die Welt der Naturwesen wird über die vier beziehungsweise fünf Elemente erst wirklich verständlich. Die Elemente wiederum werden durch Symbole und Urbilder anschaulich gemacht. Ein Beispiel sind die zwölf Tierkreiszeichen. Im Tierkreis ist jedes Zeichen in gleichmäßig abwechselnder Folge einem Element zugeordnet.

Steinbock, Stier und Jungfrau stimmen mit dem erdigen Element überein; es steht für Materie, das Greifbare und Sichtbare und ist verbunden mit Vorsichtigkeit und dem Bedürfnis, das Unmittelbare und Naheliegende zu begreifen.

Fisch, Krebs und Skorpion entsprechen dem Element Wasser, das mit der Welt der Gefühle, Leidenschaften und Träume, aber auch mit Rückzug vor dem Sturm und mit innerem Entwicklungsreichtum assoziiert wird.

Wassermann, Zwillinge und Waage korrespondieren mit dem luftigen Element, das mit Leichtigkeit, Beweglichkeit und den Kräften des Denkens und der Vorstellung in Zusammenhang steht.

Widder, Löwe und Schütze gehen konform mit dem feurigen Element, das für Wille und Tat, Begeisterungsfähigkeit,

Elemente	*Naturwesen*	*Lebensräume*	*Gefahren für Naturwesen und was sie meiden*
ERDE	Gnome, Zwerge, Hügelvolk, Dämmerelben	dunkle Wälder, Schluchten, Hügel, Gebirge, steile Felswände, Hügelgräber	Kunstdünger, Pestizide, Gifte jeder Art, radioaktive Abfälle, Eisen, Stahl Elektromagnetische Störfelder – verursacht durch Elektrosmog – beeinträchtigen den Lebensraum *aller* Naturwesen
	Heinzel-, Hinze-, Hutzel-, Klabautermännchen, Wichtelmänner, Nörggele	Wald, Dünen, Gärten, Almen, alte Bauernhöfe (Dachstühle, Ställe, Scheunen), knorrige, mächtige Wurzelstöcke	
	Kobolde (Hausgeister), Puck	Schlösser, Burgen, entlegene Häuser	
	Bergmännchen, Bergmönche, Dunkelelben, Hämmerlinge	Bergwerke, Kristalle, Erzstätten, Felsen, Steinbrüche	
	Irrwische	Sümpfe, Moore	
	Trolle	Höhlen, düstere Waldplätze	
	Baumgeister, Faune, Dryaden	Bäume	
	Elfen	Pflanzen, Blüten, Baumkronen, Blumenwiesen, Heide- und Seenlandschaften, Moos	
	Höhere Erdgeister: Zwergen- und Elfenkönige, Berggeister, Baum- und Waldnymphen, Waldfrauen, Wildfrauen, Salige Frauen, Pflanzenfeen, Pan		

Elemente	*Naturwesen*	*Lebensräume*	*Gefahren für Naturwesen und was sie meiden*
WASSER	Nixen, Wassermänner, Necker	Brunnen, Quellen, Teiche, Weiher, Berg- und Waldseen, Flüsse, Moorlandschaften, Flußinseln, stille Buchten, Meere, Küstennähe, Grotten	mit Chemie angereicherte Gewässer, Abwasser, Schiffsverkehr, Verunreinigungen der Meere jeder Art
	Undinen	Wasserstrudel, wilde Flüsse, Wasserfälle	
	Nereiden	Meerestiefe	
	Höhere Wassergeister: Quell-, Brunnen- und Flußnymphen, Wasserfeen		
LUFT	Sylphen, Lichtelben	auf Berggipfeln und Bergeshöhen, über Baumwipfeln, weiten Fluren und Seen, ziehende Wolken (leben nicht in den Wolken, aber bewegen sie)	Smog, Abgase, Treibgase, Flugzeuge
	Sturmgeister	dunkle Wolken, Stürme	
	Höhere Luftgeister: Luftfeen, Devas		
FEUER	Salamander	brennende Streichhölzer, Kerzenflammen, Herd- und Lagerfeuer, Kamine, aktive Vulkane, brodelnde Krater, Schmelzofen, Blitze, Brände	Ausbeutung der Energiereserven (Kohle, Erdgas, Uranerz)
	Höhere Feuergeister: Licht- und Feuerfeen		

Kühnheit, Unvorsichtigkeit, Maßlosigkeit und Kampfgeist steht.

Vier Tierkreiszeichen wurden Sinnbilder der vier Evangelisten. So ist Lukas als Stier dem Element Erde zugeordnet. Matthäus verkörpert als Wassermann das luftige Element. Markus als Löwe steht für das feurige Element, und Johannes als Skorpion versinnbildlicht das wäßrige Element. Später wurde Johannes als Adler dargestellt – ein Zeichen dafür, daß er Raum und Zeit überwunden hat. Ursprünglich wurden alle vier Evangelisten mit Flügeln versehen, um die kosmischen Kräfte hervorzuheben. Die Flügel sind nur noch Matthäus geblieben, weshalb er manchmal als Engel dargestellt wird.

Auch die vier Temperamente, die als Urtypen des Menschen gelten, entsprechen den vier Elementen. Zwar sind alle vier Temperamente in jedem Menschen vorhanden, aber eines davon überwiegt und bestimmt den Charakter. Der melancholische Mensch korrespondiert mit dem Element Erde. Er wird als schwermütig, langsam, grüblerisch und nachdenklich bezeichnet. Als träge wie das ruhig fließende Wasser wird der Phlegmatiker charakterisiert. Leichtblütig, phantasievoll, lebhaft, heiter ist der sanguinische Menschentyp, der dem Element Luft entspricht. Und der Choleriker mit seinem hitzigen, aufbrausenden und leicht reizbaren Temperament ist dem Feuer ähnlich.

Die Vierteilung der Elemente geht auf den griechischen Philosophen Empedokles von Akragas zurück, der im fünften

Jahrhundert v. Chr. lehrte, daß alles Werden und Vergehen auf Mischung und Entmischung von Feuer, Luft, Wasser und Erde beruhe. Goethe bezeichnet die Elemente als Mütter. Das Wort »Materie« stammt im übrigen vom lateinischen *mater* (Mutter) ab.

Die Philosophen der Antike und die Alchimisten des Mittelalters teilen die vier Elemente in zwei Paare ein, die ein Kreuz bilden. Luft – Feuer und Wasser – Erde sind voneinander abhängig. Ohne Luft kann das Feuer nicht brennen, und Erde und Wasser erzeugen gemeinsam Heilkräfte. Dagegen bringen Erde – Luft und Feuer – Wasser stärkere Gegensätze zum Ausdruck. Vor allem letzteres Paar, wobei das sanfte Wasser das verzehrende Feuer besiegt. Doch während Feuer und Wasser einander befehden, bringen Wärme und Feuchtigkeit Leben hervor. Im chinesischen Buch der Wandlung, dem *I Ging*, heißt es: »Wasser und Feuer bekämpfen einander nicht. Der Regen befeuchtet die Samen, daß sie keimen können, und die Sonne gibt die nötige Wärme dazu.«

In der Alchimie sind die Eigenschaften der Elemente ebenfalls von Bedeutung. Es wird unterschieden zwischen heiß und kalt, feucht und trocken. Die Erde gilt als kalt und trocken, das Wasser als kalt und feucht, die Luft als heiß und feucht und das Feuer als heiß und trocken.

Derartige Differenzierungen der Temperamente und elementaren Zuordnungen treten auch bei den australischen Aborigines in ihrer äußerst komplexen Gesellschaftsordnung zutage. Grundsätzlich ist ihre Sozialstruktur entsprechend den Urkräften der Schöpfung in zwei Hälften geteilt, was dem chinesischen Yin-Yang-Prinzip gleichkommt. Nur haben die Aborigines andere Namen dafür, wie zum Beispiel Südwind und Nordwind oder Speer und Speerschleuder. Innerhalb dieser beiden »Hälften« sind Ehen verboten. Ein Mitglied einer Südwind-Gruppe darf kein Mitglied aus seiner eigenen Gruppe, sondern nur ein Mitglied der Nordwind-Gruppe heiraten. Auf diese Weise ist der Ausgleich der beiden Urkräfte, die in ihrem Zusammenspiel erst die Schöpfung möglich machten, garantiert. Aber das Vereinen von Gegensätzen ist auch eine Gewähr für die Harmonie innerhalb der Gemeinschaft.

Zusätzlich gibt es bei den Aborigines noch Untergruppen, die das Temperament und zugehörige Element der einzelnen Gemeinschaftsmitglieder zum Ausdruck bringen, wobei sie mit bestimmten Farben in Zusammenhang stehen. Da gibt es zum Beispiel die langsamen Raben und schnellen Kakadus. Die Raben werden als kalt und passiv bezeichnet, und wer ihnen angehört, verwendet die Farben Schwarz und Gelb bei den Körpermalereien. Sie werden den Elementen Wasser und Erde zugeordnet. (Die Raben werden auch in unserer Mythologie mit Wasser und Mondkraft in Verbindung gebracht.) Die warmen und aktiven Kakadus dagegen tragen die Farben Rot und Weiß und sind den Elementen Feuer und Luft zugeordnet. Auch innerhalb dieser Gruppen dürfen keine Ehen geschlossen werden. Gehört aber einer der Adler-Gruppe an, gelten für ihn diese Tabus nicht, denn der Adler ist »der Erste« oder »Vater von allen«. So wie der

Adler als christliches Sinnbild von Johannes Raum und Zeit überwindet, überwindet er bei den Aborigines gesellschaftliche Schranken.

Die Elemente werden auch den Himmelsrichtungen zugeordnet. Im Hinduismus herrscht Kubera, der Gebieter der Kobolde und Bewahrer der Erdschätze, im kalten Norden. Indra, der Regengott, wohnt mit den Asparas, feenartigen Geschöpfen, in Luftschlössern im Osten. Agni, der Herr des Feuers und des Lichtes, lebt im warmen Süden, und Varuna, der Hüter der Meere, regiert im Westen der Welt.

In der hinduistischen und buddhistischen Weltanschauung gilt der Äther als fünftes Element. Eine Stupa, eine buddhistische religiöse Andachtsstätte, ist folgendermaßen aufgebaut: Der schwere quadratische Sockel entspricht dem Element Erde. Der darauf aufgesetzte halbkugelförmige Rundteil dem Element Wasser. Vom nächstfolgenden Steinwürfel blicken Buddhas Augen in die vier Himmelsrichtungen und versinnbildlichen den Luftraum. Dann folgt ein kegelförmiger, stufenartiger Aufbau, der das Element Feuer symbolisiert. Und den Abschluß bildet ein Ehrenschirm oder die Mondsichel (wird auch als Venussichel gedeutet) mit der darüber schwebenden heiligen Flamme, was das Element Äther symbolisiert.

Der Aufbau eines Stupa läßt das buddhistisch-esoterische Weltgebäude genau erkennen (siehe auch die Abbildung auf Seite 161): Die erste Stufe bildet die physische Ebene (Erde), auf der zweiten Stufe folgt der psychisch-astrale Bereich

(Wasser), die dritte Stufe entspricht dem mentalen Raum (Luft), und auf der vierten Stufe beginnt die geistige Sphäre (Feuer/Licht). Der Äther als fünftes Element bildet schließlich die Krönung der elementaren Welt und durchdringt von oben her als Super-Energie oder subtile Substanz die anderen Sphären und Elementarreiche. Bildlich gesehen erscheint dieser Aufbau klarer als die in den neuen esoterischen Lehren oft dargestellte Anordnung der Ätherebene beziehungsweise des Ätherkörpers auf der zweiten Ebene, also zwischen dem physischen und psychischen Raum, wo das vitale Fluidum zwar ebenfalls besteht, aber nicht nur. Allerdings möchte ich noch einmal darauf hinweisen, daß es diese Stufenordnung im geistig-kosmischen Raum sowieso nicht gibt und alle Ebenen oder Körper als ineinanderliegend zu verstehen sind.

Jedes Element herrscht auch zu bestimmten Tages- und Jahreszeiten vor. Das erdige Element wird dem Winter und der Zeit um Mitternacht, das luftige Element dem Frühling und dem Morgen, das feurige Element dem Sommer und der Mittagszeit und das wäßrige Element dem Herbst und dem Abend zugeordnet.

Anders dagegen ist die Fünf-Elemente-Lehre der Chinesen. Ihre Elemente sind: Holz (womit die gesamte Vegetation gemeint ist, die vom Wasser genährt wird), Feuer, Erde, Metall und Wasser.

Die fünf Elemente beleben einander, und zwar in dieser Abfolge: *Holz* brennt. Aus dem daraus hervorgehenden *Feu-*

er bleibt Asche zurück, die in die *Erde* eingeht. Die Erde erzeugt *Metall*adern in ihrem Inneren, aus denen nach Ansicht der Chinesen unterirdische Wasser entspringen, die die Vegetation nähren und das Wachstum der Bäume *(Holz)* möglich machen. Metall und Erde sind verträglich, doch Holz besiegt die Erde, indem es ihr die nährende Kraft entzieht. Die Erde besiegt das Wasser, indem sie den Fluß des Wassers blockiert und zum Stillstand bringt. Das Wasser besiegt das Feuer, da es das Feuer löscht. Das Feuer besiegt das Metall, indem es das Metall zum Schmelzen bringt. Und Metall besiegt das Holz, indem die Säge den Baum fällt.

Die Elemente galten den alten Völkern als heilige Bausteine des göttlichen Planes, und sie hatten große Ehrfurcht vor ihnen, die wir im Zuge von Industrialisierung, technischer Entwicklung und naturfremden Zivilisationsformen und Zubetonierung der Natur verloren haben. Wir gehen sogar so weit, Erde, Wasser und Luft in ungeheurem Ausmaß zu verunreinigen. Unsere Überheblichkeit und Ignoranz gegenüber den Elementen – den Kräften der Natur – kommen einem Selbstmord gleich. Sind es wirklich Zufälle, daß nun Überschwemmungen und Feuersbrünste zunehmen, im kleinen wie im großen? Könnten diese Katastrophen nicht als natürliche Akte der Reinigung zu verstehen sein?

Wir haben lange Zeit Wasser, Luft, Erde und Energie als etwas ganz Selbstverständliches betrachtet. Erst jetzt, wo uns die Knappheit der Energiereserven, die Gefährdung unseres Trinkwassers, die Verseuchung und Verpestung unserer Umwelt mehr und mehr bewußt wird, wir die Verminderung der Lebensqualität auch körperlich zu spüren bekommen und unsere Gesundheit und unser Wohlbefinden beeinträchtigt werden, schenken wir unserem Lebensraum wieder Aufmerksamkeit und beginnen, unser Eingebundensein in die Zusammenhänge der Natur und in das gesamte kosmische Geschehen zu ahnen.

Erde

Die Erde gibt und verschlingt. Sie verkörpert Werden, Vergehen und Neuwerdung. Die Erde war einst dem Menschen heilig. Anstelle der Bibel wurde mit einem Klumpen Erde in der Hand so mancher bindende Eid geschworen.

Nach der chinesischen Feng-Shui-Lehre ist der Ziegel das Baumaterial, das der Erde entspricht, und Häuser, die Flachdächer besitzen, werden dem Erdelement zugeschrieben.

Die geometrische Figur, die das Element Erde zum Ausdruck bringt, ist das Quadrat.

Während die Erde im heutigen Sinn als Materie kühl erscheint und uns innerlich nicht berührt, ist mit dem Begriff »Mutter Erde« automatisch eine emotionale Vorstellung verbunden. Nach Meinung vieler Naturvölker wird alles Leben aus der Höhle der Erde geboren. Da die Erde fruchtbar ist und die Frucht in ihrem Schoß heranwächst wie im Leib einer Frau, wurde die Erde als weiblich gedacht. Und so gilt die Erde als Große Mutter und Ernährerin. Sie verkörpert das Füllhorn – Reichtum und Wohlstand.

Mutter Erde hatte unzählige Namen wie Gaia, Demeter oder Kybele. Das waren machtvolle Herrinnen der Natur und ihrer Geister. Ihre Frucht wurde durch den Stier und ihre Kraft durch den Löwen symbolisiert. Kybeles Wagen wurde von Löwen gezogen. Die Große Mutter verkörperte die Tiefe der Erde und hatte Macht über Leben und Tod.

Noch bis ins Mittelalter hinein war Mutter Erde die Kraftspenderin. Und selbst heute noch wird sie als Quelle der Kraft an Marienheiligtümern oder in Gestalt der Schwarzen Madonna verehrt. Im Märchen ist Aschenputtel eine Tochter der Erde, die von ihrer toten Mutter aus dem Grab Hilfe erhält. Die Mutter versinnbildlicht die von der Kirche entmachtete Mutter Erde, und der Grabhügel ist der Feenhügel, aus dem die gute Fee erscheint. Der strahlende Prinz verkörpert den jungen Sonnengott, der sich schließlich mit der Erde vermählt, so deutet es unter anderem Barbara Walker in ihrem Lexikon *Das geliehene Wissen der Frauen*.

Wasser

In vielen Schöpfungslegenden heißt es, daß sich aus dem Urozean der Urhügel emporhob. Der Halbkreis, den der Urhügel beschreibt, ist die geometrische Figur, die dem Wasser entspricht. In anderen Weltentstehungsgeschichten wird von dem Urvogel berichtet, der in das Urwasser sein Ei legt, aus dem dann der erste Schrei des Lebens hervorbricht.

Das Wasser gilt als Urstoff aller Dinge. Die Urquelle entspringt in anderen Überlieferungen der Wurzel des Lebensbaumes, der in der Mitte des Paradieses steht. Wasser versinnbildlicht auch Unerschöpflichkeit und wird dem Blut, dem Saft des Lebens, gleichgestellt. Die Wasser des Lebens und die Wasser des Todes sind eins.

Das Element Wasser ist wie das Element Erde dem weiblichen, lebenspendenden, fruchttragenden und heilbringenden Prinzip zugeordnet. So ist die Große Mutter mit dem Wasser eng verbunden, das mit dem Mond in Beziehung steht.

Drachen, Schlangen und Krokodile sind Symbole sowohl für die Kraft der Erde als auch für die Macht des Wassers. Wenn auch das Wasser weich und schmiegsam ist, so zeigt es dennoch seine Stärke, indem es das Feste und Harte, wie den Felsen, umschließt und mit Beharrlichkeit aushöhlt oder umformt. Der Regen wird als männlicher Samen gesehen, der zur Erde fällt und diese befruchtet.

Das Wasser hat auch wie die Erde mit der Tiefe des Lebens zu tun. In der Tiefe liegt das Verborgene und Geheime. Es heißt, im Wasserspiegel sieht der Mensch sein eigenes Bild. Und nur wer sich in der Tiefe wiederfindet, fühlt sich wohl wie ein Fisch im Wasser. Der Fisch versinnbildlicht Unabhängigkeit und läßt sich mit dem Wegtauchen in das Unbegrenzte assoziieren.

Der Fisch stand in Verbindung mit den Urmüttern Ishtar, Isis und Venus oder Aphrodite. Ihr heiliger Tag war der Freitag, der Tag der Fruchtbarkeit und der Mondgöttinnen. Auch Freyja, der germanischen Liebes- und Fruchtbarkeitsgöttin, war dieser Tag geweiht. Am Freitag aßen die Menschen Fische, um so fruchtbar zu werden, wie Fische es sind.

Der Fisch ist ebenso ein Symbol für religiösen Eifer und wurde zum Zeichen der Christen, die allerdings gegenüber der Fruchtbarkeit eine ambivalente Haltung einnahmen. Die griechisch-orthodoxen Christen dagegen haben das Fisch-Symbol nicht übernommen. – »Menschenfischer« wurden die Apostel wie auch Buddha genannt.

Im Kult des Adonis (Geliebter der Aphrodite, der von einem Eber getötet wurde) war es Brauch, den Verstorbenen einen Fisch als Zeichen der Liebe und Wiedergeburt mit ins Grab zu legen, damit der Tote in neuer Gestalt erblühe wie die Rosenknospen aus dem Blut des Adonis. So ist das Wasser wie die Erde Sinnbild der Regeneration und Neuwerdung.

Der Fisch war ebenso sinnbildliche Beigabe des hundertköpfigen Ungeheuers Typhon, das die Sturmflut des Lebens, die inneren Leidenschaften und begierlichen Wünsche verkörperte. Aus Typhon wurde Taifun – der zerstörerische Wirbelsturm, in dem Dämonen reisen. In ihnen scheinen sich die Leidenschaften der Welt zu ballen und zu entladen.

Als Fisch wurde auch die chinesische Große Mutter Kwan-Yin dargestellt. Und Artemis verehrte man einst in Delphi als Fischgöttin. Wassergottheiten und Nymphen wurden prophetische Gaben zugeschrieben. Die Pythia von Delphi trank aus einer heiligen Quelle, und deren Wasser brachte aus ihrem Mund einen Fluß von Orakeln hervor. Und Apollon erhielt später seherische Fähigkeiten, nachdem er von der Quelle getrunken hatte. Das ähnelt Odin, der aus der Quelle des Riesen Mimir, die sich unter dem Weltenbaum befand, trinken durfte, wodurch er ebenfalls Sehergabe und Weisheit erlangte.

Das Wasser gilt als der Ursprung des Lebens, und die Taufe symbolisiert das Eintauchen in die Urwasser, die alles Unreine wegspülen. Das wäßrige Element hat zu tun mit Kommunikation, der Übermittlung von Ideen, Medien und Musik. Die aufgefächerte Dachkonstruktion des Opernhauses in Sydney ist ein Bautyp, der im Sinne von Feng-Shui dem Wasser entspricht.

Das Baumaterial, das dem Element Wasser zugeordnet wird, ist Glas. So heißt es wohl nicht zufällig in Märchen und Sagen, daß Nixen und Wassermänner in den Tiefen der Gewässer in Glaspalästen wohnen.

Das Element Wasser versinnbildlicht auch das große Wasser des Lebens, das der Mensch durchqueren muß. Im Wasser liegt das Geheimnis des Daseins. Die Maori glauben, daß sich das Paradies unter dem Wasser befindet, und die Kelten hatten die Vorstellung, daß die Gewässer Zugang zur anderen Welt ermöglichen. Goethe, der sich mit den Kräften der Natur viel beschäftigt hatte und mit inneren Welten wohlvertraut war, schrieb:

»Des Menschen Seele gleicht dem Wasser,
Vom Himmel kommt es, zum Himmel steigt es,
Und wieder nieder zur Erde muß es –
ewig wechselnd.«

Die Luft ist das Medium, das Sprache und Töne vermittelt – und das Element, in dem der Ausgleich aller Dinge und Harmonie zum Ausdruck kommen. Das Gleichgewicht der Kräfte versinnbildlicht die Waage. Mit ihr ist die ägyptische Maat, die Göttin der Gerechtigkeit, verbunden. Auch die luftige Feder ist ein Zeichen der Maat und symbolisiert die leichte Beweglichkeit, wie sie den Vögeln eigen ist.

Der Falke ist Sinnbild der Inspiration, der Erlösung von der Erdenschwere und des geistigen Aufstiegs. Der Falke steht im Zusammenhang mit der Sonne, mit dem Licht. Horus ist der ägyptische Sonnenfalke und Garuda der Sonnenvogel des hinduistischen Gottes Vishnu. Es heißt, daß der Adler sein Gefieder erneuert, wenn er zur Sonne aufsteigt. Der Adler ist der Mittler zwischen Himmel und Erde und gilt als Seelenträger.

Kämpft der Adler gegen den Löwen, trägt der Adler den Sieg davon, womit verständlich wird, daß das Feuer ohne Luft nicht brennen könnte. Das Tierkreiszeichen Zwillinge verkörpert den Luftikus. Und ein luftiges Paar sind die ägyptischen Urgötter Schu, der den Himmel stützt, und Tefnut, die Regengöttin. Wolken gelten in China als Transportmittel des Himmelsdrachen, und auch die germanischen Walküren, die aus den Wellen des Meeres hervorgingen, reisen mit den Wolken. Luft und Wasser stehen also in engem Zusammenhang.

Ein Verbündeter ist der Wind, der den Lebensatem des

Universums, das Nichtbegreifbare, das Vergängliche und die Auflösung versinnbildlicht. In der taoistischen Philosophie bilden Wind und Wasser (Feng-Shui) eine harmonische Gemeinschaft. In der chinesischen Elementelehre gibt es das Element Luft nicht, da es mit dem Wasser vereint gesehen wird.

Der Wirbelwind ist das dynamische Sinnbild des Auf- und Absteigens, der schöpferischen Bewegung und mächtiger Kräfte. Wirbel gelten als Fahrzeuge der Götter, und sie tragen Seelen mit sich fort.

Mit dem Element Luft sind Archetypen und Götter verknüpft, die große Weisheit zum Ausdruck bringen, wie zum Beispiel die griechische Göttin Athene. Nachdem Zeus die weise Metis verschlungen hatte, die von ihm ein Kind erwartete, wuchs Athene in seinem Kopf heran, wobei Zeus unter schlimmen Kopfschmerzen litt. Um ihn davon zu befreien, spaltete Hephaistos, der Götterschmied, mit einer Axt den Kopf von Zeus. Aus dem Spalt, der sich von der Stirn aus auftat, sprang Athene hervor – ein Akt, der die Öffnung des Dritten Auges symbolisiert. Athene verkörpert den reinen Geist und die Erleuchtung. Mit ihrer Besonnenheit dämmt sie das Feuer der Kriegswütigen ein und steht den Helden mit weisen Ratschlägen zur Seite.

Aus der Zuordnung der Götter oder Archetypen zu einem bestimmten Element wird vieles über die entsprechende Kraft- und Seelenqualität erfahrbar.

Das Feuer gilt als das erste Element, und die geometrische Figur, die ihm zugeordnet wird, ist das Dreieck, das mit der Spitze nach oben zeigt. So entsprechen auch Pyramiden und spitz zulaufende Kirchtürme dem feurigen Element. Im südostasiatischen Raum vermeiden es Menschen, in der Nähe von Bauten mit spitz zulaufenden Dächern zu wohnen, da ihrer Ansicht nach rundum Feuergefahr besteht. Bauten mit Steildächern eignen sich aber für Schulen, Universitäten, Bibliotheken – für alle Stätten, wo geistig gearbeitet wird.

Das Element Feuer steht für Energie, Intellekt, schöpferische Impulse, Transzendenz, Illusion und Umwandlung. Wo Feuer zerstört, erneuert sich das Leben. Nach jedem Buschbrand sprießt frisches Grün hervor. Und der rote Phönix, der mythische Vogel, verbrennt sich selbst am Ende seiner Tage, um sich erneut und mit junger Kraft aus der Asche zu erheben.

Feuer reinigt und verzehrt das Unreine. Es ist ein Zeichen der Stärke und Schnelligkeit – Eigenschaften, die der Löwe verkörpert. Der Löwe repräsentiert die Einsamkeit des Eremiten, des geistig Suchenden. Der Löwe ist aber auch Sinnbild für ungezügelte Wildheit. Diese kann durch Wasser gedämpft werden. So vereint der wasserspeiende Löwe als Brunnenfigur die Gegensätze von Wasser und Feuer.

Diese beiden sich gegenseitig scharf bekämpfenden Eigenschaften treten ebenso im vedischen Feuergott Agni zutage, der aus den Wassern der Erde geboren wurde. Seine Attribute sind Flamme und Wassertopf, womit er dem heiligen Florian der katholischen Christen gleichgestellt werden kann. Und in dem Himmelsgott, der als siebenzüngiger Blitz zur Erde fährt, vereint sich das Feuer – das wiederum für die Kraft der Sonne steht – mit der Erde. In der vedischen Religion versinnbildlicht die Feuersäule, die Himmel und Erde verbindet, die Weltenachse – ebenfalls eine Ausdrucksform des Feuergottes.

Im Christentum symbolisiert das Feuer die göttliche Offenbarung, die göttliche Stimme, die aus dem brennenden Dornbusch spricht. Im Buddhismus verbrennt die Flamme des Geistes die Ignoranz. Bei den Parsen steht das Feuer für die Sonnenkraft, deren Symbol der Altar ist, der auch in unseren alten Kirchen mit der Sonne in Verbindung stand. Durch das Ostfenster fallen, wenn sich der Altar in seiner ursprünglichen Position befindet, die ersten Strahlen der aufgehenden Sonne vor den Altar, wo sich der himmlische Funke mit der Erde verbindet.

Buddhistischer Stupa

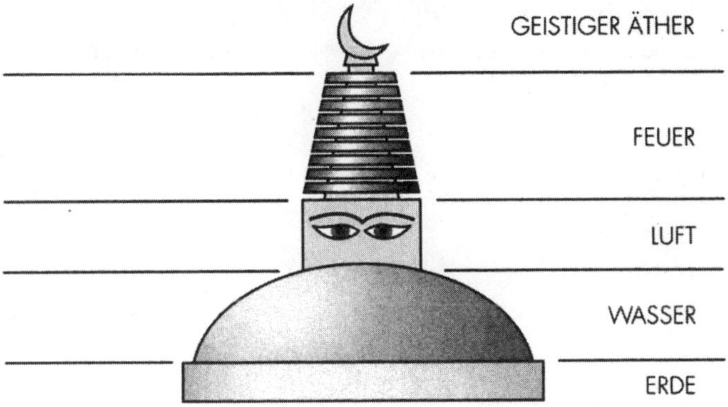

Elemente-Zuordnungen in Anlehnung an den buddhistischen Stupa:

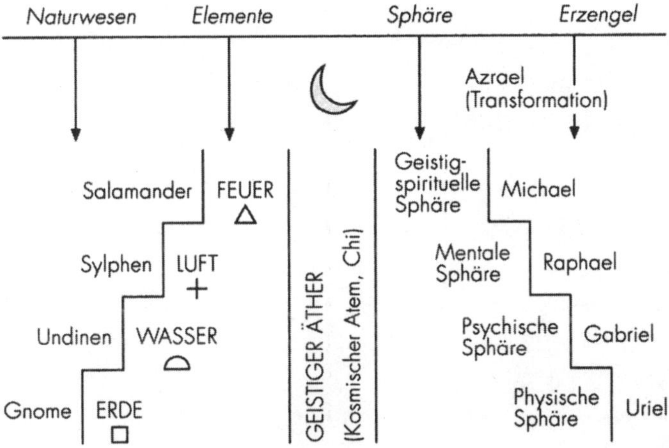

Die Erzengel der Elemente

Das, was für Steine, Pflanzen und Tiere die Naturgeister sind, sind für die Menschen die Engel. Und mehr noch: Engel sind die harmonischen und liebevollen Aspekte Gottes. Es sind lichtvolle Wesen, die der geistigen Welt angehören und zu ihrer Entfaltung beitragen. Sie verbinden die Erde und alle auf ihr lebenden Geschöpfe mit den Sternen, den Planeten und der himmlischen Welt. Dieses himmlische Reich befindet sich aber nicht fern von uns, sondern umgibt uns wie die Welt der Naturwesen, nur eben auf einer anderen Schwingungsfrequenz. Während das Bewußtsein des Menschen auf der Erde durch Zeit und Raum begrenzt ist, vermag sich das Bewußtsein des Engels in einen unermeßlichen Raum auszudehnen. Oft werden Engel und Sylphen verwechselt. Doch Sylphen offenbaren sich als eine lebhaft vibrierende Energie, während die Schwingung der Engel als harmonischer empfunden wird.

Engel haben nicht nur persönliche Schutz- und Trösterfunktionen; ihre Aufgaben sind sehr vielfältig. Engel stammen aus der Welt der Intuition, die sie in uns fördern wollen, denn die Intuition ist unsere Brücke zur geistigen Welt. Engel wecken Fähigkeiten und inspirieren Menschen bei ihren schöpferischen, kreativen Arbeiten und schicken ihnen in Form von Impulsen Ideen oder Träume zu.

Für die Natur wichtig sind jene Engel, die den Naturwesen bei der Regenerierung von Landschaftstempeln helfen, damit sich deren feine, lebendige Gewebestruktur erholt, oder sie lenken auf einen bestimmten Platz ihre ganze geistige Konzentration, um dessen Schwingung zu erhöhen. Engel und Naturwesen gehen zwar unterschiedliche Evolutionswege, aber Engel leiten bei Bedarf Naturwesen an oder arbeiten mit den Devas zusammen, um zum Beispiel die Zyklen in der Natur aufrechtzuerhalten oder um Luft, Erde und Gewässer von Verunreinigungen zu klären – und um überall dort zu heilen, wo der Natur Schaden zugefügt wurde.

Zur Zeit herrscht ein Wettlauf zwischen den Engeln und Naturwesen auf der einen Seite, die sich unentwegt bemühen, die Erde und ihre teilweise noch wundervollen Regionen zu retten, und den Menschen andererseits, die mit ihrer Verbohrtheit noch immer meinen, die Natur beherrschen zu können.

Aus der Sicht spiritueller Lehrer sind Engel Gedankenschöpfungen (mentale Projektionen) der Erzengel. Das sind hohe Wesen, die den göttlichen Geist beziehungsweise kosmische Kräfte und Qualitäten repräsentieren – Kräfte, die bestimmte Kultur- und Naturentwicklungen zur Wirkung bringen. Die Erzengel sind bei allen spirituellen Versammlungen, die aus reinem Herzen erfolgen, zugegen und können bei bestimmten Anliegen um Verstärkung und Unterstützung gebeten werden.

Im Zusammenhang mit Naturwesen sind die Erzengel der

Elemente von Bedeutung, die auch Herrscher über die vier Winde sind. Uriel wird dem irdischen Element, Gabriel dem Element Wasser, Raphael dem Element Luft und Michael dem feurigen Element zugeordnet.

Michael (hebr.: Wer ist Gott) ist der Kämpfer für Gerechtigkeit und das Licht. Im großen kosmischen Kampf führte er die Heerscharen Gottes gegen die rebellierenden Engel an, die er vom »Himmel stürzte«. Das »Böse«, das er bekämpft, wird oft als Drache oder Schlange dargestellt. Es sind unsere eigenen Schattenseiten wie Selbstsucht, Ignoranz oder Eitelkeit, die er mit Hilfe seines Schwertes in aller Schärfe erkennen läßt, damit wir sie bekämpfen. Mit seinem Schwert aus Licht macht er den Weg frei für spirituelle Einsichten. Er ist der Erzengel, der das Dritte Auge aktiviert, und er erinnert an das Christusbewußtsein in uns. Als spiritueller Krieger und Kämpfer ist er der Meister des Feuers, der auch dafür sorgt, daß unser Blut nicht zum Kochen kommt.

Im Gesundheitsbereich ist er zuständig für die Qualität unseres Blutes und die Körpertemperatur, und er hilft uns bei inneren Reinigungsprozessen wie auch bei der Reinigung sakraler Stätten.

Mit der Waage in der Hand wird er als Richter der Seelen verstanden. Die Waage ist aber vor allem ein Symbol des Gleichgewichtes. Michael gilt ebenso als Meister der Worte, da er Klartext redet.

Bei den Muslimen ist Mikal der Herr der Naturkräfte.

Jeder Erzengel wird nicht nur einem bestimmten Element,

sondern auch einer bestimmten geistigen Meisterenergie, einem bestimmten Chakra, einer Himmelsrichtung, Jahreszeit, verschiedenen Symbolen, Steinen und Farben zugeordnet, wobei zwischen den Farben und Steinen, die dem Element, und jenen, die dem Chakra zugehören, unterschieden wird. (Die angeführten Zuordnungen stammen von dem englischen Sensitiven Edwin Courtenay.) Bei Michael gibt es folgende Übereinstimmungen:

Element – Farbe – Stein	Feuer Rot roter Jaspis
Meister	Christus (buddh.: Maitreya)
Chakra – Farbe – Stein	Drittes Auge Blau bis Violett Azurit, Fluorit, Sugilith
Symbol	Schwert
Himmelsrichtung	Süden
Jahreszeit	Sommer
Planet	Sonne

Gabriel (hebr.: Held Gottes) ist der Meister der bedingungslosen Liebe und zuständig für die Erweckung des Herzens und des göttlichen Geistes im Menschen. Er ist der Verkünder von Wahrheiten. In der biblischen Geschichte bringt er Maria die frohe Botschaft, daß sie den Sohn Gottes empfangen wird. Er sagte auch die Geburt von Johannes dem Täufer voraus. Seine große Botschaft an die Menschen ist, sich mit dem göttlichen Ursprung verbunden zu sehen – sich als ganzheitlich zu begreifen. Und das symbolisiert die Lilie, die wie die Lotospflanze für den Verbindungskanal zwischen oben und unten – also die Weltenachse – steht.

Im islamischen Glauben gilt Gabriel als Schutzengel des Propheten Mohammed.

Im gesundheitlichen Bereich ist Gabriel für den Wasserhaushalt im Körper zuständig und aktiviert und reinigt die Ausscheidungsorgane.

Element – Farbe – Stein	Wasser alle Grüntöne (auch Blau) Mondstein
Meister	die kosmische Mutter (christl.: Maria)
Chakra – Farbe – Stein	Herzzentrum Grün, Rosa Aventurin, Rosenquarz, Kunzit
Symbol	Lilie, Kelch
Himmelsrichtung	Westen
Jahreszeit	Herbst
Planet	Mond

Raphael (hebr.: Gott heilt) ist der Tröster und Heiler der Menschen und der ganzen Welt. Er beruhigt die Menschen in ihren Ängsten und ihrer inneren Zerrissenheit. Er ist zuständig für die mentale Ebene und bringt Klarheit in die Gedanken. Raphael inspiriert Heiler und Künstler, und er wird auch als Beschützer der Pilger und spirituell Reisenden betrachtet, weshalb der Pilgerstab ein Symbol seiner Kraft ist.

Im gesundheitlichen Bereich ist Raphael zuständig für die Aktivierung der Atmungsorgane.

Element – Farbe – Stein	Luft Weiß, auch Violett Bergkristall
Meister	Hilarion
Chakra – Farbe – Stein	Halszentrum Hellblau bis Türkis Chalcedon, Türkis
Symbol	Pilgerstab, Feder
Himmelsrichtung	Osten
Jahreszeit	Frühling
Planet	Merkur

Uriel (hebr.: Gott ist Licht) ist bei den Kopten der Engel Suriel, der bei der Auferstehung auf seiner Trompete bläst. Nachdem Luzifer, der als Lichtbringer galt, vom Himmel verbannt wurde, hat Uriel seinen Platz in der himmlischen Hierarchie eingenommen. Uriel steht auch mit Prophetie und Wissen in Verbindung. Er inspiriert Lehrer und unterstützt alle, die sich Kenntnisse aneignen wollen. Uriel ist aber vor allem für die Erde, ihren Zustand und ihre Erhaltung verantwortlich.

Im Gesundheitsbereich sorgt Uriel für die Harmonisierung der drei Kräfte, die Michael, Gabriel und Raphael repräsentieren.

Element – Farbe – Stein	Erde alle Erdfarben Rauchquarz, Obsidian
Meister	Kuthumi
Chakra – Farbe – Stein	Solarplexus Gold oder Gelb und Weiß Citrin, gelber Saphir, Bernstein
Symbol	Pentagramm, Posaune
Himmelsrichtung	Norden
Jahreszeit	Winter
Planet	Erde

Um welche spezifischen Hilfestellungen man Erzengel bitten kann, erfuhr ich von Elfi Walther-Weißmann aus Ohlstadt (bei Murnau), einer sensiblen Frau, die Engel-Meditationen liebevoll leitet.

Die Energie von Michael sei wirkungsvoll, wenn es um Schutz oder die Verteidigung einer Sache oder Idee oder um das innere Sehenlernen geht. Michael hilft aber vor allem bei Erkenntnisprozessen oder wenn man sich von alten Mustern und Erfahrungen lösen möchte, wenn Beziehungen auseinandergehen und man sich eine harmonische, friedliche Trennung wünscht.

Erzengel Gabriel ist zuständig bei Emotionen, Herzensangelegenheiten und für die Harmonisierung der Gefühle. Bei starken Gefühlsschwankungen oder Depressionen sei es günstig, Gabriel um Hilfe zu bitten.

Raphael ist vor allem der Ansprechpartner, wenn es um Heilung der Gedanken und Ausdrucksfähigkeit geht, und hilfreich für jeden, der mit Kommunikation, Medien und Kreativität zu tun hat. Raphael kann auch bei Lampenfieber und Prüfungsangst um Beistand gebeten werden.

Uriel ist vor allem für die Heilung der Erde zuständig und unterstützt lichtvolle Erdrituale, wobei die Wirkung verstärkt wird, ruft man noch Gabriel und die Meisterenergie von Kuthumi zu Hilfe.

Edwin Courtenay weist auf den Erzengel Azrael hin, der in der essenischen Tradition von Bedeutung ist. Sein Symbol ist die Sichel, und er gilt als Engel des Todes und der Wandlung. Azrael soll noch vor Erzengel Michael erschaffen worden sein, aber erst jetzt ins Bewußtsein der Menschen treten, da der Aspekt der Wandlung unserem Zeitgeist entspricht. Seine Transformations-Botschaft kann nun im gerade stattfindenden großen Bewußtseinswandel eher angenommen und verstanden werden. In der jüdischen Tradition gibt es den Erzengel Zadkiel, der wie Azrael mit Saint Germain, der violetten Farbe und der Akasha-Chronik in Verbindung gebracht wird und dessen Symbol ebenfalls die Sichel ist. Daher könnte er mit Azrael energetisch verbunden sein oder einen Aspekt von ihm darstellen. Mit Hilfe von Azrael ist es möglich, eine Lichtsäule zu errichten, die verstorbenen, noch erdgebundenen Seelen als eine Art Fahrstuhl in den Himmel dienen kann. So hat Azrael als barmherziger Seelenbegleiter eine besonders wichtige Aufgabe. Menschen, die vor allem, was mit Tod, Auflösung und Wandlung in Verbindung steht, zurückschrecken, weil sie die Auseinandersetzung mit dem eigenen Schatten fürchten, ignorieren Azraels Kraft oder begegnen ihr voller Angst. Dem Tod wird in unserer Kulturepoche ausgewichen, als wäre er etwas Unanständiges. Dabei können gerade mit Azraels Hilfe Probleme aufgelöst und liebevoll umgewandelt werden. Noch wirkungsvoller ist es, Saint Germain, den Meister der Transformation und Hüter der violetten Flamme, der mit Azrael verbunden ist, zusätzlich bei einem Verwandlungsprozeß um Unterstützung zu bitten.

Den Aspekt der Wandlung, das Unterbewußte beziehungsweise die Tiefe der Seele verkörpert auch die Schwarze Madonna – eine Energieform, die mit Azrael einiges gemeinsam zu haben scheint. Die Große Göttin in ihrem dunklen Aspekt hatte einst viele Namen wie Mari, Kali, Kybele, Artemis oder Isis. Dieser Transformationsaspekt wurde im Christentum auf Jesus – im Hinblick auf Tod und Auferstehung – übertragen. Große Verehrer der Schwarzen Madonna waren die Kelten, Zigeuner, Katharer, Templer oder Merowinger, und heute sind es vorwiegend Menschen in den östlichen Ländern, wo noch immer viele Tausende zu ihren Verehrungsstätten pilgern.

Azrael gilt ebenso als Hüter des Schicksalbuches, auch

kosmisches Gedächtnis oder Akasha-Chronik genannt. Mit seiner Hilfe können wir Informationen aus der Vergangenheit, aus anderen Inkarnationen erfahren.

Das Element, das Azrael zugeordnet ist, ist der geistige Äther, der Atem oder Hauch Gottes beziehungsweise die Weltenseele, die alle anderen Elemente und Bewußtseinszustände durchdringt und wie die Kundalini-Energie in unserem Körper alle Chakren zwischen Wurzel und Krone miteinander verbindet. Azrael steht Michael sehr nahe, da beide das geistige Feuer repräsentieren.

Element – Farbe – Stein	geistiger Äther Dunkelviolett, Schwarz Amethyst
Meister	Saint Germain
Chakra – Farbe – Stein	Kronenzentrum Weiß, Silber Herkimer Diamant, Bergkristall
Symbol	Sichel, Buch des Schicksals
Himmelsrichtung	alle Richtungen
Jahreszeit	alle Zeiten
Planet	Saturn

Element	*Erzengel*	*Zuständigkeit*	*Himmels-richtung*	*Planet*
ÄTHER	Azrael	Aktivierung des Kronenchakras, Transformation, Seelenbegleitung, Zugang zur Akasha-Chronik	alle	Saturn
FEUER	Michael	Aktivierung des Stirnchakras (Drittes Auge), innere Reinigungsprozesse, Reinigung sakraler Stätten, Hilfe bei Rechtsstreitigkeiten und Kämpfen, die der Wahrheit dienen, Schutz und Verteidigung geistiger Ideale, Vollzug friedlicher Trennungen	Süden	Sonne
LUFT	Raphael	Aktivierung der Atmungsorgane, Klärung von Gedanken, inspiriert Heiler und Künstler, unterstützt spirituelle Wahrheitssucher, Ausdrucksfähigkeit (Kommunikation, Medien, Kreativität), Lampenfieber, Prüfungsangst	Osten	Merkur
WASSER	Gabriel	Erweckung des Herzens, Harmonisierung von Gefühlen (bei Depressionen, Unruhe, starken Gefühlsschwankungen, Bewältigung von Leidenschaften)	Westen	Mond
ERDE	Uriel	Aktivierung des Nabelchakras (Solarplexus), inspiriert Lehrer und alle Menschen, die sich Wissen aneignen wollen, Heilung der Erde, Weissagungen	Norden	Erde

Kampf um den Wolkenthron

Um tosende Naturgewalten zu besänftigen, greift sogar noch heute die Landbevölkerung zu verschiedenen Abwehrmitteln und Gebeten, die an alte magische Rituale erinnern. Da wird Weihwasser rund ums Haus oder Anwesen gesprengt, eine schwarze Kerze angezündet oder der Wind mit Mehl »gefüttert«. Bei letzterem wird eine Schale Mehl oder Milch vor das Haus gestellt, damit die hungrigen Mächte sich daran laben und das Haus verschonen. Und es werden die heilige Maria, die an die Stelle der Großen Mutter Natur gerückt ist, und andere Heilige angerufen, die aus Naturgöttern hervorgegangen sind, wie zum Beispiel Laurentius oder Oswald. Früher hat man auch Böllerschüsse abgefeuert, um drohende Gewitterwolken zu vertreiben. Gerade in den Alpen lassen schroffe Felstürme und mächtige Bergriesen sowie die sich darüber entladenden Unwetter den Menschen ehrfürchtig werden.

Die mit Tosen und Toben einhergehenden Wolkenkämpfe um hohe »Götterberge«, wo Erde und Himmel einander berühren, erklärt Jakob Lorber aus mystischer Sicht. Als anschauliches Beispiel wählt er den Großglockner, den majestätischen, 3798 Meter hohen Bergriesen Österreichs. Hohe Berge sind eine ungeheure Quelle der Kraft und ein Segen für die Menschheit. Nicht nur, daß sie in ihrer Funktion als

Wasserspeicher das Land rundum mit Quellen versorgen, sie sind auch Regler der Luftströmungen und mindern die Gewalt der Stürme, die sich an ihnen austoben.

Den Großglockner bezeichnete Jakob Lorber als König der Berge, der von großem Nutzen für das unmittelbare Umland wie auch ferner liegende Landstriche ist: »Dieser König der Berge hat einen überaus weiten Wirkungskreis zur Einsaugung der Elektrizität und des magnetischen Fluidums. Wenn er dann durch seine Fernwirkung, namentlich durch die Bewässerung, wirkt, so versieht er alle Wasser und besonders den Regen mit dem gehörigen Quantum dieser zwei Polaritäten (Elektrizität und magnetisches Fluidum), die in naturmäßiger Sicht die Hauptbedingung allen Gedeihens, Wachstums und Reifwerdens sind.«

Der Großglockner ist ein Stammberg, von dem »in naturmäßiger Hinsicht die ordentliche Erhaltung oft eines ganzen Erdteils abhängt. Das Verhältnis solcher Berge zu dem übrigen Land ist wie das des Kopfes zum Leib.«

Nach Lorbers Offenbarungen handelt es sich bei den Wolkenkämpfen, die rund um hohe Berge stattfinden, um das Ringen zwischen guten und bösen Geistern. An diese Vorstellung erinnern auch noch volkstümliche Aussprüche wie »Da sind alle bösen Geister im Anzug!«, wenn besonders dunkle Gewitterwolken aufziehen.

Jakob Lorbers Wiedergabe des Wolkenkampfes ist absolut spannungsgeladen: »Aus den untersten Schlupfwinkeln rotten sich die bösen Geister zusammen und machen kleine Ausflüge, um festzustellen, wie es mit der Besetzung des

Thrones steht ... Scheinbar absichtslos ziehen sie kreuz und quer, damit die Thronwachen irregeführt werden ... Sobald die Wächter (des Berges) solche Absicht der argen Geister erkennen, ziehen sie sich zusammen und verbergen sich in den inneren großen Kristalltempeln. Wenn nun die Hauptanführer der argen Rotten sehen, daß der Thron unbesetzt ist, befehlen sie alsbald ihren Truppen, sich so hoch wie möglich zu erheben und über den Thron herzufallen, um alles in den inneren Gemächern zu erdrücken. Auf dieses Kommando hin stürzt sich das graue Gesindel auf unseren Großglockner. Bei dieser Gelegenheit wird es dann in seiner Nachbarschaft sogar um die Tagesmitte vollkommen finster. Dabei wird es gewöhnlich ganz still, weil die argen Geister nun der Meinung sind, gesiegt zu haben. Jedoch so eine ruhige Szene dauert höchstens siebenundsiebzig Minuten. Nach dieser Zeit werdet ihr bemerken, daß dichte weiße Wolken zu ziehen anfangen. Diese breiten sich in kurzer Zeit unter den schwarzen Wolken aus und fangen dann an, sich unvermerkt zu erheben. Dabei tragen sie das schwarze Gesindel auf ihrem Rücken höher und höher ... Sie breiten sich in der Höhe gleich einem Netz nicht selten viele Meilen weit nach allen Seiten schnell aus und nehmen das gesamte dunkle Geisterheer gefangen.«

Diese Geister sind nach Jakob Lorber »irdisch gesinnte Seelen, die sich in der Region ihres vormals im Leibe bewohnten Planeten aufhalten. Diese Geister sind nicht selten voller Ärger, Bosheit und Ingrimm, weil sie ihr zeitlich gutes Leben haben verlassen müssen, und wollen sich nun dafür rächen ... Weil sie als Geister – d.h. nicht erlöste Seelenaspekte – mit gleichschwingenden naturgeistigen Potenzen in Zusammenhang stehen, vereinigen sie sich mit ihnen, um dadurch der Erde zu schaden. Da sie wissen, daß so ein Gebirgsriese ein naturmäßiger Nutzwirker ist für viele Ländereien, halten sie sich besonders gerne in seiner Nachbarschaft auf ... Die Wolken und Nebel, die von blendendweißer Farbe sind – sind ebenfalls Geister, jedoch guter Art. Die zuhöchst schwebenden sind schützende Engelsgeister, während die mehr in der Tiefe des Gletschers schwebenden Nebel noch nicht völlig reif für die Höhe sind.«

Der Kampf um den Wolkenthron entbrennt erst richtig, nachdem die Führer der schwarzen Geister »die Nachricht empfangen, daß die weißen Geister sie vollständig umzingelt haben. Sie fangen an, alle ihre Truppen zu konzentrieren, um dadurch mit Gewalt die weißen Massen wieder zu durchbrechen ... Bald gibt es eine so feurige Szene, daß die heftigen Blitze mit erderschütterndem Gekrache nach oben und nach unten stürzen ... Darauf bedrücken die weißen Geister die schwarzen plötzlich von allen Seiten. Sie drängen sie so fest aneinander bis zu der Dichte eines wirklichen Steines und schleudern sie dann mit größter Heftigkeit in die Tiefe«, wo sie als Hagel landen.

Über das Phänomen des Steinregens wird immer wieder aus allen Teilen der Welt berichtet. In Kärnten regnete es einst münzengroße Steine, die die Einheimischen Linsen nennen und die heute noch auf den Feldern liegen.

Was passiert nun mit den besiegten dunklen Geistern?

»Nach einem Regen, der bereits aus Friedensgeistern besteht, werden die Besiegten auf lange Zeit an das Eis des Thrones gebunden. Dadurch wird ihnen wieder Ruhe verschafft, in der sie sich dann gewöhnlich mit der Zeit eines Besseren besinnen. Tritt das ein, dann löst sich das eisige Band wieder zu fließendem Wasser auf, und dem gedemütigten Geist wird der Gebrauch seiner Freiheit wieder ermöglicht. Bessert er sich, wird er bald in die unteren Reihen der Friedensgeister aufgenommen.«

Lorbers Beschreibung läßt sich für jeden nachvollziehen, der selbst in den Bergen oder vielleicht auch an einem See Zeuge eines ähnlich dramatischen Naturschauspiels geworden ist. Daß »etwas in der Luft liegt« und es rundum in der geladenen Atmosphäre elektrisch knistert, ist dann hautnah zu spüren. Und wer diese Offenbarung Lorbers gelesen hat, wird derartige Wolkenduelle wohl aus einer ganz neuen Perspektive betrachten.

Ist Jakob Lorber ein Phantast? Nun, auch Rudolf Steiner sagte, daß Kulturen oder Rassen nur deshalb untergehen und dekadente Erscheinungen aufweisen würden, da es Seelen gäbe, die nicht weiterrücken, nicht nach höherem Bewußtsein und höheren Lebensformen streben wollen. Diese zurückgebliebenen Naturen seien besonders schlimme Elemente, denn das Zurückbleiben einzelner Menschen schaffe auch die zerstörenden Naturgewalten. So sei das moralische Element hineinverwoben in den Weltprozeß.

Lorbers Wolkendrama hat seine Entsprechung in der germanischen Göttersaga. Hier geht es um den Götterberg Himinbjörg, der von Heimdall, dem Helleuchtenden, bewohnt und bewacht wird. Er ist der Sohn von Odin und wurde von neun riesigen Schwestern, den Aegis, die die Wellen des Meeres verkörpern, geboren. Er gilt nicht nur als Wächter des Himmels, sondern versinnbildlicht auch die Morgensonne, den jungen Tag, der aus den Wellen des Meeres aufsteigt. Von seiner Burg führt Bifröst zur Erde, es ist der Regenbogen, der als Brücke Himmel und Erde verbindet.

Heimdall ist auch der Hüter von Gjalla, dem Horn, das von Zwergen hergestellt wurde und unter Yggdrasil, dem Weltenbaum (der Weltenesche), liegt. Da Heimdall die Verbindung zwischen Himmel und Erde repräsentiert, wird er auch als personifizierte Weltenachse gesehen.

Daß alle Dinge Namen hatten, weist darauf hin, daß Götter und Menschen in allen Dingen – in Steinen, Pflanzen und Tieren – Leben sahen. Dinge wurden nicht einfach benutzt und in Besitz genommen, sondern ihr Wert wurde – ihrem inneren Wesen entsprechend – respektiert und geschätzt.

Heimdall muß stets auf der Hut vor den Riesen sein, die ihm die Himmelsburg abzuringen trachten und fortwährend auf einen günstigen Augenblick lauern, um anzugreifen. Die Riesen leben in den ewigen Gletschern des Nordens, wo auch die Erzeuger der Wirbelstürme hausen. Die Riesen fühlen sich mit der Urzeit verbunden – mit dem Traum, den sie sich zurückwünschen. Sie wollen sich an den Göttern und

Menschen rächen, die Unruhe in ihren Urschlaf gebracht haben.

Der größte Widersacher Heimdalls ist Loki, ein Freund der Riesen. Er ist der Vater von Hel, der Unterweltsherrscherin, und von Middgard, der Weltmeerschlange, durch die der Erde stets Vernichtung droht. Loki ist der schlaue, durchtriebene Ränkeschmied und verkörpert die Macht des Verderbens. Er vermag unterschiedlichste Gestalten anzunehmen und kann sich auch durch die Luft bewegen.

Einmal stahl Loki in seiner Bosheit Brisingamen, das wertvolle, von Zwergen hergestellte Halsband der Freyja, während sie schlief. Loki kam mit dem kostbaren Halsband nicht weit. Er wurde von dem aufmerksamen Heimdall auf der Regenbogenbrücke gestellt. Sie stürzten beide ins Meer, wo sie sich in Robben verwandelten und gegeneinander kämpften. Heimdall gelang es zwar, Freyjas Schmuckstück zurückzugewinnen, doch der Kampf zwischen Loki (und den Riesen) und Heimdall (und den Zwergen) ist noch nicht zu Ende. Sie werden sich zur Zeit der Ragnaröll, der Götterdämmerung, wiederbegegnen.

So lauert Loki – wie die gefährlichen Rotten rund um den Großglockner – unentwegt nur darauf, daß Ignoranz, Unaufmerksamkeit und ein Dämmerzustand des Geistes – versinnbildlicht durch die schlafende, dahindämmernde Freyja – sich breitmachen, um an der Seite der Riesen zum großen Überraschungsangriff überzugehen. Doch davor wird der wachsame Heimdall sein Horn Gjalla unter dem Weltenbaum hervorholen und vom Weltenberg aus den Beginn der

Weltenschlacht verkünden, in der das Oberste zuunterst und das Unterste zuoberst gekehrt wird.

Es wird im Grunde ein Kampf zwischen Riesen und Zwergen sein – ein Kampf zwischen David und Goliath. Die Ragnaröll der alten Germanen scheint nicht nur der Vergangenheit anzugehören. Viele meinen, wir würden uns bereits wieder inmitten einer neuen Götterdämmerung befinden.

Die elementare Welt im Mythos

Mythen sind in unserer gegenwärtigen Kultur weitgehend aus dem Gedächtnis der Menschen entschwunden. Dabei finden wir gerade in den bildhaften Vorstellungen alter Kulturen jene Schlüssel, die wir heute wieder suchen und die uns an den Geheimnissen der Natur und des Kosmos teilhaben lassen. Schlüsselfiguren sind dabei die »Götter« aus dem Reich der Natur. In ihrer Vielfalt und Vielgestaltigkeit repräsentieren sie – auf allen Bewußtseinsebenen – das ganze Spektrum des Lebendigen.

Die Göttergestalten der germanischen und griechischen Sage sind zum Großteil aus hohen Engelwesen oder hochentwickelten Naturgeistern hervorgegangen, und sie lassen innerhalb ihres Wirkungskreises oder Aufgabengebietes die Zuordnung ihres elementaren Reiches erkennen. Während die Elemente als Bausteine des Universums zu verstehen sind, sind die Götter ihre Ausdrucksformen.

Mag auch der nüchtern veranlagte Mensch Mythen als Phantasieauswüchse betrachten, so erkennen doch all jene, die sich mit Tiefenpsychologie oder ganzheitlichen Lebensphilosophien beschäftigen, im Mythos die Widerspiegelung des Seelengrundes. Demzufolge sind Mythen – wie alt sie auch sein mögen – stets zeitlos und immer aktuell.

Unrecht an den Riesen – die Schöpfungsgeschichte der Germanen

Der Alltag der alten Germanen war durchdrungen vom Wirken der Naturkräfte, in denen sie das Walten göttlicher Mächte sahen. Sie lebten in Harmonie mit Wasser- und Wolkengeistern, mit Zwergen und anderen Wesen der Natur, die Wälder, Wiesen und Flüsse bevölkerten. Auch mit den Riesen lebten dereinst die Menschen und Götter in Frieden. In jener Zeit, als es weder Erde noch Himmel gab, lebte in Ginnungagap, dem Urschlund der Welt, Ymir, der Urriese, der aus der Vereinigung der Gegensätze Feuer und Eis geboren wurde. Er war der Urvater aller Riesen. Die Schöpferin der Erde war jedoch Andumla, die Urkuh, die Ymir mit ihrer Milch nährte. Erst in einem späteren Mythos heißt es, Odin, der oberste Gott der Asen, habe gemeinsam mit seinen Brüdern den Urriesen erschlagen und aus dessen Körper die Welt geformt. Aus der Haut des Riesen entstand demnach die Erde, aus seinen Knochen wurden die Felsen, aus seinem Blut entstand alles Gewässer, aus seinen Haaren entstanden die Wolken, und aus seinem Kopf wurde der Himmel.

Der Name Ase soll von dem Wort *ass* abgeleitet sein, was Pfeil oder Pfahl bedeutet. Mit einem Pfahl, Pfeil oder einer Steinsetzung wurde früher der Gründungsakt einer Siedlung vollzogen. Um diesen Akt wirklich zu verstehen, muß man ein wenig mit den Prinzipien der Geomantie vertraut sein.

Geomantie bedeutet, über den sichtbaren Landschaftscharakter hinaus die feinstofflichen Energiestrukturen und den frei strömenden Geist der Erde wahrzunehmen. Diese freischweifende Energie wurde in Mythen zum Beispiel durch die wilden Jägerinnen Artemis oder Diana dargestellt, später hat diese Kraft der Erde auch die heilige Maria verkörpert.

Geomantie ist die Lehre vom harmonischen Zusammenspiel zwischen den subtilen Energien, die aus der Erde und dem Kosmos zufließen, und davon, wie der Mensch diese Kräfte am besten zu seinem Wohlbefinden nutzen kann. Der Geist oder Atem der Erde bewegt sich schlangen- oder spiralförmig, weshalb er in vielen alten Kulturen als Drache oder Schlange dargestellt wurde. Dieser Geist, der nicht mit den sich konstant haltenden sogenannten Erdstrahlen verwechselt werden darf, strömt entlang der sogenannten Drachenwege, die in England Feenwege genannt werden, da auf diesen Pfaden auch Naturwesen »entlangwandern«.

Diesen Drachenpfaden folgte erst das Wild, das nach den besten und kräftigsten Blättern suchte. Dem Wild folgten die Jäger, danach kamen die Pilger, Siedler und Händler. Mit den Siedlern änderte sich einiges für den Geist der Erde. Während die Nomaden mit dem Geist der Erde gewandert sind, begannen die Siedler, den fruchtbringenden und wachstumsfördernden Geist zum Segen und Wohlstand der Gemeinschaft an den Ort zu binden. Das geschah mit einer Pfahl- oder Steinsetzung. Der gepfählte Ort war allerdings nicht ein sogenannter Ort der Kraft (der erst aus mehreren Kraftfaktoren entsteht), sondern ein »Drachennest«, von dem die Energien mit Hilfe weiterer Stein- oder Pfahlsetzungen weitergeleitet und gelenkt werden konnten. An diesen Brauch erinnern heute noch alte Marktsäulen.

Diesen Akt der Pfählung versinnbildlichen später in den christlich-katholischen Darstellungen der heilige Georg oder der Erzengel Michael, die mit ihrer Lanze den Drachen – oft in Gestalt des Teufels – durchbohren. Es ist die Unterdrükkung der freien Natur, die im Mittelalter verteufelt wurde, womit sich der Mensch von der beseelten, lebendigen Natur distanzierte und schließlich trennte. Aber auch die Tötung des Riesen Ymir durch die Asen bringt bereits einen Akt der Zähmung der wilden Natur zum Ausdruck. Damit begannen die Gott-Menschen die Gesetze der ursprünglichen Natur unter ihre Ordnung zu stellen.

Die Asen waren die neuen Götter, die mit den zugewanderten Indogermanen ins Land kamen. Als sie Ordnung beziehungsweise Unruhe in die alte Welt brachten, zogen sich die Riesen in die wilden und einsamen Regionen der Urwälder, Sümpfe und Gletscher zurück.

Das alte Göttergeschlecht, das die Menschen verehrten, bevor die Asen an Macht gewannen, waren die Wanen (oder Vanen). Sie waren von gütiger und milder Natur, schützten Flur und Äcker. Es waren reine Wachstums- und Fruchtbarkeitsgeister, die den segensreichen Regen brachten und im Einklang mit den wilden, ungezähmten Kräften der Erde lebten. Doch die Wanen wurden in ihrer alten Bedeutung von den Asen immer mehr zurückgedrängt.

Die Asen und Wanen lebten an sich in Frieden miteinander, doch fürchteten die Asen die Zaubermacht der Wanin Gullweig. Sie verkörperte die verführerische und Verderben bringende Macht des Goldes. Deshalb warfen die Asen Speere nach ihr, wodurch zwischen den Wanen und Asen Krieg ausbrach: ein Kampf der Götter, der die Auseinandersetzung zwischen den alten einheimischen, mutterrechtlich orientierten Ackerbauern und den zugewanderten, patriarchalisch strukturierten Indogermanen, die mit ihren Adeligen und Kriegern eine neugegliederte Gesellschaftsordnung brachten, widerspiegelt. Dreimal wurde Gullweig ins Feuer geworfen, doch sie war unsterblich; jedesmal erhob sie sich erneut – wie Phönix – aus der Asche. Der Krieg endete mit einer großen Versöhnung, und die Wanen wurden in die Reihen der Asen aufgenommen. Doch die Asen verstrickten sich erneut in ein Unrecht.

Während des großen Kampfes der Götter wurde Asgard, die Burg der Asen, zerstört. Ein Riese bot als Baumeister seine Hilfe an und versprach, die Burg in einer bestimmten Frist wieder aufzubauen. Er verlangte dafür aber, daß ihm Freyja, die Göttin der Fruchtbarkeit, übergeben werde. Da die Asen-Götter wieder eine Burg besitzen wollten, wußten sie keinen anderen Rat und sagten zu – allerdings nur unter der Bedingung, daß sich der Riese genau an die ausgemachte Bauzeit halte. Der Riese war einverstanden und sagte, er werde nur die Kraft eines Hengstes in Anspruch nehmen. Mit Hilfe des Pferdes schleppte er nun nachts die Steine für den Wiederaufbau herbei, der zur rechten Zeit fertig zu werden schien. Da nahm Loki die Gestalt einer Stute an, um den Hengst wegzulocken, damit der Riese den Bau nicht in der versprochenen Zeit fertigstellen konnte und die Asen das Abkommen ihrerseits nicht einhalten mußten. Der Riese war darüber erbost und schrie das ihm angetane Unrecht hinaus. Daraufhin verschlechterte sich das bereits angespannte Verhältnis zwischen den Asen und den Riesen immer mehr.

Eine ähnliche Geschichte kennen wir aus der christlichen Überlieferung. Da ist es der heilige Wolfgang, der einen Pakt mit dem Teufel abschließt, um seinen Kirchenbau zu verwirklichen, wobei der Teufel zum Schluß ausgetrickst wird.

Aus der germanischen Göttergeschichte erfahren wir vom unedlen Verhalten der Götter gegenüber den Riesen. Deutlich wird, daß die Götter Schuld auf sich geladen haben und daß sie außerdem bereit waren, die Göttin Freyja, die für das Weibliche, die Fruchtbarkeit und die Harmonie mit der Natur steht, für ihre Machtinteressen zu opfern. Das war ein Unrecht, aus dem kein Recht mehr werden konnte.

Die Grundfesten der kosmischen Ordnung waren ins Wanken geraten. Das Goldene Zeitalter war vorbei, und die drei Schicksalsgöttinnen traten hervor. Sie haben den Faden zwischen den Göttern und den Menschen zerschnitten und brachten den Tod oder, besser gesagt, die Grenzlinie zwischen Leben und Tod. Und damit war dem Menschen auch der Zugang zu den Reichen der Naturgeister nicht mehr im gleichen Ausmaß möglich wie zuvor.

Die alten Götter bildeten nicht nur eine wichtige Brücke zwischen Mensch und Natur, sie sind gleichzeitig Urbilder, die in jedem von uns schlummern. Wenn wir versuchen, uns in ihre Bedeutung, Funktion und Rolle hineinzuversetzen, können wir nicht nur die Natur, sondern auch das Reich der Psyche und die Einbindung des Menschen in die gesamten kosmischen Vorgänge besser verstehen.

Nerthus – Ihr Name wurde von Tacitus in seiner Abhandlung *Germania* erwähnt. Sie ist die fruchtbare Mutter Erde, die weibliche Urkraft, die Leben gebiert, aber auch Leben in ihren Schoß zurücknimmt. Sie wurde zur Zeit des Matriarchats verehrt. Ihr heiliger Hain liegt auf einer Insel im Ozean. Sie war eine Göttin, die nur sogenannte Todgeweihte schauen durften. Das weist auf eine alte Einweihungsstätte hin, wo in den großen Mysterien der Tod als Klarheit des Himmels in Erscheinung tritt. Später ist sie vermutlich in Njördr, dem Gott der Fruchtbarkeit und des Meeres, aufgegangen. Beide sind androgyne Gottheiten. In der Altsteinzeit waren das männliche und weibliche Prinzip in den Göttern vereint – so wie die gesamte Natur in ihnen lebte. Vater-Gott und Mutter-Göttin waren später jeweils Projektionen eines entsprechenden gesellschaftlichen Entwicklungsprozesses.

Freyja – Ihr Vater ist Njördr, der Herrscher über Meer, Sturm und Feuer. Ihre Mutter stammt aus dem Geschlecht der Riesen, die in den hohen Bergen leben. Freyja verkörpert die liebende Mutter, sie spendet Leben und Wachstum, und sie ist die Göttin des fruchtbringenden Regens. Sie ist mit dem Windgott Od verheiratet. Wind und Wasser – zwei mächtige Kräfte, die der Erde Form gaben.

Thor (Donar) – Vermutlich lange vor Odin/Wodan wurde Thor in den Wäldern verehrt. Die Eiche gilt als sein heiliger Baum. Thor ist der Herrscher der Winde und bringt das Gewitter, dem fruchtbarer Regen folgt. Deshalb ist er auch für die gute Ernte zuständig. Als Herr der Blitze und des Donners vereint er in sich Licht und Energie – eine ungeheure, unzerstörbare Kraft, mit der er den Ackerbauern gegen die Frost- und Sturmriesen, aber auch gegen böse Geister hilft.

In seiner Hand schwingt er ein mächtiges Werkzeug: Es ist Mjöllnir, der Donnerkeil, den Zwerge für ihn geschmiedet haben. Mit dem Zuschlag dieses Hammers werden auch Verträge rechtskräftig.

Welch einzelne Funktionen man auch den alten, großen Göttern zuschreibt, sie versinnbildlichten stets das Ganze wie Thor, der mit dem Regen den Acker befruchtet. Die große Kraft, die zwischen Himmel und Erde fließt, war unseren Vorfahren sehr wohl bewußt.

Odin (Wodan) – Während Thor/Donar vorwiegend ein Gott der Bauern ist, wird Odin eher als Gott der Adeligen und Krieger gesehen. Im ursprünglichen Sinn gilt er als Verkörperung der tosenden, brausenden Naturgewalten – ein Dämon unter den Naturgeistern. Er ist ein ungestümer Wolkenreiter, der in unheimlichen Nächten in einem Höllentempo mit dem Totenheer, auch Wilde Jagd genannt, über Baumwipfel und durch enge Schluchten braust.

Doch später wird Odin zum Gott der Weisheit. Mimir, der weiseste aller Riesen, ist sein Ratgeber und Lehrer. Riesen sehen zwar wild und schaurig aus, doch sie besitzen ein großes Wissen. Sie haben das Wissen der Urzeit in sich gespeichert. Die Riesen sind älter als die Götter und wissen über den Ursprung aller Dinge Bescheid. Wenn Riesen auch von den Menschen als feindliche Macht gefürchtet werden, so helfen sie doch mit, das Gleichgewicht der Welt zu bewahren.

Mimir wohnt am Fuß der Weltenesche, der Achse und Stütze der Welt. Aus ihren drei Wurzeln entspringen drei Quellen. Die erste sprudelt aus dem Reich der Toten, aus deren Wassern alles Leben wiedergeboren wird. Das Wasser der zweiten Quelle schenkt Wissen und Weisheit, und die dritte Quelle wird von der Schicksalsgöttin oder Schicksalsfee gehütet.

Odin will von dem Wasser der Weisheit trinken. Doch Mimir fordert als Gegengabe ein Auge von Odin. Dieser lernt, mit dem einen – dem Dritten Auge – mehr zu sehen als mit den beiden davor. Sich selbst mit einem Speer verletzend, hängt Odin in Asketenmanier, gequält von Hunger, Durst und Kälte als »Opfer« an der Weltenesche Yggdrasil, um Erkenntnis zu gewinnen. Dem Tode nahe erfährt er das Außersichsein – die Ekstase, die Einweihung, die

Verwandlung des Geistes. Er muß erst durch tiefste Abgründe gehen, um, geläutert, die Höhe zu erkennen.

Er lernt, die Seelenqualen, die verführerische Macht der Wanin Gullweig, in sich selbst zu überwinden. So wandelt sich Odin vom unbeherrschten, wütenden Naturgeist zum Wissenden und Sehenden. Odin stellt den tiefen Grübler, den Wahrheitssuchenden, den Wanderer und Pilger dar, einen Gott also, der den Menschen in der Zeit der Völkerwanderung nahe war. Er wird oft als Kriegsherr dargestellt. Doch er ist der Vorkämpfer, der alle Lebewesen – Naturgeister wie Menschen – ermutigt, zu höheren geistigen Ebenen aufzusteigen. Er ist kein bequemer Gott, kein Trostspender, sondern ein Aufrüttler.

Odin ist auch der Verwandlungskünstler und zeigt sich manchmal in Gestalt eines Adlers oder einer Schlange. Diese beiden Tiere sind Sinnbilder für Himmel und Erde. So ist er wie Thor ein Kanal zwischen oben und unten – was ebenso durch den Stamm des Weltenbaumes zum Ausdruck kommt. Doch während Thor den vitalen Lebensfluß repräsentiert, ist Odin der Bote der geistigen Kraft, der Kraft der Erkenntnis.

In der Götterdämmerung befreit sich der gefesselte »böse« Wolf Fenrir und verschlingt Odin. Der Wolf, der das Gesetz der ungezähmten, wilden Natur versinnbildlicht, rächt sich für die Zähmung durch die Ordnung der neuen Götter. Doch Odin ist ja eigentlich ein Freund des Wolfes, der ihm als Reittier dient. Da der Wolf auch ein Symbol der Erde darstellt, ist sein Rachen nicht der Höllenschlund, sondern der mütterliche Schoß, in den alles Leben zurückkehrt – und aus dem neues Leben, in verwandelter und gereinigter Form, wiedergeboren wird.

Odin ist der Verkünder, daß in jeder Dämmerung ein Licht leuchtet, und er verkörpert die tiefe Erkenntnis, daß alles in dieser Welt – Erde, Menschen, Naturgeister, Götter, Engel und Himmel – schicksalhaft miteinander verbunden ist.

Balder – Er ist der Sohn von Wodan und Frigg, einer Wachstumsgöttin, die große Ähnlichkeit mit Freyja hat. Seine Mutter macht sich große Sorgen, daß er verletzt werden könnte, und veranlaßt deshalb, daß er von allen Naturgeistern, Wesen und Dingen Schutz erhält. Nur die Mistel übergeht sie, da sie sie für zu schwächlich und unscheinbar hält. Nun gilt Balder als unverletzlich, und aus Übermut schießen andere Götter auf ihn, da ihm ja nichts geschehen kann. Doch Loki, der Heimtückische, erfährt von der Sache mit der Mistel und drückt dem blinden Hödur, einem Sohn Odins, einen Mistelzweig in die Hand, mit dem Hödur auf Balder zielen soll. Der sich rächende Geist der Mistel verwandelt den Zweig während des Fluges in einen Pfeil und durchbohrt Balder.

Und die Moral aus dieser Geschichte? Daß die Göttin der Fruchtbarkeit und des Wachstums den wahren Wert der Mistel – die den Druiden als große Heilpflanze heilig war (und auch heute als ein Mittel gegen Krebs geschätzt wird) – nicht erkannt hat, weist auf eine zunehmende Unaufmerksamkeit der Götter hin. Auf der psychischen Ebene tritt die

Kraft der Gedanken zutage: Die Angst der besorgten Mutter hat sich manifestiert. Vor allem aber lehrt uns diese Geschichte oder besser der Geist der Mistel, den Wert in allen Naturschöpfungen zu erkennen – und mögen sie noch so gering erscheinen.

Der Kampf der Titanen – die Schöpfungsgeschichte der Griechen

Der von Jakob Lorber dargestellte Wolkenkampf um den Großglockner spiegelt sich auch im Kampf der Titanen wider.

Erst herrschte nur Chaos – eine stoff- und formlose Unordnung. Aus der tiefen Finsternis tauchte Gaia, der mütterliche Boden, auf und brachte Stofflichkeit und Ordnung in die Welt. Aus sich selbst erzeugte sie Uranos, das Himmelsgewölbe. Die dritte Urmacht war Eros, die Zeugungskraft, aber auch die Kraft, die den Drang nach Erkenntnis entfacht. Eros wird auch mit der tantrischen schlangenförmigen Kundalini-Kraft verglichen. Der mächtige Eros, dessen Pfeile Zauberkraft besaßen, wurde mit der Zeit zum kleinen, kindlichen Bogenschützen Amor degradiert.

Aus der Verbindung von Gaia und Uranos entstanden die Titanen – die Gewalten der Natur. Es sind die Kräfte des Wassers, der Luft, des Feuers und der Erde – schreckliche riesige Wesen, die sich keinen Gesetzen unterordnen. Zu den Titanen gehören Okeanos, der Weltenstrom, aus dem alle Gewässer hervorgehen, Kronos, der von der Luft aus die Welt beherrscht, die drei Kyklopen, hünenhafte, einäugige Gestalten, die Donnerkeile und Blitze schmieden, und die drei Mekatoncheren, Riesen mit hundert Armen und fünfzig Köpfen.

Uranos graute vor seinen Kindern und sperrte diese ungeheuerlichen Kräfte in den tiefen Schoß der Erde. Daraufhin tötete Kronos, der jüngste der Titanen, seinen Vater. Aus dem Blut von Uranos entstanden die Giganten, das Riesengeschlecht und die Meliai, Eschen-Nymphen, aus denen ein harter Menschenschlag hervorging.

Nymphen spielten auch im Leben von Zeus eine wichtige Rolle. Da seine Mutter Rhea ihn vor seinem Vater Kronos versteckte, der alle anderen seiner Kinder verschlungen hatte, wurde Zeus von Nymphen in einer Höhle auf Kreta mit Ziegenmilch großgezogen. Als Dank dafür verwandelte Zeus das Horn der Ziege Amaltheia, die ihn genährt hatte, in ein Füllhorn, das Fruchtbarkeit und Reichtum bescherte.

Zeus brachte seinen Vater dazu, seine Geschwister wieder auszuspeien und auch die eingesperrten Titanen freizulassen. Im Gegenzug erhielt Zeus von den Kyklopen Donner und Blitz. Doch mit den entfesselten Kräften der Natur entzündete sich der große Krieg der Titanen. Die fruchtbare Erde verbrannte durch das Feuer der Blitze. Die Erde wurde bis in die Tiefe von den gewaltigen Mächten erschüttert, Flüsse und Meere überschwemmten das Land. Nach zehnjährigem Wüten konnten die Titanen in den Tartarus, in die Unterwelt, gesperrt werden.

Nur Prometheus, der Sohn eines Titanen und Freund der Menschen, lehnte sich gegen die Götter auf. Es gelang ihm, das Feuer vom Herd des auf dem Olymp wohnenden Götterpaares Zeus und Hera zu stehlen und in einem Pflanzenstengel zur Erde zu bringen. Dieser Stengel wurde wie der Weltenbaum zum Kanal zwischen der irdischen und himmlischen Welt, durch den nun die göttliche Energie strömte. Mit dem geistigen Funken der Götter erhielten die Menschen auch Entscheidungsfreiheit und Unterscheidungsvermögen, Gaben, die der Mensch nun nutzen konnte – oder auch nicht. Von nun an hatten die Menschen die Verantwortung für ihr Leben und ihren Werdegang selbst zu tragen. Während im ursprünglichen Sinn das olympische Feuer den inneren Geist anfachen sollte, wird es heute nur noch als Ansporn zu sportlichen Leistungen betrachtet.

Die Götter wollten den Diebstahl ihres heiligen Feuers aber nicht so einfach hinnehmen, und zum Ausgleich schufen sie Pandora, die Allbeschenkte, und statteten sie mit allen nur erdenklichen Verführungs- und Betörungskünsten aus, die sie in ein verschließbares Gefäß taten. Damit schickten sie Pandora zur Erde. Pandora wurde neugierig. Sie wollte wissen, was sie mitgebracht hatte, und hob den Deckel ab, worauf die übelbringenden Gaben wie Laster, Leidenschaften, Neid, Habsucht, Schmeicheleien und Lügen herausströmten – und damit war der paradiesische Zustand auf Erden zu Ende. So verführte Pandora die Menschen wie die Wanin Gullweig die Germanen.

Wie die Götter der Germanen verkörpern die Götter der alten Griechen elementare, mentale und psychische Kräfte. Mag auch das enge Zusammenspiel zwischen den Kräften der Natur und den Menschen mit der zunehmenden Naturentfremdung aus unserem Bewußtsein entglitten sein – in der gerade stattfindenden geistigen Umbruchphase beginnen wir zu ahnen, was die Hellsichtigen aller Zeiten schauten: daß die Welt viel größer und komplexer ist, als uns die kopflastige Schulweisheit vermittelt.

Durch den vielschichtig verwobenen Weltenbau und seine verschiedenen Ebenen führen uns die Götter der Antike, die uns, ihrer Funktion entsprechend, subtile Botschaften vermitteln. Wir können diese ignorieren – oder auch annehmen, betrachten und verinnerlichen.

Zeus – Er ist der Große Vater, der Vater des Blitzes und des Donners, der Verderben, aber auch Segen bringen kann. Er verkörpert ebenso das universelle Bewußtsein. Die verschiedenen Aspekte und Funktionen, die bei den Germanen zwischen Thor und Odin aufgeteilt sind, vereinen sich in Zeus. Er wird als Gott der Fruchtbarkeit, dessen Geburt im Frühling gefeiert und dessen Abstieg in die Unterwelt im Herbst betrauert wird und dessen Symbol der Stier ist, verehrt. Er feiert Hochzeit mit der Erdmutter Demeter, wenn er mit seinem Regen ihren Boden befruchtet oder als Blitz in den Schoß der Erde fährt. Wie für Thor ist die Eiche für ihn der heilige Baum, doch wie Odin verkörpert Zeus auch die kosmische Natur, dessen Symbol der Adler ist. Und wie Odin/Wodan ist er der Führer der Totenheere, der die Seelen rettet.

Zeus verschlingt seine erste schwangere Gattin Metis, die Göttin der Klugheit, da er befürchtet, daß das Kind, das sie im Leib trägt, stärker werden könnte als der Blitz. Er nimmt in sich die Klugheit von Metis auf, aber ebenso das Licht, das das Kind verkörpert. So wird Zeus zum Helleuchtenden. Diese Geschichte weist einerseits auf die Dualität des Menschen hin und spiegelt andererseits, daß unter den Indogermanen die Muttergöttinnen ihre Vormachtstellung verloren und den Vatergöttern weichen mußten.

Seine Ganzheit verkörpert Zeus nicht nur durch die Gegensätze von Stier (Erde) und Adler (Himmel). Ihm geweiht sind auch die Bergspitzen, wo Himmel und Erde einander am nächsten sind.

Athene – Ein Aspekt Odins ist in der Göttin Athene zu erkennen. In ihrer Gestalt als Kämpferin beziehungsweise Vorkämpferin ist sie wie der germanische Gott von unbequemer Natur. Sie ist kein weicher Muttertyp, sondern steht für Tatkraft. Sie lehnt Zügellosigkeit, Hemmungslosigkeit und sinnloses Kämpfen ab. Sie verlangt Besonnenheit und ist die kluge Ratgeberin. Sie mahnt, Begierden und Leidenschaften zu zügeln, um hitzige Auseinandersetzungen zu vermeiden.

Keine Mutter hat sie geboren. Sie ist jene, mit der Metis

schwanger ging und die schließlich aus dem Haupt von Zeus, dem Sitz des reinen Geistes und der Erkenntnis, heraussprang. Athene verkörpert damit die reine göttliche Weisheit, aber auch die Schöpferkraft. Sie ist die Große Weberin – die Spinne, die die Fäden der Welt verknüpft. Die ihr zugeordneten Tiere sind die Schlange in ihrem geistigen Aspekt und die Eule, die auch in der Dunkelheit zu sehen vermag. Athene wird oft als Kriegsgöttin dargestellt. Doch sie verkörpert viel eher eine Art Friedensengel. Das geht allein schon durch den Ölbaum hervor, der ihr geweiht ist und ein Symbol des Friedens darstellt. Einen Zweig des Ölbaumes brachte auch die Friedenstaube, um Noah, der auf seiner Arche die große Flut überlebte, zu verkünden, daß die entfesselten Naturgewalten wieder einmal besänftigt seien.

Aphrodite – Die Taube ist auch das Tier der Aphrodite. Sie ging aus der Verbindung von Zeus mit Dione, einer Wassernymphe, hervor. Sie wurde als Mari, Königin der See, verehrt. Auf Zypern, in der Nähe von Paphos, soll sie aus dem Meeresschaum geboren worden sein. Ihr Tempel auf Zypern wurde später in eine Verehrungsstätte der heiligen Maria umgewandelt, wo sie nach wie vor als »allerheilige Aphrodite« verehrt wird.

Aphrodite, die später von den Römern als Venus große Verehrung fand, wird vor allem als Göttin der Liebe gesehen, doch das heißt, ihre ganzheitliche Bedeutung nicht zu erkennen. Mari war einst die semitische und syrische Große Göttin. Sie galt als Urahnin der Welt und verkörperte in alten Zeiten die väterliche wie mütterliche Seite Gottes. Als Große Göttin wurde sie als die göttlich-weibliche Dreifaltigkeit – den Zyklen des Lebens entsprechend – als Jungfrau (weißer Aspekt), Mutter (roter Aspekt) und Alte Frau (schwarzer Aspekt) verehrt, was im mystisch-katholischen Glauben der Jungfrau Maria, der Mutter Anna und der Schwarzen Madonna entspricht.

Aphrodite ist die Göttin für alle Lebensaspekte und zuständig für Geburt, Liebe, Leben, Wachstum und Tod – und das Schicksal. Sie repräsentiert die Elemente Wasser, Luft und Erde. Nach ihrer Liebschaft mit Ares und der unglücklichen Liebesbeziehung mit Adonis, der auf der Jagd von den Hauern eines Ebers (Symbol der Fruchtbarkeit) durchbohrt wurde, heiratete sie den hinkenden Hephaistos. Er ist der Schmied der Götter, der das Feuer des Himmels und des Erdinneren versinnbildlicht, aber auch für die Arbeit am inneren Schmelzofen steht. Er bringt das feurige Element herein, das Aphrodite noch fehlt, um ganz zu sein.

Sophia – Für die alten Griechen verkörpert Sophia weibliche Weisheit. Als weibliche Seele Gottes, als Quelle seiner Kraft, steht sie für das, was für die hinduistischen Götter ihre Shakti ist. In der Gnosis ist Sophia die Große Mutter, und die Christen verehren sie als Heilige. Die Muslime haben die Hagia Sophia, die große Moschee in Istanbul, nach ihr benannt.

Dem gnostischen Schöpfungsmythos nach wurde Sophia von der weiblichen Urmacht Sige, dem Großen Schweigen, geboren. Aus Sophia sind ein männlicher und ein weiblicher Geist, der Christus und die Achamoth, entsprungen. Achamoth schuf die Elemente und das irdische Leben. Die mütterliche Dreiheit Sige, Sophia und Achamoth bildet zusammen wieder eine Einheit. Sophia ist auch die Mutter der sieben planetarischen Geister, und diese wiederum erschufen die Erzengel, Engel und Menschen.

Hermes – Er wurde als Sohn von Zeus und der Nymphe Maia in einer Höhle geboren. Er ist der Götterbote, der zwischen den einzelnen Ebenen des Weltengebäudes vermittelt und an keinen Ort gebunden ist. Er verkörpert die subtile Lebenskraft, die alle Elemente und alle Bewußtseinsstufen durchdringt. Er ist aber auch der Hüter des olympischen Feuers – des göttlichen Funkens. Früher galt er als Gott der Hirten, später wird er zum Gott der Fruchtbarkeit und des Wohlstandes. Außerdem ist er der Schutzherr der Reisenden, der Herr der Wege und der Wanderer. Hermes wird ebenso als Seelenführer und Wegweiser gesehen. Seine Gehilfen sind die Monakhos, Naturgeister mit spitz zulaufenden Ohren, die an Wegkreuzungen leben und Menschen den richtigen Weg zeigen.

Als Wegweiser der Wanderer galten auch die Steinhaufen, die vor allem in den Bergen der Orientierung dienten. Es waren bestimmte Plätze, wo Wanderer Steine aufeinander legten. Sie wurden aber auch als heilige Orte des Hermes verehrt. Von diesen Stätten fühlten sich Geister jeder Art angezogen. In den aufgerichteten Steinhaufen, Menhiren oder Steinpfeilern, die auf wachstumsfördernden Drachenpfaden (Feenwegen) errichtet wurden, vereinten sich die Energien von Himmel und Erde. Während der obere Teil solcher Steine kosmische Energie aufnimmt, zieht der untere Teil die Energien der Erde an. Im gemeinsamen Austausch fördern sie die Fruchtbarkeit, die auf das Umfeld ausstrahlt. (Rund um die alten Marktsäulen, die auf Drachenwegen stehen, florieren noch immer Banken und Geschäfte.) So ist der Steinhaufen des Hermes genauso ein Kanal und Transformator der lebensfördernden Kraft, wie es für die germanischen Asen der Pfahl war.

In unseren Alpen war es lange Zeit Brauch, daß Wanderer sogenannte Steinmänner errichteten. Und bei jedem Stein, den sie dazulegten, sagten sie: »Den opfere ich den Wilden Frauen.«

Artemis – Artemis ist die Tochter von Zeus und Leto, die von einer Titanin abstammt. Artemis verkörpert die wilde Jägerin, und sie ist eine Gefährtin der Nymphen. Als Herrin der Wildnis und der wilden Tiere wird sie von Hirsch und Bär begleitet, was sie in ihrer Funktion als Schutzgeist der Tiere ausweist. Artemis ist ebenso die Große Bärin und Beschützerin der Weltenachse. Man bringt sie mit den Kräften des Mondes in Verbindung, und sie wurde an Flüssen, Quellen und in Meeresnähe verehrt. Die Gewässer versinnbildlichen Tiefe – Bewegung und Verwandlung. In der Gestalt der Todesgöttin ist Artemis daher auch die Göttin der Wandlung. Sie kann sich sehr unnahbar zeigen, manchmal sogar hart und gnadenlos, dann aber wieder fröhlich und tanzend wie eine Fee. Die Christen betrachteten sie als die Dämonin, während ihr Bruder Apollon als Heiler angesehen wurde.

Pan – Als Natur- und Berggeist zeigt Pan einige Parallelen zu seinem Vater Hermes. Auch Pans Mutter ist eine Nymphe, und so gilt er ebenso als ein Geist der Fruchtbarkeit, der Herden und Weiden. Pan wird oft in der Mehrzahl gesehen und scheint dann mehr die wilde, ungestüme Wachstumskraft zu verkörpern. Ihm werden zügellose und lüsterne Züge nachgesagt, und seine Neigung zur weinseligen Stimmung verbindet ihn mit Dionysos, dem Herrn des Weines und der Ekstase.

Pan wird mit einem menschlichen Oberkörper und mit behaarten Ziegenbeinen, Bockshörnern und einem Ziegenbart dargestellt. Mit anderen Tiermenschen, wie den Satyrn und Silenen, die halb Mensch, halb Pferd sind, jagt er durch die Wälder, oder er springt zum Spaß hinter den Nymphen her. Manche sehen in ihm einen Tierdämon, der nicht nur gern Schabernack treibt, sondern auch leicht reizbar ist.

Zur Mittagszeit, wenn rundum flirrende Hitze über den Feldern und Wiesen liegt, wirft er sich in den Schatten, um sich auszuruhen – und wehe, jemand stört ihn bei dieser Lieblingsbeschäftigung! Dann jagt er demjenigen mit einem wilden, schaurigen Geschrei einen gehörigen Schrecken ein, daß selbst die Herden Reißaus nehmen.

Es heißt, Pan verkörpere im Grunde den Narren, der sich

selbst verspottet, und andere meinen, er sei eine arme Seele, die auf Erlösung wartet. Im Mittelalter, als sich der Mensch nicht nur von der Natur zu distanzieren begann, sondern diese auch als Reich des Teufels interpretierte, hat man Pan zum Satan erklärt, der an Ziegenbart, Hörnern und Fell erkennbar sei. Doch lange bevor es den Teufel der Christen gab, gehörten Tierfelle, Geweihe, Hörner und Tierschwänze zu den rituellen Masken.

In der Zeit der Romantik erhielt der dämonische Aspekt von Pan einen freundlichen, sanften Anstrich. Er wurde zum fröhlichen Hirten und Gott des Waldes, der munter und lustig auf seiner Hirtenflöte aus Schilfrohr ein Liedchen trällert. Aber nach wie vor sitzt er als Enkidu – als wilde Urkraft – in jedem von uns und wartet nur darauf, freien Lauf zu finden.

Im Norden Schottlands, im Gelände der Findhorn-Gemeinschaft, die mit dem Pan-Wesen sehr verbunden ist, gilt Pan als übergeordneter Naturgeist, der in jedem Teil einer Landschaft vorhanden und von universeller Bedeutung ist.

Auf die hohe geistige Entwicklungsstufe des Pan weist auch der Adler hin, der einst sein Symboltier war, das dann an Zeus überging. Pans Widersacher ist Apollon, der ihn eifersüchtig verfolgt. Vielleicht hat Apollon den umherziehenden Geist der Wälder und Berge um seine Freiheit beneidet, da er selbst zuvor – in Thrakien – ein Vegetations- und Hirtengott gewesen war, doch als glorifizierte Verkörperung einer neuen Staatsreligion naturnahe Glaubensformen bekämpfen mußte.

Apollon und die Zähmung der Natur

Apollon wird vorzugsweise als Gott der schönen Künste, als Gott der Musen gesehen – eine Verherrlichung des weiblichen Aspektes im Mann. Und tatsächlich verkörpert Apollon die Frau im Mann. Die Frau beziehungsweise die Kraft der Frau, die er sich einverleibt hat, ist die lebensfördernde, einst ungezähmte Kraft der Mutter Erde, die vor dem Machteinfluß der patriarchalisch orientierten Indogermanen als weiblicher Aspekt des göttlichen Ganzen verstanden wurde.

Die verschiedenen Erscheinungsformen Apollons entsprechen den stufenweisen Versuchen und Entwicklungen, die mutterrechtliche Ordnung – die der Ordnung der Natur entsprach – aufzulösen, das heißt, die wild pulsierende Natur zu bezwingen.

Geboren wurde er nicht als Apollon, sondern als Sohn der Leto, einer Titanin. In jener Zeit war es noch üblich, daß Männer den Namen ihrer Mutter trugen. Sein Vater ist Zeus, und damit ist Apollon die Frucht zweier mächtiger Naturkräfte: des himmlischen Blitzes und der Erdkraft der Titanin.

Daß bei Apollons Geburt das Weltengebäude noch ganz war, versinnbildlicht die Palme, die seine Mutter bei seiner Geburt umarmt. Die Palme repräsentiert wegen ihres langen Stammes die Weltenachse oder Himmelsleiter. Doch dann vergeht sich Apollon an der Erde, indem er den Drachen Python tötet, der in der Tiefe Delphis, dem Schoß der Erde, wohnt. Nach einer anderen Überlieferung bekämpft Apollon die weibliche Schlange Delphynes, die Gattin des Python. Schlangenfrau und Drachenmann, die gleichermaßen den fruchtbaren Geist und die Tiefe der Erde verkörpern, stellen die Dualität aller irdischen Dinge dar. Nach John Michell kreuzen sich in der Regel an Drachenorten sogenannte Leylines. Das sind Lebenskraft fördernde und geistig belebende, ziemlich gerade verlaufende Energielinien, die auch Geisterpfade genannt werden.

Delphi war Verehrungsplatz von Gaia, der Urmutter, und ihrer Tochter Themis, deren jungfräulicher Aspekt Artemis ist. Themis wurde in dreifacher Gestalt verehrt. Als Mondgöttin repräsentiert sie den Himmel, als Meeresgöttin die Tiefe und die Erde. Als Prophetin, der die Orakelstätte geweiht ist, verkörpert sie den Kanal, durch den die Botschaften der oberen Welt an die untere Welt weitergeleitet werden können.

Zwischen dem zweiten und ersten Jahrtausend v. Chr. war Apollon Herr von Delphi. Das Orakel war ein Machtinstrument, mit dem man Menschen lenken konnte. So mußte der Drache – der Geist der Erde – sterben, um Apollon zum himmlischen Sonnengott zu erhöhen. Er wurde jedoch Sinnbild einer Sonne, die blendete, die nicht mehr die Erde belebte. So erscheint er als ein eher trauriger Gott, dessen engelhaftes Spiel auf der Leier nicht über den Schmerz hinwegtäuschen kann, den die Entwurzelung – ein Dasein ohne Tiefe – auslöst.

Im Gegensatz zur früheren mythischen Vereinigung von Mutter Erde und Himmelsgott (Sohn der Sonne), macht

Apollon sich die Erde untertan. An die göttliche Ganzheit erinnert er immerhin noch in seiner schlangenhaften Erscheinungsform: als Apollon Python, als Schwarze Sonne. Das bedeutet die Vereinigung der dunklen, schwarzen Erde mit dem Licht der Sonne – also die Vereinigung der Gegensätze, wie sie durch das Yin-Yang-Symbol trefflich dargestellt wird. Doch im allgemeinen wird nur der Kopf der Schlange – der Sitz des göttlichen Geistes, der Sonnenaspekt Apollon – hervorgehoben. Dagegen wird der Schwanz der Schlange, der zusammengerollt in der Tiefe der Erde beziehungsweise an der Wurzel jedes Lebewesens ruht, ignoriert. In diesem Licht gesehen, zerfällt die Welt in zwei Teile, in den guten, hellen Himmel und die böse, dunkle Erde. Damit ist die Himmelsleiter gebrochen – der Regenbogen, der Sonne und Erde verbindet, ist zerstört.

Die Schlange, die Apollon getötet und sich selbst einverleibt hat, überträgt er später als heilbringende Kraft auf seinen Sohn Asklepios, den Gott der Heilkunst. So ist der schlangenumwundene Stab, der die Weltenachse, den göttlichen Kanal der Prophetie darstellt, heute noch Symbol der Heilkunst und eine Erinnerung an das einstige Ganzsein.

Apollon wird der Wandler der Welt genannt, als jener, der die Natur wohl geordnet hat. Und was ist heute das Resultat davon? Chemisch angereicherte, bestrahlte und entwertete Nahrungsmittel und geschleckte Gärten zum Herzeigen, in denen jedes Grashälmchen gebändigt wird. Wen wundert es, daß sich in den meisten Gärten kein Zwerg und keine Elfe mehr blicken läßt.

Apollon gilt auch als Rächer oder Sühnegott. Und darin ist seine frühere Gestalt als Wolf (Apollon Lykeios) zu erkennen. Der Wolf repräsentiert das Gesetz der Natur, und wer es bricht, spürt den wütenden und rächenden wilden Hund. Als Wolf war Apollon Begleiter der freischweifenden Artemis, die später als seine Zwillingsschwester gesehen wurde und deren freien, ungezähmten Geist er bezwang. Als Wolf war er ihr Schatten. Der Wolf oder wilde Hund ist aber auch der Hüter der Schwelle, der Wächter am Eingang zur Welt der Toten.

In Erinnerung an seine einstige Wolfsgestalt wird Apollon später zum Beschützer der Viehherden vor dem bösen Wolf. Als Wolf war Apollon der Erde und dem Mond zugeordnet. Dann hat er sich zur Sonne erhöht, aber nicht durch Erkenntnis wie Odin, sondern durch einen Akt der Gewalt, indem er den Geist der Erde getötet hat, den Artemis noch repräsentierte. Sie war zugleich die Mondin, die Mondgöttin, die die Sonne gebiert, so wie im ägyptischen Mythos Isis dem Sonnenfalken das Leben schenkt. Unter diesem Gesichtspunkt hat Apollon mit dem Drachen seine eigene Mutter – das Urweibliche, die Mutter Natur – getötet. Kein Wunder, daß die Nymphen nichts von ihm wissen wollten und es vorzogen, Jungfrau zu bleiben, als sich dem Frauenfeind, als der sich Apollon schließlich entpuppte, hinzugeben.

Allein schon Apollons Ausspruch, als er einen Muttermörder rechtfertigte, daß die Mutter kein richtiger Elternteil sei, sondern nur der Vater dem Kind Leben schenkt, gibt einen unmißverständlichen Hinweis auf die einseitige Prägung der an Macht gewinnenden Indogermanen. Eine Prägung, die später die christliche Kirche beibehält, nachdem Apollon/Helios und Jesus auf dem Sonnenwagen miteinander verschmelzen.

Mit der Verherrlichung Apollons nahm die Unterdrükkung der Natur ihren Lauf, die sich im Mittelalter und in der frühen Neuzeit in einem verdrehten Dämonen- und Hexenglauben zeigte. Mit der zunehmenden Entwürdigung und Demütigung der Mutter Erde zogen sich all die mit ihr verbundenen Wesen und Intelligenzen bis heute mehr und mehr vom Menschen zurück. Es mag dem vernunftbetonten, sachlich-rational argumentierenden Menschen so scheinen, als ob ihn das ganz unberührt läßt, doch indem der Sonnengott die Mondin verschlingt, bringt Apollon sich und alle, die in seinem Geist leben, um ihre ursprüngliche pulsierende Quelle der Lebenskraft.

Welt der Schatten und Schemen

Apollon und seinesgleichen mögen zwar die wilden Kräfte der Natur eingedämmt haben, aber sie erwachen immer wieder und gewinnen neue Kraft. Die ungestümen Wesen der Natur leben in Mythen und Sagen fort und zeigen sich auch im Brauchtum.

Bräuche spiegeln nicht nur das gesellschaftliche, politische und religiöse Umfeld wider, sondern sind gleichfalls eine Art Nabelschnur, die mit einer fernen Vergangenheit verbindet, in der der Mensch noch stärker in das Wirken elementarer Kräfte eingeflochten war. Über die Rhythmen und Einflüsse der Natur Bescheid zu wissen garantierte schließlich jedem einzelnen größere Überlebenschancen.

Es muß die Erinnerung an unser altes Erbe sein, daß gelebtes Brauchtum sich in den letzten Jahren wieder zunehmender Beliebtheit erfreut. Es kann aber auch als Ausgleich zu einem nüchtern gewordenen Alltag verstanden werden, der die Menschen innerlich arm gemacht hat. So wie Apollon im Grunde seines Herzens lieber mit Artemis durch die wunderbaren, aufregenden Wälder schweifen und wilde Reigen mit den Nymphen tanzen möchte, so offenbart sich im überlieferten ausgelassenen Brauchtum jene Ursehnsucht, die alle Ketten sprengen möchte.

Vor allem in den unheimlichen Rauhnächten zwischen

Weihnachten und Dreikönig, in einer Zeit, in der die Toten reden, unruhige Seelen herumspuken und sich entfesselte Kräfte der Natur in gespenstischen Manifestationen kundtun, toben besonders in den Alpen und im Alpenvorland wilde Gestalten in zotteligen Fellkleidern peitschenschwingend und mit Schellengeläute über verschneite Felder und Wiesen oder zeigen sich in gemäßigter Manier als Teilnehmer in phantasievollen Maskenumzügen.

Da sind wilde, furchterregende, gehörnte Gesellen darunter, die mit Eisenketten rasseln. Aus dem Tierreich kommen die Schnabel-, Vogel- und Wildperchten und Perchten, die die Wachstumskräfte verkörpern. Sie vollführen oft hohe Sprünge, um die Pflanzen zu ermuntern, aus der Erde hervorzusprießen und mit dem neu erwachenden, sich stärkenden Licht zu wachsen und zu gedeihen. Sie sollen vor allem eine reiche Kornernte bewirken. Die letzten Ähren auf dem Feld waren der Kornmutter, der Königin der Getreidegeister, geweiht. So ist es heute noch in Indonesien üblich, daß auf dem Teller oder Bananenblatt ein paar Reiskörner zurückgelassen werden, sozusagen als Opfer für die Reis-Deva – ein Akt der Ehrerbietung gegenüber den lebenspendenden Kräften.

Als übermütiger Wachstumsgeist gilt zum Beispiel im Salzkammergut die Habergeiß, ein ziegenköpfiges Fabelwesen, das mit dem griechischen Pan verwandt sein mag. Dann gibt es aber auch Gestalten, die Wachstumsgeister des Waldes darstellen, wie die grünen Moosmännchen, die mit Tannenzapfen geschmückten Waldmänner oder die flechtenbehangenen Baumwercha.

Masken, die aus Tier- und Vegetationskulten hervorgegangen sind, scheinen auch den Menschen der Gegenwart ein Ventil zu bieten, ihre zügellose, ungehemmte Seite, die gegen alle Regeln, Gesetze und Schranken rebelliert, voll auszuleben. Masken durften einst nur während der heiligen Rituale getragen werden. Bei keltischen Einweihungsritualen war es üblich, daß sich die Initianden, als Hirsch oder Widder verkleidet, in Trance versetzten, um mit Wesenheiten aus anderen Daseinsebenen in Kontakt zu treten. Mit der Maske schlüpfte auch der Träger in den Geist des Tieres, nahm seine Kräfte auf und wurde so zum Verbündeten der ungezähmten, urwüchsigen Natur.

Die gegensätzlichen Masken der Perchten gehen auf die zwiespältige, geheimnisvolle Perchta, Berta oder Berchtl zurück. Sie wird auch die weiße Unirdische genannt. Und da ihr Attribut eine Spindel ist, könnte es gut sein, daß sie aus einer Feengestalt hervorging. Oft wird sie mit Frau Holle verglichen. In der Schweizer Sagenwelt ist die Bertha eine Königin, die auf ihrem Pferd über Land reitet und die Moral und den Fleiß der Menschen prüft, wobei sie die Guten belohnt und die Bösen bestraft. Sie gilt als Mahnerin und Seelenführerin, die daran erinnert, die wilde Seite erst voll und ganz in sich anzunehmen, damit sie erlöst werden kann. Binden und lösen entspricht auch einem alten magischen Rezept, um Krankheiten zu heilen. Dem Kranken wurde im Ritual vom Schamanen ein Band um den Körper gebunden, um die Krankheit erst an den Körper zu binden, und mit dem Abnehmen des Bandes wurde dann die Krankheit gelöst.

Die Perchta wird auch mit der griechischen Hekate in Verbindung gebracht, der Königin der Schatten und Geister. Sie galt ebenfalls als dreifache Göttin und war zwischen Himmel und Unterwelt auf Reisen – und damit versinnbildlicht auch sie die Weltenachse, den Kanal zwischen der physischen und geistigen Welt. Als Große Spinnerin und Weberin ist sie Schöpferin des Weltengebäudes.

Die beiden Seiten der Berchtl erscheinen in der Pudelmutter und Lutzelfrau im südlichen Burgenland, die anstelle von Nikolaus und Krampus die Wohnstuben aufsuchen. Allerdings am 13. Dezember, dem Tag der heiligen Luzia, der strahlenden nordischen Lichtergöttin, die ebenfalls mit der Perchta in Verbindung gebracht wird.

Die weißgekleidete Pudelmutter ist die Gabenbringerin. Sie pudelt (rollt) Äpfel in die Wohnstube hinein. Dagegen stellt die kettenrasselnde Lutzelfrau die bestrafende Seite der Perchta dar. Ihre Kette bringt wieder das Binden und Lösen der Seelen in Erinnerung. Die Äpfel, die die Pudelmutter mitbringt, erinnern an die Äpfel der Feen, die alle Krankheiten heilen und die ewige Jugend und ewiges Leben bescheren.

Die Perchta ist in vielen Sagen die Führerin der Wilden Jagd. Wie Wodan führt sie das unheimliche Totenheer, das in schaurigen Nächten über Baumwipfel, Hügelkuppen, einsame Gehöfte und durch enge Schluchten braust. Die Wilde Jagd wurde meistens nur akustisch wahrgenommen, in Begleitung von Katzenmiauen, Hundegebell und stampfenden Pferdehufen. Manchmal aber soll sich die Wilde Jagd figürlich manifestiert haben.

Ein ähnliches Phänomen gab es in der steirischen Stadt Knittelfeld, wo zu bestimmten Zeiten um Mitternacht vermummte Krieger in Ritterrüstungen oder altmodischen Gewändern mit altertümlichen Waffen aufgetaucht sind und in langen Reihen durch die Gassen zogen und sich bald darauf wieder aufgelöst haben. Über derartige Materialisationen hörte ich in vielen Regionen der Welt. Solche Spukgeister sollen aus den ätherischen Kräften der Pflanzen, Tiere und Menschen die nötige Substanz aufnehmen können, um sich kurzzeitig derartig zu verdichten, daß sie auch von Menschen gesehen und gespürt werden.

Totenheere werden auch das Heer der Schatten und Schemen genannt. Schemenhaft wirken die Sprünge und Kreistänze der Schleicher im Telfser Maskenbrauch. Die Figuren bewegen sich mit schleifenden Schritten im Zeitlupentempo und beinahe lautlos. Ihre Langsamkeit deutet an, daß sie als Schatten dieser Welt nicht mehr angehören, daß sie nur ein Abglanz dessen sind, was sie einst gewesen waren.

Die Welt der Schemen und Schatten ist die mythische Unterwelt, wo die Seelen der Verstorbenen hausen. Die Unterwelt, die bei den Griechen als die größte Herberge der Welt galt, hat in allen alten Mythen große Bedeutung. Die Unterwelt ist ein Ort der Reinigung, Besinnung und Entscheidung. Alle Taten, Gedanken, aber auch alles, was der Mensch in seinem vorangegangenen Leben mit seinen Gefühlen, Leidenschaften und Absichten bewirkt hat, wird überprüft und gewogen. Die bösen Taten wiegen schwer, und die guten sind leichten Gewichtes, wie das Gewicht einer Feder. Und die Feder ist das Symbol der ägyptischen Maat, der Göttin der Gerechtigkeit und Wahrheit. Sie ist, wie Zeus bei den Griechen, die Wägerin der Seelen. Im christlichen Mythos ist es der Erzengel Michael, der die Waage hält. Aber auch Demeter, die große Muttergöttin, trennte die Frucht von der Spreu.

Die große Bedeutung der mythischen Unterwelt beziehungsweise des Seelengewichtes wird auch im theosophischen Gedankengut hervorgehoben. Die schweigenden Schatten werden hier Kama Rupa, Begierdenkörper, genannt, die in Kama Loka, der mythischen Unterwelt, leben: »Wenn der physische Körper beim Tode aufgelöst wird, verbleiben die astralen Elemente der entkörperten Wesenheit in Kama Loka, wobei dieselben Lebenszentren wie im irdischen Leben an ihnen haften und sie noch weiter beleben … Der Kama Rupa ist ein genaues astrales Abbild des Dahingeschiedenen, im Aussehen wie in seinem Gehaben« (Purucker, Theosophisches Wörterbuch).

So gehen in der Unterwelt die Schatten – in denen noch psychisch-elektrische Energie pulsiert – auf automatische Weise den gleichen Leidenschaften nach wie zu ihren Lebzeiten.

Der Kama Rupa wird beschrieben als »jener Teil des Menschen innerer Natur, in dem die verschiedenen Begierden, Zuneigungen, Haß- und Liebe-Empfindungen, die verschiedenen mentalen und psychischen Energien ihre Wurzel haben.« Diese Überbleibsel toter Menschen, die noch mit dem irdischen Leben verbunden sind, werden auch Hüllen, Schalen oder astrale Leichname genannt. Dr. Rizzi bezeichnet diese Hüllen als »›psychische Kadaver‹, die sich für gewisse Zeit praktisch vollständig mit Eigenschaften erhalten, die jenen fast gleichen, als sie tatsächlich noch Fahrzeuge einer menschlichen Seele waren. Von der Seele, die sie bewohnte, bewahren sie ihre Erscheinungen, Eigenschaften, Erinnerungen und Eigenarten.«

Während eine höherentwickelte Seele nach dem Ablegen des physischen Körpers keinen irdischen Empfindungen nachhängt, fühlt sich eine Seele, die im physischen Leben ihre geistigen Fähigkeiten nicht entwickelt und mehr ihren niederen Trieben nachgelebt hat, auch nach dem Verlassen des physischen Körpers von der materiellen irdischen Welt magnetisch angezogen.

Je grobstofflicher der Verstorbene gewesen ist, desto mehr wird sein Schatten zu der Erde, zu Orten und Menschen hingezogen, die seiner eigenen Schwingung entsprechen. So ein astraler Leichnam kann aber auch eine Gefahr für die Psyche lebender Menschen sein, da er versucht, sich an Lebende anzuhängen, die ähnliche Neigungen und Leidenschaften besitzen wie der Verstorbene in seinem physischen Leben. So wird ein ehemaliger Drogensüchtiger sich an einen Drogensüchtigen klammern, ein Trinker an einen Trinker, ein Spieler an einen Spieler usw.

Während sich im allgemeinen die astralen Atome des Schattenkörpers im Laufe der Zeit langsam auflösen – ein

Prozeß, der parallel zur Zersetzung des physischen Körpers stattfindet –, können sie bei sehr hochentwickelten, durchgeistigten Menschen erhalten bleiben. Ein Beispiel dafür sind westliche katholische Heilige oder östliche Lamas in der Himalayaregion, deren toter Körper nicht verwest, sondern weiterhin geistige Kraft über die materielle Körperhülle ausstrahlt.

Daß etwas, was tot ist, strahlen kann oder Energie besitzen soll, wird von vielen bezweifelt. Aber nehmen wir die Schnittblumen als Beispiel, die auch nach der Trennung von ihrem Lebenssaft noch einige Tage frisch bleiben und unser Auge erfreuen. Ein anderes Beispiel ist der Reliquienkult der katholischen Kirche. Es ist die geistige Energie in den körperlichen Resten der Heiligen – das mögen Haare, Zähne oder Knochensplitter sein –, die ein starkes Strahlenfeld aufgebaut und Gläubige angezogen beziehungsweise ihnen segenbringende Energie zugeführt hat. Das war auch der anfängliche Sinn der Mumifizierung der ägyptischen Gottkönige und ihrer Hohenpriester. Mit ihren vom göttlichen Geist durchdrungenen Körpern haben sie noch nach ihrem physischen Tod zum Wohl ihres Volkes »gestrahlt«. Ein Brauch, der später im Neuen Reich mit dem Verfall des geistigen Wissens und dem Aussterben der letzten Gottkönige in eine allgemeine, aber leere Nachahmung überging. Diesen Brauch mit seinem ursprünglich darin enthaltenen Wissen haben sich auch Schwarzmagier zunutze gemacht, um nach ihrem körperlichen Tod weiterhin auf die materielle Welt einwirken zu können.

Dr. Rizzi weist darauf hin, daß es vorwiegend die »psychischen Kadaver« sind, die in spiritistischen Sitzungen »erscheinen«, wobei ein solcher astraler Leichnam von einem übermütigen oder auch rachsüchtigen Naturgeist als Fahrzeug benutzt und auf diese Weise zum Spukgeist werden kann. Wenn also wie von unsichtbarer Hand Möbel durch den Raum rücken, es unheimlich an der Tür poltert oder Lichter auf gespenstische Art an- und ausgehen, dann sind es viel seltener Reaktionen verstorbener Verwandter, als die Teilnehmer solcher Séancen zu glauben meinen. Und ist es tatsächlich ein ruheloser Verstorbener, der sich nochmals seinen Angehörigen bemerkbar machen will, dann muß er in seine vielleicht bereits abgelegte Hülle wieder hineinschlüpfen. Abgesehen davon, daß spiritistische Sitzungen »psychische Unfälle« auslösen können, erschwert das Festhalten an alten Banden der verstorbenen Seele, die eigentlich fliegen möchte, die Loslösung von der irdischen Dichte. Indem die schmerzvoll-klammernden Gedanken der Hinterbliebenen die Seelen der Verstorbenen herunterziehen, kommen diese erst viel später zu ihrer seligen Ruhe, die man ihnen so schnell wie möglich vergönnen sollte. Hinterbliebene helfen den Seelen mehr, wenn sie sie liebevoll »loslassen«.

Die astrale Welt, in die die Schattenseelen nach ihrem physischen Tod erst einmal einkehren, wird in eine untere und eine obere Ebene unterteilt, wobei die obere Region fließend an die geistige Ebene anschließt und die untere an den irdischen Bereich.

Nach der Vorstellung alter Völker, antiker Kulturen und auch neuzeitlicher geistiger Strömungen vollzieht sich auf der astralen Ebene – beziehungsweise in der mythischen Unterwelt – die Trennung des höheren unsterblichen Seelenanteils vom niederen sterblichen Selbst. Dieser Vorgang wird als Zweiter Tod bezeichnet, den im ägyptischen Mythos Osiris bringt, wenn er in der Unterwelt erscheint, um die Toten vom Tod zu befreien, damit die Seele ihre Ruhe finden kann. Doch so eine Loslösung benötigt ihre Zeit, da es für manche Seelen gar nicht so einfach ist, sich von ihrem Schattenkörper – ihren niederen Instinkten – zu trennen, wenn diese schwer nach unten ziehen.

Wird der Zweite Tod – die Trennung vom höheren und niederen Selbst – vollzogen, dann erfährt der unsterbliche Anteil der Seele jenen geistigen Daseinszustand, in dem die Seele zwischen zwei Erdenleben in »Seligkeit und Ruhe bleibt«, bis sie sich wieder inkarniert. Dieser Zustand wird im griechischen Mythos durch Elysion, die Insel der Seligen, zum Ausdruck gebracht. Sie wird von Lethe, dem Strom des Vergessens, umflossen, wohin die Unterweltskönigin Persephone die glücklichen Seelen führt. Persephone bringt wie Osiris Licht ins Dunkel. Eine Erinnerung an diese uralte Vorstellung ist unser Friedhofsbrauch, Lichter auf Gräbern zu entzünden. Persephone ist sozusagen Herrin der oberen Unterweltsregion, während Hades, ihr Gemahl, als Herr der unteren Unterwelt gesehen werden kann, wo die Schatten eine Zeit der Buße und Regeneration erleben.

Purucker schreibt dazu: »Ist die Wesenheit in Kama Loka

so mit Üblem beschwert und wird sie so stark nach irdischen Sphären hingezogen, daß sich das wiederverkörpernde Ego nicht von dem Kama Rupa lostrennen kann, dann sinkt das letztere immer tiefer und kann selbst in ›Avichi‹ eintreten.« Avichi bedeutet in der Theosophie eine Daseinsform ohne jegliche Bewegung – und ohne Ruhe. Auch Avichi hat verschiedene Stufen, die dazu dienen, die brennenden Leidenschaften und Triebe der unverbesserlichen Geister zu zermürben. »Am Ende ihres Avichi zerfallen sie und werden wieder und wieder zermahlen, bis sie dahinschwinden wie Schatten vor dem Sonnenlicht in der Luft – zermahlen im großen Laboratorium der Natur.«

Doch »nichts geht in der Natur verloren, alles verwandelt sich«, sagte im 18. Jahrhundert der französische Chemiker A. Lavoisier.

Rudolf Steiner meinte zu diesem Thema, daß jene Seelen, die nach einer Reihe von Inkarnationen – in denen jeder Mensch immer wieder eine neue Chance erhält – es nicht schaffen, sich von der Schwere der Erde zu lösen, die also hinter der geistigen Evolution zurückbleiben, sich mit einer minderen Inkarnation begnügen müssen. Das hieße aber nicht, daß ein Mensch Angst haben müsse, daß er aus der Evolution herausfällt. Nur im Extremfall würde eine Seele derart tief sinken, daß sie keinen Anschluß mehr an den gemeinsamen Gang der Menschheitsentwicklung findet und schließlich im Materiellen aufgeht, mit dem sie verwächst.

Und da sind wir bei dem, was Jakob Lorber als »Bannung

in die Materie« beschreibt: die Bestrafung für hochmütige Geister, die auf diese Weise zur Besinnung und Besserung gebracht werden. Dies ist eine Zeit der Anbindung, der nach einer Zeit der Reifung die Loslösung, die Befreiung folgt. Es geschieht, um im elementaren Bereich, beginnend auf der untersten Stufe, also im Mineralienreich, nützliche Aufgaben zu übernehmen, womit ein neuer Zyklus beginnt. Hier kommen wir wieder an einen Punkt, an dem uns mit aller Deutlichkeit die enge Verknüpfung zwischen Menschen und Naturgeistern sowie dem gesamten elementaren Reich bewußt wird.

Naturvölker haben seit jeher die große Bedeutung der Begleitung einer verstorbenen Seele erkannt. Erstens, damit die Seele ihren Frieden und ihren Weg zur Erlösung findet, zweitens, damit der Verstorbene nicht als Spuk- oder Quälgeist den Hinterbliebenen das Leben schwermacht.

Als Beispiel will ich die australischen Aborigines nennen, da ich mich mit ihrer Kultur zur Zeit eingehend auseinandersetze. Wie alle alten, wissenden Völker sehen sie in der Seele zwei grundlegende Aspekte: den niederen und den höheren. Im Nordosten Australiens wird die dunkle Schattenseele *Mokuy* und die lichte Seele *Birrimbirr* genannt. (Diese Vorstellung entspricht etwa den beiden Vogelseelen Ka und Ba der alten Ägypter.) Wichtig ist, daß nicht nur Birrimbirr, die leichte, reine Seele, auf die andere Seite überwechselt, sondern auch der schwere, unreine Mokuy-Geist darf nicht an der Erde haftenbleiben. Und nur wenn Mokuy es schafft, sich von der Erde zu lösen, kann die Birrimbirr-Seele sicher die Reise in das himmlische Clanland antreten.

Die Begleitung der Seele erfolgt durch liebevolle, aufmunternde Gedanken der Hinterbliebenen sowie durch eine Reihe von Reinigungsritualen, die sich über einen Zeitraum von einem bis zwei Jahren erstrecken können und die durch die Welt der vier Elemente – Erde, Wasser, Luft und Feuer – geleiten.

Die Bereitschaft des Mokuy-Geistes, sich von der Erde zu lösen, kann in einer Wolke wahrgenommen werden, die wie eine Rauchsäule zum Himmel emporsteigt, wo sie sich mit einer Regenwolke, die über ihren Totemplatz zieht, bindet, um dann – erlöst als Regen – in die Erde einzugehen. (Ein Totemplatz ist der spirituelle Geburtsort eines Aborigine, durch den er mit einem bestimmten, ihn stets unterstützenden Pflanzen- oder Tiergeist verbündet ist.)

So wird – gerade im Zusammenhang mit Naturgeistern – der große Stellenwert der Unterwelt der Antike verständlicher, wie auch die Bedeutung des Seelengewichtes, das in den dunklen schweren Wolken und den leichten, lichten Wolken seine Entsprechung zu haben scheint.

Es sieht so aus, als würden wir mit all unseren Lebensaspekten in die pulsierende Natur eingebunden sein. Und Lorbers Wolkenkampf – ein Messen der Kräfte zwischen guten und bösen Geistern – dünkt gar nicht mehr so wirklichkeitsfremd.

Da mag so mancher denken: Das sind ja Vorstellungen wie im Mittelalter! Doch gibt es einen wesentlichen Unterschied: Nachdem die Natur verteufelt wurde und sich über die inneren Zusammenhänge der Natur ein tiefer Schleier senkte, erwartete der Mensch alles Gute vom lieben Gott und schob alles Böse, das ihm widerfuhr, dem Teufel oder den Hexen zu. Und damit vergaß der Mensch nicht nur, daß er selbst am gesamten Weltgefüge mitschöpferisch tätig ist, sondern enthob sich auch seiner Eigenverantwortlichkeit.

Engel der Toten

Wie wichtig die Erlösung der Seelen den alten Völkern gewesen ist, geht aus dem Beispiel jener Gottheiten hervor, die im Zuge spiritueller Verflachung – und als die spirituelle Eigenverantwortung immer mehr in die Hände der Priester oder kirchlicher Institutionen überging – negativ besetzt wurden. Diese Gottheiten sollten bewußt der Abschreckung dienen, denn die Erkenntnis über ihre wahre Erlöserfunktion hätte die Vermittlerrolle zwischen Gott und Mensch – die den Priestern und der Kirche große Macht gab – entbehrlich gemacht.

Gerade die »schrecklichen« Götter erweisen sich letztendlich als »ganze« Götter, die den Kanal zwischen Himmel und Erde versinnbildlichen. Und diesen Kanal könnten die Menschen nutzen, um auf dem spirituellen Pfad unabhängig zu werden. Doch sehen wir uns einmal diese Götter des Schreckens an.

Da wäre zum Beispiel Neith, die ägyptische Toten- und Kriegsgöttin, die als »Schreckliche« dem Pharao in der Schlacht vorausschreitet. Ursprünglich war Neith die androgyne Urgöttin, in der sich alle Gegensätze vereinten. Sie wurde die Weberin genannt – die Große Spinne, die das Weltengebäude webt. Und sie ist schließlich diejenige, die die Wege öffnet.

Ihr Sohn ist der krokodilgestaltige oder krokodilköpfige Sobek, der Herr der Unterwelt. Er gilt heute als eine Art Ungeheuer, da ihm in späterer Zeit Menschen geopfert wurden, indem man sie Krokodilen zum Fraß vorwarf. Das geschah, nachdem das alte wahre Wissen der Gottkönige mit Tutanchamun, ihrem letzten Vertreter, verlorenging und die kriegerische Macht mit den Ramessiden Einzug hielt.

Doch daß dieses »Ungeheuer« in früheren Zeiten höheres und geistiges Wissen verkörperte, geht daraus hervor, daß Sobek auch in Verbindung mit Re, dem Sonnengott, und mit dem falkenköpfigen Horus, der den göttlichen Geist repräsentiert, dargestellt wurde. So gesehen, versinnbildlicht Sobek als Herr der Unterwelt die Erde, den Himmel (Sonnenscheibe) und den göttlichen Geist (Falke). Oben und unten werden hier miteinander verbunden. Damit wird auch in ihm die Ganzheit des Weltenbaues – die Weltenachse – erkennbar. Das kann man sich bildlich gut vorstellen, wenn man weiß, daß Krokodile nicht nur am Boden kriechen oder im Wasser schwimmen, sondern daß sie auch sehr gut auf ihren Hinterfüßen aufrecht stehen können. Die Aborigines im Norden von Australien heben bei ihren »Röntgenstil-Malereien« das Rückgrat der Tiere und Menschen stets als Kanal hervor, durch den die Lebenskraft zwischen Erde und Himmel fließt. Wir sollten also aufhören, die tierköpfigen Götter der Alten und der Naturvölker nur mit Aberglauben oder niederer Sichtweise in Verbindung zu bringen. Die der Natur entnommenen »Hilfsbilder« ermöglichen es, geistige Wahrheiten anschaulicher und erfaßbarer zu machen.

Aus Sobek wurde bei den Griechen Suchos, den sie mit ihrem strahlenumkränzten Sonnengott Helios verbanden und dem sie als Attribut ein Krokodil in die Hand drückten. Sein Titel »unbesiegbare Sonne« ging schließlich auf Jesus über. Anhand dieser alten Mythen und ihrer Umdeutungen wird offensichtlich, daß sowohl Jesus am Kreuz – das ja ebenfalls den Weltenbaum versinnbildlicht – als auch der krokodilgestaltige Sobek-Suchos und ebenso Odin, der, an der Weltenesche hängend, geistige Erkenntnis fand, das gleiche zur Offenbarung bringen: die Erlösung der Seelen.

Den Erlöseraspekt verkörpern auch schwarze Göttinnen, wie die Schwarze Kali oder Artemis, die nicht nur die jungfräuliche Jägerin ist, sondern auch die zerstörerische Alte, die Starres in Bewegung bringt und mit großer Strenge die Menschen auf ihre Schwächen, Abhängigkeiten und die unbequeme Eigenverantwortung hinweist. Schrecklich ist sie nur aus der Perspektive der Trägheit, die der Suche nach geistigen Wahrheiten im Wege steht. Doch im Grunde ist sie die Lichtträgerin, die die Dunkelheit erhellt.

Erlösung bringen ebenso geierköpfige oder geiergestaltige Göttinnen. Isis oder Hathor wurden teilweise so dargestellt. Der Geier versinnbildlicht mütterlichen Schutz, aber auch den Tod. Und als Aasfresser dient er der Reinigung. Und da wären wir wieder beim »psychischen Kadaver«, denn er wird symbolisch vom Geier gefressen. Die gleiche Aufgabe hat auch der Rabe. Und mit diesem stehen die geheimnisvollen germanischen Walküren in Verbindung. Sie gelten als Totenengel, die auf dem Schlachtfeld die gefallenen Krieger einsammeln. Nach den Sagen der Sachsen waren die mit Rabenflügeln versehenen Walküren Leichen- oder Seelenfresserinnen. Was sie »essen« sind die Schattenkörper mit den niedrigen Seelenaspekten, damit die reine Seele zur nächsthöheren Bewußtseinsstufe aufzusteigen vermag.

Die Walküren werden auch Totenwählerinnen genannt, denn sie wählen unter den Toten nur die Krieger aus. Um die anderen gewöhnlichen Toten kümmert sich Hel, die Herrin des Schattenreiches. Die Walküren dagegen bringen ihre Helden nach Walhall, dem jenseitigen Totenberg beziehungsweise der prunkvollen Totenhalle.

Warum waren es ausgerechnet die Krieger, um die sich die Walküren kümmerten? Ursprünglich waren natürlich spirituelle Krieger gemeint, die Wahrheitssuchenden, die im Leben nach geistiger Erkenntnis rangen und dabei so manchen inneren Kampf und so manche Mutprobe zu bestehen hatten. In diesem Licht wird auch die Kriegsgöttin Neith verständlich. Es sind die Mutigen und Wachsamen, die von den Totenengeln, die sich schließlich als Erlösungsengel entpuppen, in die reinen geistigen Gefilde geleitet werden.

Die Walküren weisen uns darauf hin, von welcher Bedeutung es ist, sich auf den Tod und den Aufstieg der Seele vorzubereiten, sich bereits zu Lebzeiten um das Seelenheil zu kümmern, um nicht in Wodans Heer zu landen oder tausend Jahre lang als Naturgeist an einen Baum gebannt zu sein. Wir sollten uns wieder mehr mit den alten Mythen beschäftigen, um uns den Entwicklungsgang allen Lebens und den tieferen Sinn von Leben und Tod bewußtzumachen. Aber der Tod wird in unserer Gesellschaft ignoriert, als würde es ihn gar nicht geben, obwohl wir stets in seinem Schatten leben.

Ein offensichtliches Überbleibsel der Walküren ist Walburga, die christliche Heilige, die sich um die Gefallenen kümmert. Der offizielle Verehrungstag der Heiligen wurde in den Februar verlegt, aber die echte Walpurgisnacht ist die Nacht vor dem ersten Mai, wenn Hexen und Geister sich zum nächtlichen Reigen einfinden. Und so wie die Walküren Herrinnen der Geister waren, heißt es von der heiligen Walburga, daß sie Macht über Hexen habe. Deshalb wird sie auch mit der Zahl Dreizehn, der Zahl des Hexensabbats, in Zusammenhang gebracht, und die Dreizehn steht wiederum mit den Mondphasen in Verbindung. Mit dem dreizehnten Tag nach jedem Voll- oder Neumond macht sich die Verwandlung der Mondgestalt in einem angespannten oder nervösen Verhalten von Tier und Mensch bemerkbar, weshalb der Dreizehnte als Unglückstag gilt. Die wechselnden Mondphasen sind auch Sinnbild für Tod und Wiedergeburt – und genau damit haben die Walküren zu tun.

Aus dem Meer wurden sie geboren und als Wassergeister, die auf den Wellen reiten, verkörpern sie ewiges Werden und Vergehen. Die Wellen sind es, die alles Unreine und Festgesetzte wegspülen, also »aufessen«. Neben den Wassergeistern stehen auch Wolken- und Nebelgeister mit dem

Meer in Verbindung. So heißt eine der Walküren Wolkenthrut (Wolkenkraft), eine andere Mist (Nebel). Hier wird wieder Lorbers Wolkenkampf lebendig. Erst im Heldenepos erhielten die Walküren menschliche Gestalt.

Auch wenn die Ratio des modernen Menschen die Verkörperungen von Naturgewalten allein mit der Angst vor wütenden Naturkräften erklären möchte, so erwacht in unserer heutigen Zeit, in der Stürme, Überschwemmungen, Erdbeben und Brandkatastrophen im gleichen Maße zunehmen wie Gewalttätigkeiten und Depressionen, doch die Ahnung, daß hier ein Zusammenhang besteht.

Aus der Sicht der Aborigines haben Gedanken, Gefühle und das Verhalten der Menschen große Auswirkung auf das lebendige Wesen Erde, mit dem der Mensch, der ebenfalls über ein gewaltiges Kraftpotential verfügt, in ständiger Wechselbeziehung steht. Ihrer Ansicht nach atmet die Erde das aus, was der Mensch lebt, was er denkt und fühlt.

Psyche und Natur

Die Aussage der Aborigines, daß die Schwingungen, die durch all unsere Gefühle, Gedanken und Leidenschaften ausgesendet werden, in die Erde/Natur eingehen und wieder auf alles Leben zurückschwingen – das heißt, daß der Zustand der Natur der Geisteshaltung der Menschen entspricht –, wird uns in seiner ganzen Tiefe in einer Zeit der allgemeinen Oberflächlichkeit, des Leistungsdruckes und Stresses erst einmal gar nicht wirklich bewußt. Derartige Betrachtungen stellen außerdem an unser heutiges Vorstellungsvermögen enorme Anforderungen. Nicht nur, daß die Zeit für ein Philosophieren knapp geworden ist – mit derartigen Gedankengängen muß der moderne, auf die Ratio beschränkte Mensch außerdem die Grenzen seines bisherigen Bewußtseinsrahmens überspringen und sich einer ganz anderen geistigen Dimension öffnen, zu der unsere Vorfahren noch leichter Zugang hatten.

Die enge Verknüpfung zwischen psychischen Kräften und den Kräften der Natur kommt im überlieferten Brauchtum und im alten Volksglauben fortwährend zum Ausdruck, wobei es sich immer wieder zeigt, wie schmal der Grat zwischen der physischen, psychischen und mentalen Erlebniswelt ist, auf dem sich der Mensch bewegt.

Da ist zum Beispiel die enge Verbundenheit des Imkers

mit seinen Bienen. Mancherorts ist es immer noch üblich, daß nach dem Tod eines Imkers seine Angehörigen diese traurige Nachricht den Bienen melden, indem sie um die Stöcke herumgehen und dreimal daran klopfen. Oder wenn ein Bauer stirbt, wird dieses Ereignis dem Vieh im Stall erzählt und auf das Feld hinausgerufen.

Früher war es bei den Jägern gang und gäbe, sich bei den Tieren zu entschuldigen, die sie erlegten, und sie erklärten dem Wild diese Notwendigkeit. Mit einer solchen Geste versöhnte man sich mit dem Geist des Tieres. Und so ähnlich verhielten sich die Baumfäller. In Österreich traf ich einmal einen alten Mann, der meinte, daß das Baumsterben daher käme, daß die Menschen sich nicht mehr bei den Bäumen entschuldigen, bevor sie sie umsägen.

Zu Bäumen fühlen die Menschen seit jeher eine besondere Beziehung. Nach der germanischen Mythologie entstammt das erste Menschenpaar, Ask und Embla, einer Esche und einer Ulme. Einst war es Brauch, bei der Geburt eines Kindes ein Bäumchen zu pflanzen. Bei Mädchen waren es Birnenbäume oder Linden und bei Knaben Apfelbäume oder Eichen. Der Gesundheitszustand des heranwachsenden Menschenkindes soll mit dem des Baumes identisch gewesen sein. Starb das Kind früh, hieß es: »Jetzt geht es dem Bäumchen aber schlecht.« Und nicht selten wurde erzählt, daß selbst ein stattlicher Baum plötzlich ohne äußerlich erkennbare Ursache umfiel, wenn der Mensch, mit dem er sein Leben lang verbunden war, starb – auch wenn diese Person inzwischen weit entfernt wohnte.

Zu Beginn des Frühjahres schüttelten die Bäuerinnen ihre Obstbäumchen, um sie aufzuwecken und zum Wachstum und zum Tragen reicher Früchte zu ermuntern. Und um sie am Anfang des Wachstumsjahres zu nähren, wurden sie mit Holunderbrei »gefüttert«.

Viele Menschen fühlen sich zu Bäumen hingezogen. Auch wenn sie diese stattlichen Schöpfungen der Natur vielleicht nicht als beseelt betrachten, so haben Bäume etwas an sich, was sie zutiefst berührt. Das kann der Baum vor der Stadtwohnung sein, der regelmäßig mit Wasser und Aufmerksamkeit versorgt wird, oder die alte Kastanie mit einer Bank darunter, die Linde neben der Dorfkirche, die knorrige Eiche im Wald oder eine Birkenallee. Birken haben eine Vorliebe für das Gemeinschaftsleben und scheinen einander stets Geheimnisvolles zuzuflüstern. Die Linde galt bei den Alten als der Baum, der bei Liebeskummer aufgesucht wurde. Die Eiche gab vor allem jungen Männern Kraft. Die Birke inspirierte Dichter und Denker.

Daß sich die Psyche in der Natur regeneriert, ist allgemein bekannt, weshalb Ärzte depressiven Menschen Spaziergänge im Wald wärmstens empfehlen. Wie sehr aber die Psyche mit der Natur verbunden ist, wissen vor allem die Wetterfühligen, deren Stimmungsbarometer von hellen und trüben Tagen abhängt. Man muß aber gar nicht besonders wetterfühlig sein, um nicht bei verhangenem grauem Regenhimmel bedeutend mehr Schwere im Gemüt zu spüren als bei strahlendem Sonnenschein.

Unsere Alten wußten aber auch, daß im Gegenzug der

Mensch mit emotional geladenen Bitten und Gebeten auf das Wetter einwirken kann. Beim Schleicherlaufen im tirolerischen Telfs, das alle fünf Jahre stattfindet, wird am Morgen vor dem Umzug eine große Sonne durch den Ort getragen, um damit schönes Wetter zu bewirken. Es heißt, seit Bestehen dieses Brauches habe es der Wettergott an diesen Tagen gut mit den Telfsern gemeint.

Das Wissen, daß zwischen Mensch und Wetter eine Wechselbeziehung besteht, hat sich zumindest im Unterbewußtsein bis in die heutige Zeit erhalten. Erst vor einigen Wochen hörte ich, als wieder einmal dunkle Gewitterwolken in den Voralpen aufzogen, wie eine Großmutter zu ihrem kleinen Enkelkind, das gerade Unsinn gemacht hatte, sagte: »Siehst du, weil du nicht brav gewesen bist, schimpft der Himmelvater.«

Beim Anzug grimmiger Wolkenverbände werden verschiedene geweihte Kräuter, die zu Maria Himmelfahrt, dem Tag der Großen Mutter, geweiht wurden, ins Herdfeuer gesteckt. Der aufsteigende Rauch soll die drohenden Wettermächte vertreiben. Dabei bildet das äußere Tun natürlich nur den Rahmen, denn die Wirkung kann nur im Verbund mit einer inneren Anteilnahme, die pulsierende Energie freisetzt, und einer geistigen Konzentration erfolgen. Ein entsprechender persönlicher Dialog mit den Mächten der Natur findet auch bei Wetterwallfahrten statt, wobei um Schutz vor Unwettern und um eine gute Ernte gebeten wird.

Im schweizerischen Kanton Obwalden gibt es noch den seltenen Brauch des »Betrufes«. Es ist ein Brauch der Älpler. Der Senn hatte durch seine Arbeit in der freien Natur seit jeher ein Gespür für die unberechenbaren Kräfte von Wind und Wetter. Von seiner Wahrnehmungsfähigkeit hängt immerhin das Wohl der Herde und damit auch das Überleben seiner Familie ab. So dreht sich seine ganze Sorge um die Gesundheit von Mensch und Tier, und all sein Streben ist, mit den Kräften, die auf der Alm wirken, und mit dem dahinterstehenden Namenlosen und Unbeschreiblichen in Harmonie zu leben.

Jeden Abend, bevor die Nacht einbricht, geht der Senn mit weittönender, halb sprechender, halb singender Stimme über den Almboden, um den Alpsegen zu vollziehen. Vom höchsten Punkt der Alm, umgeben von schroffen Felsen und mächtigen Bergmassiven, ruft er seine inbrünstige Bitte um Schutz und Beistand in alle vier Himmelsrichtungen aus. Um den Ruf zu verstärken, benutzt er einen Seihtrichter, denn es heißt, der Schutz wirkt nur so weit, wie der Ruf des Gebetes reicht. Den Kreis, den der Senn während des magisch klingenden Gebets um seine eigene Achse beschreibt, wird goldener Ring genannt. Mit dem Gebet begibt sich der Senn in einen Dialog mit den wilden Kräften der Natur, die mit der Christianisierung die Namen von Heiligen erhalten haben. So sind es nun der Sant Toni und Sant Wendel und der heilige Landesvater Chlais (Klaus), mit denen er Zwiesprache hält und die er um Besänftigung der Naturriesen bittet. Das Gebet ist aber auch ein Loblied auf die

»liaba Fraiwa« (liebe Frau), die heilige Maria, die hoch oben auf der Alm auf einem goldenen Thron wohnt. So ist im christlichen Brauch die heilige Maria an die Stelle der heidnischen Almfee gerückt, die den segenbringenden und freischweifenden Geist der Erde vertritt.

Der einstige stark gefühlsbetonte Austausch mit der Erde, die als Urmutter aller Naturgeister gilt, läßt sich auch in dem eher unbekannten Brauch des »Frautragens« erahnen, ein Brauch, der im Advent stattfindet und auch Menschen innerlich berührt, die nicht im kirchlichen Sinne religiös sind. In den Ortschaften Leogang und Dienten im österreichischen Salzkammergut sind es Bilder der äußerst seltenen schwangeren Madonna, während es in Thumersbach bei Zell am See vier Madonnenfiguren sind, die in einem Holzkasten von einheimischen Frauen auf dem Rücken von Haus zu Haus getragen werden. Da »die Frau« Glück, Segen und Fruchtbarkeit bringt, wünschen sich viele Ansässige, sie für ein paar Stunden oder über Nacht in ihrem Haus zu beherbergen, wo ein auf liebevolle Weise mit Zweigen, Blumen und Kerzen geschmückter Platz auf sie wartet.

Diese »Kastenfrauen« stehen nicht unter kirchlicher Obhut, sondern sind Privatbesitz, was deutlich darauf hinweist, daß es sich um einen Brauch handelt, der tiefer in der Volksseele verwurzelt ist als kirchliches Brauchtum. Zwar wird von kirchlicher Seite das Frautragen mit dem christlichen Herbergsuchen in Verbindung gebracht, aber über die Fluren wurde bereits in vorchristlicher Zeit die Perchta in ihrem glanzvollen, lichten Aspekt getragen. Tacitus erwähnt den Umzug der Nerthus, der germanischen Mutter Erde, und verheiratete Römerinnen reichten einen schwarzen Stein, den Kultstein der Kybele, von Hand zu Hand weiter. (Dieser wird auch mit dem schwarzen Stein von Mekka in Beziehung gebracht.)

Als im Mittelalter die Natur als Brutstätte der Dämonen gesehen wurde und die Furcht vor magischen Kräften und Verleumdung zum Alltag gehörte, begann man im Zuge des sich verbreitenden Aberglaubens, auf dunkle Wolken zu schießen. Man war der Meinung, daß sich darin eine Hexe verstecke. Ließ sich tags darauf eine Person blicken, die körperliche Verletzungen aufwies, war das ein deutlicher Hinweis, die Hexe entlarvt zu haben, die für das Unwetter oder die Vernichtung der Ernte durch Hagelschauer verantwortlich war. Solcher Aberglaube konnte nur entstehen, da man alles Böse als Manifestation der Natur und ihrer Verbündeten ansah. Und dennoch war in dieser grausamen Denkweise noch altüberliefertes Wissen gespeichert: daß sich Hagel und Unwetter aus jenen Wolken entladen, in denen sich »arge Geister« und entsprechende naturgeistige Atome zusammengerottet haben, und daß zerstörungswütige Sturmgeister widerspiegeln, was Menschen denken und tun.

Der Wahn, der zur Hexenverfolgung führte, beruhte nicht auf der Tatsache, daß Menschen mit ihren psychischen Kräften auf Wetter, Pflanzenwachstum und Gesundheit Einfluß haben, sondern darauf, daß der Mensch den Zugang zum inneren Wirken der Natur und damit großes Wissen und vor allem sein Unterscheidungsvermögen verloren hatte. Erst aufgrund von Unwissenheit konnten sich Angst und Hysterie ausbreiten, wobei andere wiederum die Schwächen der Menschen für Intrigen- und Machtspiele ausnutzten.

Magische Handlungen offenbarten sich auf all meinen Wegen durch Asien, Afrika und Australien. Wer denkt, daß Magie reine Einbildung sei (wobei Einbildung bereits eine ungeheure Kraft darstellt), der ist noch nie einem mächtigen Magier begegnet.

Nie werde ich ein Erlebnis mit einem solchen in Ghana vergessen. Ich war damals offen für alle nur möglichen und unmöglichen, aber vor allem interessanten Dinge im Leben. Doch zugegebenermaßen vermochte ich wohl zu diesem Zeitpunkt noch nicht besonders gut zu unterscheiden. Ich war einfach neugierig und bereit, alles, was sich an Außergewöhnlichem bot, kennenzulernen.

Da thronte also dieser stattliche, imponierende Mann mit einem Leopardenfell über der Schulter. Unterhalb des Fetischpriesters saßen, hierarchisch gereiht, seine Mitarbeiter und Schüler. Ich stellte unterschiedlichste und vermutlich viele dumme Fragen an den großen Meister. Dann schien er plötzlich Lust zu haben, mir – der unwissenden Europäerin – seine Macht unmißverständlich vor Augen zu führen. Und so begann er, mit seinen Schülern wie mit Marionetten zu spielen. Sie gehorchten vollkommen seinen stummen Befehlen. Zwei von ihnen streckte er allein mit seinen Gedankenblitzen zu Boden. Waren sie in der einen Sekunde noch voll von pulsierendem Leben, lagen sie in der nächsten steif und starr wie ein Stück Holz vor mir und rappelten sich erst ein paar Minuten später – auf Geheiß des mächtigen Mannes – vom harten Lehmboden auf. Ich war heilfroh, daß er seine erstaunliche wie auch beklemmende Macht nicht an mir demonstrierte. Damals wurde mir zum ersten Mal bewußt, welche Macht Gedanken haben können. Ich erfuhr, daß dieser Fetischpriester von vielen Menschen gefürchtet war – und ganz offensichtlich mißbrauchte er seine Macht.

Es wird viel von Weißer und Schwarzer Magie gesprochen. Doch das machtvolle Wissen an sich besitzt keine Färbung, die erhält es erst durch die Motivation und den Charakter des Ausübenden. Daß aus anfänglicher Neugierde oft Machtgelüste entstehen können, wußte man in den alten Mysterienschulen. Deshalb wurde nicht nur der Mut, sondern wurden vor allem die Moral und der Charakter der Neophythen auf Herz und Nieren geprüft, bevor sie in die tiefen Geheimnisse des Lebens, des Todes und der gesamten Naturvorgänge eingeweiht wurden. Man führte sie in die Welt der vier Elemente ein, und sie mußten in diesen Bereichen die vier großen Prüfungen bestehen. Daran erinnert auch Mozarts Zauberflöte, in der es heißt:

»Der, welcher wandert diese Straße voll Beschwerden,
Wird rein durch Feuer, Wasser, Luft und Erden …«

Elementale und psychische Umweltverschmutzung

Jene, die in die Reiche der vier Elemente eingeweiht sind, verfügen über großes Wissen, das sie für Heilung, Schutz, aber auch für private Machtkriege, Zerstörung und Schadenzauber anwenden können. Viele Menschen haben Angst vor der Magie. Es ist aber nicht die Magie, die der Mensch zu fürchten hat, sondern entweder das eigene schlechte Gewissen oder die zweifelhafte Moral und die Charakterzüge eines Machtbefugten, der die Magie, ein an sich neutrales Hilfsmittel, nicht für lebensfördernde, sondern für destruktive Zwecke einsetzt.

Eine magische Handlung wird nicht allein durch einen Gedanken wirksam. Dazu kommen müssen das Wissen über die Naturgesetze, Willensimpulse, Konzentrations- und Visualisationsfähigkeit sowie eine entsprechende emotionale Ladung. Es ist also eine Kombination physischer, psychischer, mentaler und ätherischer Kräfte, die Wirkung erzielt. Im Grunde genommen ist jeder gefühlsgeladene Gedanke, jedes inbrünstige Gebet bereits eine magische Handlung.

Viele Magier nehmen für ihre vielseitigen Aufgaben die Hilfe eines Verbündeten in Anspruch. Das kann ein dienstbarer Naturgeist sein, oder sie erschaffen sich ein Elemental. Elementarwesen und Elementalwesen werden oft verwechselt, und in der Auslegung der beiden Begriffe gibt es Verwirrung. So beschreiben Theosophen Elementale als Naturgeister, das heißt als »Wesen, die einen Zyklus evolutionären Wachstums beginnen und sich im elementaren Wachstumszustand befinden«. Elementarwesen sind für sie »die entkörperten Seelen, die zu irgendeiner Zeit vor ihrem Tode ihren göttlichen Geist von sich selbst getrennt und so ihre Aussicht auf Unsterblichkeit verloren haben« (H. P. Blavatsky).

Aber der allgemeinen gegenwärtigen Auffassung nach wird die Bezeichnung *Elementargeist* oder *Naturgeist* für jene Wesen gebraucht, die den vier Elementen entstammen. Und mit *Elementalen* sind energetische Formen gemeint, die durch Impulse, Gedanken und Gefühle geschaffen werden. Im Grunde genommen erzeugen wir unentwegt durch unser Denken und Empfinden Elementale, die wie jede Schwingung, die wir aussenden, auf der Äther-, Astral- und Mentalebene Form annehmen und ihrer Ladung entsprechend wirken. Aus theosophischer Sicht erhält eine Gedankenschwingung erst Form, wenn sie mit der Elementalessenz der Astral- oder Mentalwelt zusammentrifft.

Franz Hartmann hat die Aussage eines Adepten über Elementale festgehalten: »Jeder Gedanke, den der Mensch denkt, geht, sobald er ausgebildet ist, in eine andere (feinstoffliche) Welt über und wird dort eine selbständige Individualität, indem er sozusagen mit einem mit seiner Natur korrespondierenden Elemental zusammenschmilzt ... Dort lebt er als eine tätige Bewußtseinsform, als ein Produkt des Gemütes, eine längere oder kürzere Zeit, je nach der Intensität der Gehirntätigkeit, die ihn schuf. So wird ein guter

Gedanke zu einer wohltätigen Macht und ein böser zu einem boshaften Dämon. Auf diese Art bevölkert der Mensch fortwährend seine Daseinssphäre mit den Geburten seiner Fantasie, Vorstellungen, Begierden und Leidenschaften, und diese Ausflüsse wirken wieder auf sensitive Gemüter, mit denen sie in Berührung kommen, im Verhältnis zu den darin enthaltenen Energien.« (Zitiert nach Karl Spiesberger: *Naturgeister.*)

Freundliche und fröhliche Gedanken erzeugen freundliche und lebensaufbauende Elementale, dagegen erschaffen wir mit Zorn, Aggression, Neid oder Rachsucht entsprechend häßliche Ausgeburten, die sich wiederum mit gleichschwingenden Naturgeistern oder naturgeistigen Potenzen verbinden. Je stärker die Gedanken und leidenschaftlicher, ängstlicher, heftiger die Gefühle sind, desto mächtiger wird das Elemental, das sich oft an den Menschen hängt und dessen Charakter beeinflussen kann. Menschen, deren Aura nicht geschlossen ist, sind besonders gefährdet, da sich Elementale gern darin einnisten. Vor allem Channel-Medien und andere sensitive Menschen sollten deshalb bei ihrer Arbeit unbedingt Schutzgeister mit einbeziehen.

Nach Daphne Charters können bösartige Elementale auch reine Naturwesen wie zum Beispiel Feen bei ihren Aufgaben stark behindern oder gar deren Tätigkeit oft auf Jahre hinaus lähmen. Daß Feen mit zerstörerisch wirkenden Kräften zu kämpfen haben, darauf weist auch ein alter Holzknechtbrauch in Kärnten hin, der noch bis in unser Jahrhundert hinein praktiziert worden ist. Drei Kreuze kerbten die Holzknechte mit ihrer Axt in Baumstümpfe ein, um damit den Waldfeen eine Schutzzone vor der Wilden Jagd, den entfesselten Naturkräften, in denen auch ruhelose Seelen wirken, zu bieten.

Elementale sind vergängliche Formen. Sie können sich bereits nach wenigen Stunden wie Rauch im Wind auflösen oder auch jahrelang existieren. Manche leben sogar Tausende von Jahren, wenn sie zum Beispiel von Magiern in Materie gebannt wurden. Elementale können in Masken, Amuletten, Schmuck, Waffen, Fahnen, Statuen oder Obelisken eingeschlossen sein, um dem Schutz, dem Frieden, der Heilung oder auch der Zerstörung zu dienen. Auch Naturwesen können durch einen Magier an einen bestimmten Gegenstand gebunden werden und dienen auf Abruf dem Besitzer des Gegenstandes.

Derartige Praktiken sind in Asien und Afrika noch gang und gäbe. Auf diese Weise bearbeitete Gegenstände strahlen auf ihr Umfeld das aus, womit sie programmiert sind. So hat man manchmal in Museen das Gefühl, daß bestimmte Statuen ein Eigenleben besitzen. Elementale erhalten erst durch eine gefühlsbetonte Visualisation die notwendige Dynamik. Es heißt, daß Naturgeister bei solchen Schöpfungen mitunter behilflich sind und das Elemental unterstützen.

In kabbalistisches Wissen eingeweihte Rabbiner sollen dem Golem ähnliche Diener aus Lehm geschaffen haben, die von riesiger Statur waren und enorme Kräfte besaßen. Sie wurden als eine Art Knecht eingesetzt und erledigten widerstandslos alle aufgetragenen Aufgaben.

Eine ungewöhnliche Sage über einen belebten Gegenstand entdeckte ich im Land Tirol. Sie erzählt von Cyrill und Pedro, zwei groben und fremden Holzknechten, die sich über den Winter auf der Saubach-Alm in die verlassene Sennhütte einquartierten. Für die Koch- und Putzarbeit nahmen sie den jungen Waldknecht Martel mit. Abends erzählten sich die beiden Fremden wilde und unheimliche Geschichten. Als dann alle Geschichten erzählt waren und es ihnen langweilig wurde, hatte Cyrill die Idee, einen Hoazl zu machen. Hoazl nennt man klobige Holzfiguren, die aus einem Holzscheit geschnitzt werden und den Almgeist darstellen sollen. Cyrill wollte einen solchen Geist besitzen, mit dem er alles anstellen konnte, was er wollte. »Er muß dann gehorchen«, sagte er.

Dem Martel wurde ganz ängstlich zumute, als Cyrill anfing, den Hoazl zu schnitzen. Dabei entstanden ein unförmiger Kopf, ein breiter Mund und große Augen, die starr vor sich hin blickten. Das Wesen schien nicht glücklich zu sein, zu dieser Almhütte zu gehören.

Höhnisch lachend zogen die beiden Holzknechte dem Hoazl eine zerlumpte Jacke an und setzten ihm einen Hut auf, der sieben Löcher hatte. Dann setzten sie den Hoazl auf einen Stuhl am Tisch und schoben ihm einen Löffel voll Suppe in den Mund. Aber der Hoazl bewegte sich nicht und blieb stumm. Doch dem Martel war es, als würden dessen Augen noch größer werden. Schließlich gossen die beiden rohen Gesellen dem Hoazl den ganzen Teller Suppe ins Gesicht und lachten über ihre Bosheit. Dem Martel grauste es dabei.

Am nächsten Abend trieben es die beiden noch schlimmer mit dem Hoazl. Sie befahlen ihm aufzustehen, und als der starre Almgeist nicht folgte, schlugen sie ihm ins Gesicht. Dann hatte Cyrill die Idee, den Hoazl ins Feuer zu stecken und zu braten. Die Jacke und der Hut fingen sofort Feuer, und das hölzerne Gesicht glühte bereits rot auf, als der Martel dem bösen Treiben nicht mehr zusehen konnte und den Hoazl aus dem Feuer holte. Die beiden groben Männer legten sich nieder, um ihren Rausch auszuschlafen. In der Nacht erwachte der Martel, da er seltsame Geräusche in der Stube hörte. Die Schritte klangen, als würde jemand das Gehen lernen. Der Martel sah neugierig nach und entdeckte, daß der Hoazl rund um den Tisch tappte. Dabei wuchs mit jedem Schritt seine Gestalt, und bald war er größer als der Martel. Dieser wurde von dem lebendig gewordenen Almgeist zur Seite geschoben, und Martel sah, wie der Hoazl nun den schlafenden Cyrill hochhob und ins Freie beförderte. Cyrill begann zu winseln, aber das half gar nichts mehr. Er wurde von dem wütenden Hoazl wie ein leichtes Bündel über das Almdach geworfen und kam so zu Tode. Dann packte der Almgeist den Pedro, der zu entwischen versuchte, und zerriß ihn in hundert Fetzen, die im Sturm- und Schneewirbel fortflogen.

Eine Geschichte, die klar darauf hinweist, daß der Umgang mit Elementalen und Elementargeistern den »Meistern« moralische Verantwortlichkeit abverlangt, oder sie werden selbst von ihren ins Leben gerufenen Geistern beherrscht.

Alexandra David-Néel, die bekannte Forscherin und Schriftstellerin, erwähnte, daß sie sich während ihres langen einsamen Aufenthaltes in einer hohen Himalayaregion mit der Zeit sehr allein gefühlt und nach einem Gefährten gesehnt habe. So begann sie, mit der Kraft ihrer Gedanken ein Wesen zu erschaffen, das ihr Gesellschaft leisten sollte. Das gelang ihr, doch bald wurde dieser Geist zu aufsässig, und sie wollte ihn wieder loswerden. Dabei mußte sie jedoch feststellen, daß es leichter gewesen war, ihn zu erschaffen, als ihn wieder aufzulösen.

Und wie heißt es doch in Goethes Zauberlehrling:

»Die ich rief, die Geister,
Werd' ich nun nicht los …«

Dr. Rizzi berichtet in seinem Buch, daß zum Beispiel die alten Sumerer und Babylonier bestimmte Legierungen, Steine oder Keramiken fast bis zur Verkohlung erhitzten, um mächtige Naturgeister in ihre Statuen zu bannen. Auf diese Weise konnte ein Elementarwesen jahrtausendelang aktiv bleiben.

Es heißt, daß auch das Grab von Tutanchamun im ägyptischen Theben einen magischen Schutz besaß, und bei der Öffnung des Grabes, die den Frieden des toten Pharaos störte, sollen mächtige Rachegeister in die Welt hinausgeströmt sein.

Die Griechen nannten ihre Rachegöttinnen Erinyen. Sie entstanden aus den Blutstropfen von Uranos, die auf die

Erde fielen. Wer die ethischen Gesetze einhält, dem sind sie wohlgesinnt und zeigen sich von ihrer gütigen Seite, bringen Segen, Fruchtbarkeit und Gesundheit. Aber furchtbare und gnadenlose Rache nehmen sie an all jenen, die Unrecht getan und die Ordnung einer Gemeinschaft gestört oder gar den Tod eines anderen Menschen verursacht haben. Dann kräuseln sich auf ihren Köpfen Schlangenleiber, und in ihren Händen schwingen sie flammende Fackeln. Mit wutverzerrtem Gesicht und ohne Mitleid jagen sie durch schwarze Nacht und über wogende Meere hinweg, um das Gewissen von Mördern und Frevlern zu quälen und die Übeltäter letztendlich zur Strecke zu bringen. In der römischen Mythologie werden die Erinyen zu den zürnenden Furien, von denen es heißt: »Wehe, wenn sie losgelassen ...«

Leopold Brandstätter, Verfasser von Einführungsschriften in Agni-Yoga, beschreibt eine Erinye als Gedankengestalt: »Ein greller Gedanke, der mit einer besonderen Aufgabe bewußt gesendet wird, läßt aus der mentalen Materie ein lebendiges welträumliches Wesen entstehen, welches bestrebt ist, die in sie hineinversetzte Idee zu verwirklichen – im guten und bösen Sinn ... Sie unterscheiden sich von sämtlichen anderen lebenden Wesenheiten der mentalen Ebene dadurch, daß sie auf Fragen nicht antworten können; denn sie besitzen kein Zentrum des Bewußtseins, leben bloß zu dem Zweck, für den sie geboren wurden, und wirken nur bis zur Vollstreckung ihres Auftrages.«

In islamischen Ländern werden solche Rachegeister Dschinnen genannt. Diese »Geister der furchtbaren Art«

sollen die Gräber im ägyptischen Tal der Könige und die umgebenden Felshöhlen bevölkern. Ein befreundeter Sheik hat angeblich aufgrund seines mystischen Wissens den Archäologen Howard Carter mit Schutzelementalen vor der Rache der Dschinnen bewahrt, die an all den anderen, die der Öffnung und Erforschung des Grabes von Tutanchamun beigewohnt hatten, Rache vollzogen. Die Entdeckung des Grabes und die darauffolgenden rätselhaften Todesfälle hielten in den dreißiger Jahren die Welt in Atem.

Howard Carter hatte im Auftrag von Lord Carnarvon das Grab des legendären, jung verstorbenen und vermutlich ermordeten Tutanchamun gesucht, das er schließlich 1922 entdeckte. Im darauffolgenden Jahr fand die Graböffnung statt, an der etwa zwanzig Personen teilnahmen. Sechs Wochen danach erkrankte Lord Carnarvon und starb. Seine Todesursache ist niemals eindeutig geklärt worden. Die einen sagen, es sei eine Blutvergiftung gewesen, andere meinen, es habe sich um eine Lungenentzündung gehandelt. Bald danach starben ebenso an unerklärlichen Fieberschüben der Arzt, der die Mumie des Pharaos geröntgt hatte, zwei weitere Archäologen und der Konservator des Metropolitan Museums, der gemeinsam mit Carter die Grabkammer geöffnet hatte.

Wissenschaftler atmeten erleichtert auf, in der Meinung, endlich den Fluch der Pharaonen naturwissenschaftlich aufklären zu können, nachdem 1962 der ägyptische Biologe Dr. Ezzedin in den Grabkammern Krankheitserreger entdeckt hatte, die sich über Jahrtausende hinweg aktiv halten und

Ursache fiebriger Entzündungen sein können. Doch kurz nachdem Dr. Ezzedin seine neue Erkenntnis an die Öffentlichkeit getragen hatte, kam er bei einem Autounfall ums Leben.

Innerhalb des erwähnten Personenkreises gab es außerdem eine Reihe von Todesfällen, die nicht im Zusammenhang mit einer fiebrigen Erkältung standen. Da war der Halbbruder von Lord Carnarvon, dessen Geist sich umnachtete und der schließlich Selbstmord verübte. Nachdem Carters Sekretär gestorben war, stürzte sich dessen Vater aus dem Fenster, und Lady Elisabeth Carnarvon starb an den Folgen eines Insektenstiches. Im Jahr 1930 war Howard Carter der einzige, der aus dem scheinbar dem Tode geweihten Menschenkreis noch lebte.

Mysteriöse Vorfälle geschahen zudem in der Nacht, als Lord Carnarvon in einem Kairoer Krankenhaus starb. Da sollen alle vier Elektrizitätssysteme der Stadt gleichzeitig ausgefallen sein, und sein Terrier, der sich auf Carnarvons Landsitz Highclere Castle befand, soll kurz nach dem Tod seines Herrn leblos umgefallen sein. Unheimlich waren Carnarvons gestammelten Worte, die eine Krankenpflegerin vernommen hatte: »Mein Gesicht wird von einem Vogel zerkratzt.«

Diese Worte ließen Ägyptologen aufhorchen, da auf einer Tontafel, die sich im Grab von Tutanchamun befand, stand: »Der Tod wird auf schnellen Schwingen den ereilen, der die Ruhe des Pharaos stört.«

Über dem Fußende des Sarkophages breitete eine geierköpfige goldene Göttin Arme und Flügel über die Mumie von Tutanchamun aus. War es der persönliche Schutzgeist der ägyptischen Gottkönige, der mit Hilfe der Dschinnen Rache nahm?

Mit besonderen Schutzelementen sind ebenso die Traumzeitstätten der Aborigines versehen, und fremde Besucher dürfen – allein schon zu ihrer Sicherheit – nur solche Plätze besuchen, die »entschärft« wurden.

In der Steiermark spürte ich rund um Hügelgräber eine Reizzone, so als wäre dort eine magische Barriere errichtet worden. Es schien, als hätte man mit einer psychisch-mentalen Programmierung diese Ruhestätten geschützt. Anfangs zweifelte ich zwar an meinen Empfindungen, aber später erfuhr ich im Kontakt mit Radiästheten, daß sie ähnliche Phänomene festgestellt hatten.

Viele alte Statuen in Kirchen, Kapellen oder Klöstern erhielten vermutlich heil- und segenbringende Aufladungen, wenn sie aufgestellt wurden. Damit sind jene Bilder und Figuren gemeint, denen Wundertätigkeit zugeschrieben wird. Zusätzlich werden sie noch durch die liebevolle Zuwendung oder innige Konzentration der Gläubigen aufgeladen. Derartig geballte Gedankenkonzentrationen tragen zu den sogenannten morphogenetischen Feldern bei, die zur Zeit großes Interesse erwecken.

Man hat festgestellt, daß Orte all die Schwingungen von Ereignissen, die im Laufe der Zeit dort stattfanden, speichern und diese wieder auf ihr Umfeld ausstrahlen. Ein Beispiel sind alte Wallfahrtsorte, die eine besonders erhebende Atmosphäre besitzen. Andererseits gibt es Plätze, an denen sich Menschen gar nicht wohl fühlen, das sind zum Beispiel ehemalige Galgenhügel, Schlachtfelder oder alte Häuser, in denen Morde passiert sind. Noch Jahrhunderte später werden dort Menschen von einem beklemmenden Gefühl befallen.

Daß Gedanken Welten gebären können und jeder Handlung ein Gedanke vorausgeht, hat fast jeder schon einmal gehört. Aber solche Wahrheiten lassen die meisten Menschen nur oberflächlich an sich herankommen, erscheinen sie doch in einer Zeit, in der wir uns von den Gesetzen und Geheimnissen der Natur, aber auch von geistig-spirituellen Welten entfernt haben, zu abstrakt. Und bei dem heute weitverbreiteten Lebensmotto »Ich mache, was ich will, und wenn rundherum die Welt zugrunde geht«, dürften Begriffe wie Elemental, Schattenkörper, zweiter Tod oder gebannte Geister absurd, bizarr, unwirklich, fremd und jenseits aller Vernunft erscheinen.

Aber gerade in der gegenwärtigen Zeit, in der Aggressionen, Selbstsucht, Verfall sozialer Bindungen, Unsicherheiten, Ängste und Depressionen in einem bedenklichen Ausmaß zunehmen, sollten wir vielleicht doch der ungeheuren Kraft unserer eigenen Gedanken und Gefühle und ihren Auswirkungen auf die sichtbare und unsichtbare Umwelt wieder ein Augenmerk schenken und erkennen, was wir mit diesen Kräften anrichten können.

Vor der Macht der Gedanken und ihrer Niederschläge haben alle Menschen auf dieser Welt, die noch nicht von der westlichen Zivilisation umprogrammiert wurden, großen Respekt. Im jahrelangen Umgang mit anderen Kulturen ist mir immer wieder die große Bedeutung und Wirkkraft von Gedanken bewußt geworden. In afrikanischen und asiatischen Ländern stoßen wir als Europäer mit unserer Neigung zu Ungeduld, Gereiztheit oder gar Wutausbrüchen auf großes Unverständnis, da die Einheimischen großen Wert auf einen freundlichen oder zumindest höflichen Umgang mit anderen Menschen legen, denn jeder weiß, daß unkontrollierte Gefühlsausbrüche auf einen selbst zurückfallen. Eine harmonische Lebenshaltung ist demnach der beste Schutz vor einem Angriff böser oder rachsüchtiger Geister, die zum Beispiel Krankheit, Unbehagen oder Unruhe hervorrufen können.

Wenn Angst auch als eine niedere Motivation erscheinen mag, um die Menschen zu einem freundlichen Umgang miteinander zu bringen, so wird ein auf Harmonie ausgerichtetes Verhalten doch zur Gewohnheit und zu einer Selbstverständlichkeit – allein schon aus der Erfahrung heraus, daß man sich so wohler fühlt.

Auch bezüglich Krankheit haben Asiaten und Afrikaner eine andere Einstellung als wir Europäer. Während wir nach biologischen Ursachen forschen, fragen sie sich: »Habe ich über jemanden etwas Schlechtes gedacht? Bin ich mit irgend jemandem nicht im Ausgleich? Habe ich jemandem böse Gedanken geschickt?«

Vielleicht ist es nicht einmal das schlechte Gewissen, das sich dabei regt, aber es ist zumindest die Erinnerung, daß jeder Gedanke, den man aussendet, zu einem selbst zurückkehrt. Eine Krankheit wird als Mahnung verstanden, da das Gesetz der Natur offensichtlich mißachtet wurde. Die Betroffenen werden versuchen, sich mit denen zu versöhnen, mit denen sie in Zwistigkeit leben; auch mit Ahnen und Geistern, die sie nicht geehrt haben, und mit ihren Göttern, weil sie vielleicht Unrechtes getan oder gedacht haben.

Die Vorstellung, daß man durch sein eigenes Denken und Tun an einer Krankheit oder einem Mißgeschick mitverantwortlich sein könnte, schieben die Menschen in unseren Breitengraden weit von sich. Solche Gedanken näher heranrücken zu lassen würde schließlich die Erkenntnis aufkeimen lassen, an sich selbst arbeiten zu müssen. Da ist es schon bequemer, als Kranker einen Arzt, Therapeuten oder Wunderheiler aufzusuchen – und wer religiös ist, bittet den lieben Gott um Hilfe.

Mit unseren Gedanken und Gefühlsausbrüchen produzieren wir unentwegt Funken, die sich ähnlich wie Radiowellen in alle Richtungen ausbreiten. Unvorstellbar? In Wien, wo ich aufgewachsen bin, besänftigt man Streithähne mit dem Ausspruch: »Schlagt's doch keine Wellen!«

»Gedanken sind wie Heuschrecken – einzeln harmlos, aber wenn sie sich zusammenrotten, werden sie zu einer vernichtenden Macht.« Dieser Ausspruch stammt von Karl Brandstätter, und wir können tatsächlich spüren, wenn zwei sich streiten, und selbst durch Wände hindurch fühlen wir, wenn sich eine Ladung zusammenballt beziehungsweise dicke Luft herrscht.

Gedanken können die Atmosphäre eines Raumes beeinflussen; sie können uns anziehen oder abstoßen. Sie können die Luft im Raum schwer oder leicht machen. Wer sich mit Radiästhesie oder Geomantie beschäftigt, weiß, daß der Mensch ein Ort der Kraft ist und als solcher in Resonanz mit seiner Umwelt steht. Das heißt, daß er mit seinen Neigungen, Gefühlen, Stimmungen, mit seiner Lebenshaltung sein eigenes Energiefeld stärken, schwächen oder halten kann und zur Qualität eines Raumklimas entsprechend beiträgt. An Plätzen, wo er sich regelmäßig aufhält, wirkt sein selbstgeschaffenes Energiefeld auf ihn ein – auch nachts auf den Schlafplatz. (Es sind nicht immer nur Erdstrahlen, die störend wirken.)

Ist also jemand ein sehr freundlicher, humorvoller und liebenswerter Mensch, hat man in seiner Nähe stets das Gefühl, daß die Sonne scheint. Jede Art von Lebensbejahung wirkt aufbauend und steigert die Abwehrkräfte. Wer dagegen depressiv und ängstlich ist, wird kraftlos, ist leichter beeinflußbar oder gar manipulierbar, und sein Immunsystem wird erheblich geschwächt. Menschen, die sich stets aggressiv, gereizt, launisch, unzufrieden oder mißtrauisch verhalten, vergiften im wahrsten Sinne des Wortes ihr Umfeld und tragen zur psychischen Umweltverschmutzung bei, das heißt, daß sie mit den »Wellen«, die sie »um sich schlagen«, auch zum Unbehagen ihrer Mitmenschen, vor allem ihrer Lebenspartner, beitragen.

Wie sehr unsere Lebenshaltung auch auf Naturwesen Einfluß nimmt, bringt Marko Pogačnik mit folgenden Sätzen zum Ausdruck: »Die negativierten Schwingungswellen prallen auf das Bewußtsein der Elementarwesen, das dadurch in die Gefahr gerät, verdunkelt und verdreht zu werden. Besonders verheerend sind die Folgen von Raumstörungen aufgrund von massenhaft ausgestrahlten negativen Gefühlen wie Haß oder Furcht. Da die Elementarwesen ihr Bewußtsein auf der Gefühlsebene angesiedelt haben, reagieren sie besonders empfindlich auf solche Angriffe. Elementarwesen können nicht aus sich heraus negativ ausgerichtet sein. Sie besitzen keinen freien Willen ... Wenn sie dämonisch auftreten, so ist das immer ein Hinweis darauf, daß sie durch zerstörerisches Handeln oder gefühlsmäßige Belastung von seiten des Menschen dämonisiert worden sind. Durch den Druck, der diesbezüglich auf sie ausgeübt wurde, wird ihr Identitätscode verdreht. Infolgedessen werden sie aus ihrer natürlichen Bahn herausgeworfen und beginnen dann ihrerseits, die Negativität, deren Opfer sie sind, verstärkt in den Raum zurückzuprojizieren.«

Immerhin tun wir inzwischen einiges, um die äußerliche Verschmutzung unserer Umwelt zu bekämpfen. Warum sollte uns nicht demnächst auch die gewaltige Kraft unserer Gedanken bewußt werden, und warum sollte nicht auch in unseren Schulen neben Mathematik, Geschichte und Physik lebensaufbauendes Denken zum Lehrplan gehören? Vielleicht wird es eines Tages sogar ganz selbstverständlich sein, mit den unsichtbaren Verunreinigungen aufzuräumen, die von psychisch-mentalen Abfällen stammen, und entsprechend Vorsorge zu tragen.

Mit einem derartig veränderten Bewußtsein wird uns dann die nachschwingende Energie »astraler Leichname« oder »psychischer Kadaver« sowie die permanente Erzeugung von Elementalen erfaßbarer.

So mögen uns sowohl spirituelle Offenbarungen als auch Sagen, Mythen und überliefertes Brauchtum daran erinnern, daß jeder einzelne mit seinem Denken, Fühlen und Handeln zur Raum- und Weltatmosphäre und damit zur Entwicklung des Planeten Erde beiträgt – daß jeder einzelne das Weltgeschehen mitkreiert. Wir sollten erkennen, daß alles Energie ist, daß alle Lebensformen nur Verdichtungen bestimmter Schwingungen sind, daß alles einander durchdringt, sich wieder löst und nach neuen anziehenden Partnern sucht – daß letztlich alles ein ewiges Spiel der Atome ist. Gedankenfunken, ausgesandt von Menschen und Engelwesen, astrale Miniklümpchen sowie naturgeistige Splitter und Fetzchen – sie alle umkreisen einander, finden zusammen, umarmen sich, wirken eine Zeitlang miteinander und lassen einander wieder los, um sich aufs neue zu formieren und Neues auszuprobieren.

Vor kurzem hatte ich einen wunderbaren Traum. Ich sah Milliarden winziger Pünktchen – golden glitzernd wie Sonnenfunken oder in die Farben des Regenbogens getaucht. Sie drehten und bewegten sich in einem fort, dann begannen sie, sich zu sammeln, wobei jedes einzelne Fünkchen weiterhin eigenständig in dynamischer Bewegung blieb. Schließlich vereinten sie sich in harmonischer Anordnung und bildeten in ihrer Verdichtung unzählige Blüten- und Blätterformen. In meinem Traum gab es keine Wertung, nur Anziehung und Ausdehnung, nur ein einziges Schwingen und Tanzen.

Begegnung mit Naturwesen

Zwischen Sehnsucht und Konsum

»Was, du hast noch keinen Zwerg gesehen?« – Sollte Sie eine derartige Frage verwundern, dann haben Sie wohl noch nie an einer Zwergen- oder Elfenwanderung teilgenommen. Solche Veranstaltungen liegen aber ganz im esoterischen Trend. Darüber hinaus hatten Zwergenfeste und Zwergenausstellungen 1994 – zumindest in Österreich – Hochsaison. Schlösser und Burgen wurden in Märchenszene gesetzt – Veranstaltungen, die nicht nur den Kleinen Spaß machten. Die Sehnsucht nach Naturgeister-Romantik ist erwacht, und Ausstellungsbesucher ließen sich von Zwergengeschichten bezaubern, die das farblose Alltagseinerlei oder den Berufsstreß für ein paar Stunden vergessen ließen.

Zwerge werden auch in der Tourismus-Werbung eingespannt. So warb man rund um den Grimming, den mächtigen Berg im steirischen Ennstal, für »Kulturradwege ins Zwergenland«. Und als auf Schloß Trautenfels die Erste Internationale Zwergenakademie stattfand, gab es in der Gastronomie Rezepte nach Zwergenart. Da wurden Knödel serviert, die aus der guten Zwergenküche stammen sollten. Zwerge wecken jedenfalls den Sinn für Humor. Und der zeigte sich auch in der Initiative »Gartenzwerge gegen die EU«.

Naturgeister gehören neben Geysiren und Vulkanen schon seit langem zu den touristischen Attraktionen Islands. »Island ist Elfenland« heißt der Slogan, mit dem auf die abseits liegende Insel aufmerksam gemacht wird. Um Zwerge und Elfen leichter aufspüren zu können, ist im isländischen Fremdenverkehrsministerium eine Elfenkarte erhältlich, auf der genau eingezeichnet ist, wo sich die verborgenen Welten der Gnome, Trolle, Lichtfeen oder der Huldufolks, der »versteckten Leute«, befinden.

Diese Karte wurde von Erla Stefansdottir, der Elfenbeauftragten des städtischen Bauamtes von Reykjavik, angefertigt, um einer Nachfrage der Einheimischen entgegenzukommen. Bauunternehmer wie Privatleute richten sich nun nach Erlas Hinweisen, um die Wohnstätten der Elfen und Gnome nicht zu zerstören, denn diese können schlimme Vergeltung üben. Darüber gibt es unzählige Geschichten. Zum Beispiel wurde eine Straße gebaut, ohne auf die Aufenthaltsorte der Elfen Rücksicht zu nehmen. Daraufhin brachen die Zähne der Baggerschaufel ab, die sich schließlich auch noch in zwei Teile spaltete, worauf der Baggerführer aufgegeben haben soll.

An einen Elfenprotest in den vierziger Jahren erinnert ein Felsblock im Zentrum der Hauptstadt. Nebenan gab es damals eine Hühnerfarm, die vergrößert werden sollte. Der Geschäftsführer hatte einen Traum, in dem er von einer Huldufolk-Frau gebeten wurde, den Fels, der ihr als Wohnstätte diente, nicht zu zerstören. Die Bäckerinnung, der die Farm gehörte, hielt das für puren Unsinn, worauf die tausend Hühner keine Eier mehr legten. Untersuchungen brachten keine Erklärung des Phänomens. Nachdem die Hühner einige Wochen lang »gestreikt« hatten, stand die Farm fast vor dem Bankrott. Mit Hilfe eines Mediums wurde schließlich mit den Huldufolks Kontakt aufgenommen – und der Fels blieb unangetastet an der Stelle, wo er noch immer steht.

Isländische Elfen sollen sich heute noch zu Kooperationen bereit erklären und lassen sich auf »Pressekonferenzen« ein, um gemeinsam mit den Menschen bei auftauchenden Problemen Lösungen zu finden.

In Reykjavik gibt es eine private Schule für Elfenkunde, die von dem Historiker Magnus Skarphedinsson betrieben wird. Seine Meinung ist: »Wenn Menschen Elfen nicht sehen können, muß das nicht bedeuten, daß es sie nicht gibt.« Er bietet Kurse an, in denen mit Hilfe eines Mediums die Kommunikation mit Naturgeistern möglich gemacht wird. In Wien ist es Lotte Ingrisch – eine bekannte Schriftstellerin mit sensitiver Gabe, die sich eingehend mit dem Keltentum und der Natur beschäftigt –, die im österreichischen Waldviertel auf liebevolle Weise in Workshops lehrt, wie man Naturwesen begegnen kann. Und in München ist es Astrid Büngen, eine Naturinterpretin, die »Zwergenwanderungen« im Kreis Bad Tölz oder im Nymphenburger Park führt. Beruflich ist sie als Bauleiterin und Planerin im landschaftsgärtnerischen Bereich tätig. Sie erzählte, daß ihre Zwergensichtigkeit von einem Tag auf den anderen einfach da war, nachdem sie ein intensives kinesiologisches Trainingsprogramm durchgeführt hatte.

Ich glaube, daß in einer Welt, in der Menschen Zeit und Muße finden, an Zwergen- und Elfenwanderungen teilzunehmen, noch nicht alles verloren ist. Es muß wohl an der Entzauberung unseres Alltags liegen, daß das Bedürfnis wächst, wieder dem Geheimnisvollen auf die Spur zu kommen. Vom Zwergen- und Elfenrausch erfaßt, wollen einige jedoch um jeden Preis einen Geist der Natur erlauschen. Dabei nehmen sie alle Mühen auf sich: Stundenlang harren sie auf einer Lichtung aus, schauen wie gebannt über Grashalme und Baumwipfel, suchen die Aura eines Gänseblümchens – die Augen brennen, die Gelenke sind schon steif, das Rückgrat schmerzt –, bis dann endlich ein Schatten oder ein lichter Nebelstreif auftaucht oder Regenbogenfarben zu wogen beginnen. Da, ein großer Schmetterling – oder gar ein Elf? Doch um der Welt der Elfen und Feen wirklich näherzukommen, heißt es sich selbst zu öffnen wie eine Blüte dem Licht.

Mir wurde auch von Seminaren berichtet, in denen Elementargeister von den Teilnehmern nicht nur im nächtlichen Wald aufgespürt werden sollen, sondern die Teilnehmer auch ermutigt werden, ein Naturwesen, das einem über den Weg läuft, mit ins Seminarhaus zu bringen. Mißverstandenes Schamanentum? Wohin soll das führen? Sollen Zwerge demnächst als Sammelobjekte nach Hause gelockt und dann entsprechend dem Nützlichkeitsdenken unserer Zeit zu Diensten gezwungen werden? Etwa in dem Sinne: »Heißt es denn nicht, Zwerge seien emsig und hurtig und die Arbeit würde ihnen spielend von der Hand gehen? Na also, du Zwerg, dann könntest du dich gleich doch einmal um die

Rosen kümmern, und bemüh dich, daß der Kohl ein bißchen größer wächst. Und die Radieschen könnten auch knackiger sein. Ich verstehe ja, daß du lieber im Wald mit den Rehen und Elfen spielen würdest, aber es kann dir doch nichts ausmachen, ein paar Zwergenjahre bei mir zu verbringen. Ich verspreche dir auch, dich freizugeben, sobald der Zwergentrend vorbei ist. Was soll ich denn auch mit einem Zwerg? Ich glaub' sowieso nicht daran – ich bin doch nicht verrückt!«

In der Regel begnügen sich die Teilnehmer der Zwergen- und Feenwanderungen allerdings damit, einen stimmungsvollen Spaziergang in der Natur zu unternehmen und frische, reine Wald- und Wiesenluft zu atmen und langsam das neue Naturgefühl auf sich einwirken zu lassen. Der Sinn solcher Zwergenwanderungen ist in erster Linie, der Natur wieder achtsam und mit Respekt zu begegnen.

Findhorn – im besten Einverständnis mit Naturgeistern

Wie könnte man ein Buch über Naturgeister schreiben, ohne Findhorn zu erwähnen: Die Findhorn-Gemeinschaft wurde 1962 an der kalten, windgebeutelten Nordküste Schottlands, umspült von der rauhen Nordsee, gegründet. Berühmt wurde Findhorn als Zaubergarten, in dem übergroße, bis zu zwanzig Kilogramm schwere Kohlköpfe, dreißig Kilogramm schwere Broccoli- und zweieinhalb Meter hohe Ritterspornpflanzen wachsen und Rosen im Schnee blühen. Gemüse und Blumen gedeihen dort prächtiger als anderswo – und das auf Sandboden, auf dem normalerweise außer Stechginster und stacheligem Gras nichts sprießt.

Hier passierte etwas, was allen Grundregeln des Gartenbaues spottete. Von diesem schottischen Garten Eden wurden unzählige Menschen aus aller Welt, darunter viele Gartenbauexperten und Biologen, angezogen, und die Besucher bestaunten das nach rationalem Verständnis Unfaßbare. Findhorn war ein Rätsel und ein Wunder, da mußten selbst Skeptiker klein beigeben.

Über den Zauber von Findhorn berichtet Paul Hawken auf sensible und anschauliche Weise in seinem gleichnamigen Buch. Es ist ein spannender und einfühlsamer Bericht, der mir Findhorn – auch wenn ich nie dagewesen bin – persönlich sehr nahebrachte und mich innerlich teilhaben ließ.

Die Menschen, die in Findhorn zusammenkamen, waren keine ausgeflippten Aussteiger, sondern bewußte Umsteiger. Menschen, die von Toleranz, Offenheit, Heiterkeit und Liebe nicht nur sprachen, sondern danach lebten. Und sie schienen das Geheimnis der terrestrischen und kosmischen Kräfte zu kennen. Findhorn soll auf einem besonderen Ort der Kraft liegen, der eine hohe Energie besitzt und Impulse aussendet, die in den Menschen weiterschwingen.

»Sie glühen von innen heraus«, so beschreibt es Paul Hawken, der sich selbst als Skeptiker bezeichnet. Er besuchte 1975 Findhorn und kam zu der Ansicht: »Findhorn ist eine Illusion – oder eine Offenbarung eines Lichtes, einer

Kraft, die unseren Planeten innerhalb eines Menschenlebens völlig umwandeln könnte.«

Für die anfangs distanzierten und mißtrauischen Einheimischen war die Findhorn-Gemeinschaft eine Ansammlung von Verrückten. Erst angesichts ihrer Erfolge zollten sie ihnen Respekt – oder kauften zumindest ihr wunderbares, chemiefreies Gemüse.

Mit der Zeit wurde das Geheimnis um Findhorn gelüftet: Hier findet ein besonderes Experiment statt, bei dem Menschen mit Naturgeistern und Engelwesen zusammenarbeiten.

Findhorn wurde schnell zu einer Art Zauberwort, das daran erinnerte, daß Träume wahr werden können – wenn man unerschütterlich an sie glaubt. Inzwischen ist Findhorn, das es in seiner ursprünglichen Form nicht mehr gibt, zu einem Mythos geworden. Dennoch hat sich das Findhorn-Projekt seinen Zauber bewahrt, der nicht zuletzt auf die außergewöhnlichen Gründerpersönlichkeiten zurückzuführen ist: Peter Caddy, seine Frau Eileen und Dorothy MacLean.

»Die ganze Gemeinschaft lebt und arbeitet auf der Grundlage des Gesetzes der Manifestation«, erzählte Peter Caddy den interessierten Besuchern bei seinen Führungen. »Wir arbeiten in dem absoluten Vertrauen, daß uns bei allem geholfen wird, was wir brauchen.« Er erklärte, wenn sie irgendwelche Dinge benötigten, würden sie darum bitten – das heißt, das Problem ihrer inneren Führung übergeben beziehungsweise »in das Licht heben«. Als ein Besucher fragte: »Falls etwas nicht kommt, was dann?«, antwortete Peter Caddy spontan: »Es kommt immer!«

Das Wort »falls« und jede Art negativen Denkens, das verunsichert oder demoralisiert, gibt es in Findhorn nicht. So existiert auch kein »Wenn« oder »Aber«.

Während Peter Caddy voll Energie und Tatendrang die Organisation leitete, empfing Eileen in meditativen Entrückungszuständen eine innere Stimme aus höheren Sphären, die ihr Wissen und Weisungen vermittelte. Eileen oblag in Findhorn die geistige Führung, und Peter setzte absolutes Vertrauen in die Durchgaben seiner Frau – so wie er einen unerschütterlichen Glauben an die Kraft positiver und schöpferischer Gedanken hatte. Er konnte zwar keine inneren Stimmen hören, besaß aber dafür eine starke Intuition.

Die Dritte im Bunde, Dorothy MacLean, war Peters Sekretärin, als er in der Nähe von Findhorn ein Hotel mit großem Erfolg führte. Als sich die spirituellen Aktivitäten von Eileen, Peter und Dorothy herumsprachen, erschien das der Hotelgesellschaft nicht geheuer, und die drei wurden entlassen. Danach fanden sie keinen anderen Job in der Region, und das Geld wurde knapp. In dieser Zeit der Not besaßen sie nur noch einen Wohnwagen auf einem Caravanplatz bei Findhorn, der an die örtliche Müllhalde angrenzte. Peter mietete dort eine heruntergekommene, von Vandalen zerstörte Garage. Es war der letzte Ort, an dem jemand zu leben wünschte. Doch sie vertrauten der Eingebung Eileens, daß hier eine Stätte des Lichtes geschaffen werde, die unzählige Menschen anziehen sollte.

Keiner von ihnen hatte Ahnung von Gärtnerei und Landwirtschaft, doch sie beschlossen, den Boden zu bearbeiten.

Dorothy, die von früh bis spät im Garten arbeitete, erhielt eines Tages in einer Meditation die Botschaft: »Die Kräfte der Natur sind etwas, in das man sich hineinfühlen muß. Es wird nicht so schwierig sein, wie du es dir jetzt vorstellst ... In alle Kräfte mußt du dich einfühlen, auch in die Sonne, den Mond, das Meer, die Bäume, sogar das Gras ... Ihr sollt euren Garten in echter Zusammenarbeit anlegen – denkt dabei auch an die Naturwesen ...«

Dorothy war verunsichert und wollte den Kontakt abbrechen, doch Peter ermutigte sie weiterzumachen, denn er wollte wissen, warum der Kopfsalat eingegangen war, was er falsch gemacht hatte und wie sie es besser machen könnten.

Dorothy ließ sich überreden und fing auf der Ebene der Erbse an, da das ihr Lieblingsgemüse war. Sie war überrascht über die schnelle Kontaktaufnahme und die unmittelbare Antwort: »Ich kann zu dir sprechen, Mensch. Ich bin ganz und gar geleitet von meiner Aufgabe, die festgelegt ist und die ich lediglich zum Ziel bringe ... Die Kraftfelder sind da, um es (das Werk) zur Manifestation zu bringen ...« Die Durchsagen, die Dorothy erhielt, kamen von Pflanzendevas und dem Landschaftsengel, der für ihre Region zuständig war. So erhielten sie Anweisungen, die das Pflanzen, Kompostieren, Ernten und Bewässern betrafen. Sie erfuhren beispielsweise, daß sie so viele Gemüsesorten wie nur möglich pflanzen sollten und daß eine heitere Gesinnung und fröhlich spielende Kinder eine wachstumsfördernde Wirkung auf Pflanzen ausüben. Diese unzähligen Informationen waren von unschätzbarem Wert, und die Zusammenarbeit zwischen Menschen, Naturgeistern und Engelwesen begann Früchte zu tragen. Sie ernteten schließlich 65 Gemüsearten, 42 Kräutersorten und 21 Obstarten.

Mit der Zeit normalisierte sich das Wachstum der Pflanzen. Peter wollte anfangs nur beweisen, daß es möglich ist, selbst auf kargstem Boden üppige Fülle hervorzubringen, wenn man daran glaubt. Als das allgemein bekannt geworden war, brauchten sie keine Beweise mehr. Sie wollten nicht, daß Findhorn Jagd auf Größenrekorde machte. Trotz der »Normalisierung« blieb aber die herausragende Vielfalt, Farbenpracht und Gesundheit der Pflanzen erhalten.

Im Jahr 1966 stieß noch Robert Ogilvie Crombie, Roc genannt, zu ihnen. Er war ein Freund von Peter Caddy und kam oft zu Besuch, lebte jedoch selbst nie in Findhorn. Roc war bereits über siebzig, aber geistig sehr beweglich. So wie er von anderen beschrieben wurde, besaß er große Intelligenz und Sensibilität und war eine Seele von einem Menschen, so daß man sich eigentlich gar nicht wundert, daß sich ihm das Reich der Naturwesen in seiner ganzen Fülle öffnete. Er war ein Mensch, der sich Staunen und Ehrfurcht gegenüber der Natur bewahrt hatte.

Es geschah im botanischen Garten von Edinburgh, als er das erste Mal einen jungen Faun mit zotteligen Beinen und gespaltenen Hufen wahrnahm. Zuerst dachte Roc, er sei verrückt geworden oder mitten in einem Traum, doch er fühlte sich hellwach und wollte die Situation auch nicht weiter analysieren, sondern sie in ihrem ganzen Zauber aufnehmen.

Der Faun tanzte um einen Baum herum, hüpfte armschwingend zu einem anderen Baum, setzte sich dann in das Gras und beobachtete mit größtem Interesse ein Pärchen auf einer Bank. Als der Faun bemerkte, daß er selbst beobachtet wurde, war er überrascht, verlor aber seine Scheu und begann mit Roc schließlich ein Gespräch, wobei der Faun unter anderem meinte, daß die Menschen dumm seien zu glauben, ohne Naturwesen auszukommen. Roc nahm den Faun in materieller Form wahr, spürte aber auch ein elektrisches Prickeln.

Bald darauf lernte er den mächtigen Pan kennen, den Herrn der Naturgeister. Über Pan sagte Roc, daß es ein Geschöpf sei, das große Macht im gesamten elementaren Reich habe und Ehrfurcht einflöße. Der Pan sei darüber traurig, daß die Menschen heute in ihm eine Art Teufel sehen. Dieses Mißverständnis müsse ausgeräumt werden, da er und die anderen Geister der Natur den Menschen wieder helfen möchten. Auch wenn sie vor den Menschen geflohen seien, so wären sie doch zur Versöhnung bereit.

Während Roc sich in diesem anderen Zustand befand – ein Zustand, der ihn außerhalb von Raum und Zeit zu bringen schien –, vermochte er zahllose Naturwesen in unterschiedlichsten Größen zu sehen: winzig kleine, die um Pilze schwirrten, und größere wie Nymphen, Dryaden und Feen. Er spürte die Liebe und Freude, mit der sie ihrer Arbeit nachgingen.

Roc, der sich immer mehr in die Welt der Naturgeister vertiefte, erfuhr, daß diese Wesen ihre Aufgaben auf der Erde nicht allein mit ihren Energiekörpern verrichten können, sondern auch einen ätherischen Körper benötigen, wobei sie eine der Gedankenformen, die Menschen in ihrer Phantasie über Naturwesen gebildet haben, anziehen. Und wenn für Roc der Pan auch in materieller Gestalt erschien, erkannte er doch in ihm eine universale Energie, die die gesamte Natur durchwogt, worauf auch das griechische Wort *pan* hinweist, das »überall« bedeutet.

Roc entwickelte sich zum Kanal der Naturwesen, wodurch er der Findhorn-Gemeinschaft eine weitere wertvolle Stütze wurde. Viele Menschen mögen den Glauben an Naturgeister als Spinnerei abtun, aber die Findhorn-Leute haben bewiesen, was ein Zusammenarbeiten mit ihnen zu bewirken vermag.

Blüten für die Seele

> »Der Strom der menschlichen Erkenntnis bewegt sich unaufhaltsam auf eine nichtmechanische Wirklichkeit zu. Das Universum gleicht immer mehr einem großen Gedanken als einer großen Maschine.«
>
> *Sir James Jeans*
> (britischer Astronom)

Daß es zwischen Menschen und Pflanzen eine Wechselbeziehung gibt, beweisen die inzwischen von vielen geschätzten Bach-Blütenessenzen, die aus den Blüten von Blumen, Sträuchern und Bäumen gewonnen werden. Nur eine der Essenzen – Rock Water – stammt von einer Heilquelle. Die auf der ätherischen Ebene subtil wirkenden Essenzen eignen sich gefahrlos zur Selbstheilung, da es keine Nebenwirkungen oder Überdosierungen gibt und die Einnahme mit anderen Therapien kombinierbar ist. Die Bach-Blütentherapie ist eine feinstoffliche Behandlungsmethode, die auf einem holistischen Weltbild beruht und auf die Ursachen einer Krankheit einwirkt, statt Symptome zu bekämpfen.

»Behandle den Menschen und nicht die Krankheit« war der Leitspruch des englischen Arztes Dr. Edward Bach. Er ging davon aus, daß die eigenen Charakterschwächen gesundheitliche Störungen bewirken.

Jede Blütenessenz besitzt eine spezifische Schwingungsfrequenz, die einem bestimmten Gemütszustand eines Menschen entspricht. Durch die Einnahme der passenden Essenz verändert sich der seelische Schwingungszustand im positiven Sinn. Dadurch pendelt sich der Heilsuchende in eine harmonischere beziehungsweise höhere und heilsame Schwingung ein. So lassen sich seelische Disharmonien beheben, die die Ursache vieler Krankheiten sind.

In den Bach-Blüten wirken nicht nur die Kräfte der Pflanze, sondern auch die von Wasser und Sonne, da die frischgepflückten Blüten in einer Schale Wasser dem Sonnenlicht ausgesetzt werden, damit so die Pflanzenschwingung auf das Trägermaterial Wasser übersetzt wird.

Das Geheimnis um die seelisch-gefühlsmäßige Verwandtschaft zwischen Menschen und Pflanzen soll Dr. Edward Bach von Pflanzendevas erhalten haben. Doch bevor er in Wales auf die Suche nach verborgenem druidischem Wissen ging, hatte er bereits durch seine Forschungen zu Impfstoffen aus Darmbakterien (Nosoden-Therapie) in wissenschaftlich-medizinischen Kreisen großen Anklang gefunden.

Sensibilisiert durch eigenes Leid und durch seine große Liebe zur reinen und gesunden Natur, wurde Dr. Bach mit der Zeit zum feinfühligen Kanal der Botschaften, die von den Devas stammten. Was sie ihm vermittelten, waren Pflanzen höherer Ordnung, deren Essenzen die Schwingungsfrequenz des Menschen in heilender wie vorbeugender Weise anheben und damit sein Gemüt reinigen und stärken.

Bald nachdem Dr. Bach den wilden Senf als letzte Blüte in seine Essenzenreihe aufgenommen und sein Werk vollendet hatte, starb er. Es scheint, als hätte er nur für die Aufgabe gelebt, der Menschheit ein kostbares Geschenk aus dem Reich der beseelten Natur zu hinterlassen.

Mit Pflanzen reden

Über bahnbrechende Experimente mit Pflanzen berichten die Autoren Peter Tompkins und Christopher Bird in ihrem aufsehenerregenden Buch *Das geheime Leben der Pflanzen*. Im Mittelpunkt steht die Entdeckung der emotionalen Beziehung zwischen Pflanzen und Menschen.

Zu Beginn unseres Jahrhunderts wurde der Wiener Biologe, Weltreisende und Schriftsteller *(Streifzüge im Wassertropfen)* Raoul France von der etablierten Wissenschaft zum hoffnungslosen Romantiker erklärt, als er kundtat, daß das Bewußtsein der Pflanzen ihren Ursprung in einer feinstofflichen Welt kosmischer Wesen haben könnte, die von den Hindus als Devas bezeichnet werden und die die Kelten als Feen, Elfen oder Gnomen wahrgenommen haben.

Seiner Zeit weit voraus war auch Sir Jagadis Chandra Bose, ein in Indien hochgeschätzter Physiologe und Biophysiker, der mit den elektrischen Feldern von Pflanzen experimentierte und feststellte, daß das Wachstum der Pflanzen rhythmisch und pulsierend verläuft. (Was genau der Wahrnehmung sensitiver Menschen entspricht, die das Wirken der Naturwesen als rhythmisch und pulsierend beschreiben.) 1902 veröffentlichte er sein Buch *Response in the Living and Non-Living* und legte unter anderem dar, daß Pflanzen ein Reizleitungssystem, das dem Nervensystem der Menschen entspricht, besitzen. Er trug seine Thesen vor der britischen Akademie der Wissenschaften vor und erhitzte damit die Gemüter der Gelehrten.

Während sowjetische Forscher Boses Pflanzenstudien für ihre eigenen Pflanzenforschungen aufgriffen, wurde Bose nach seinem Tod vom Westen bald vergessen. »Der Wert seiner Leistungen vermag noch nicht genau eingeschätzt zu werden«, steht zumindest in der Encyclopaedia Britannica.

Erst in den sechziger und siebziger Jahren ließen neue Experimente mit Pflanzen die westliche Welt aufhorchen. Plötzlich ging durch die Presse und von Mund zu Mund die Frage: Haben Pflanzen Gefühle?

Begonnen hatte es damit, daß eine Sekretärin zur Belebung der nüchternen Büroatmosphäre eine Dracaena-Pflanze (Drachenbaum) mitbrachte. Ihr Chef war Clive Backster, einer der führenden Lügendetektor-Experten der USA, wo die sogenannten Polygraphen zur Überprüfung von Zeugenaussagen vor Gericht eingesetzt werden.

Backster hatte die ganze Nacht in seinem Büro gearbeitet, als ihm plötzlich die Idee kam, die neue palmähnliche Pflanze mit dem Polygraphen zu testen. Er brachte die Elektroden an den schwertförmigen Blättern an, um herauszufinden, ob die Pflanze reagiert, wenn sie gegossen wird.

Der Galvanometer (Schreiber der Polygraphen) zeigte jedoch nicht die Kurve an, die er wegen der besseren Leitfähigkeit durch die Wasserversorgung erwartet hatte, sondern die Pflanze reagierte ähnlich wie ein Mensch, der kurzzeitig angenehm erregt ist. Der Gedanke, daß die Pflanze Gefühle haben könnte, faszinierte Backster und ließ ihn nicht mehr los.

Backster unternahm unzählige Experimente. Er fand zum Beispiel heraus, daß Pflanzen eine Bedrohung spüren können. Als er daran dachte, wie wohl die Pflanze reagieren würde, wenn er eines ihrer Blätter ansengte, reagierte die Feder des Schreibers heftig – noch bevor Backster ein Streichholz zur Hand genommen hatte. Das ließ vermuten, daß Pflanzen bereits auf die Gedanken von Menschen reagieren. Allein den Gedanken, daß er ihr etwas antun wollte, nahm die Pflanze offensichtlich als Bedrohung wahr. Während er dann Streichhölzer holte, zeichnete der Galvanometer erneut einen Angst-Ausschlag auf. Als Backster dann zögerlich ein Blatt ansengte, zeigte sich dagegen nur ein schwacher Ausschlag. Und bei dem Experiment, bei dem er nur so tat, als wollte er ein weiteres Blatt verletzen, kam gar keine Reaktion. Die Pflanze unterschied also zwischen einer echten und einer vorgetäuschten Bedrohung.

Backster, der wußte, daß er seinen Ruf und seine Glaubwürdigkeit aufs Spiel setzte, begann mit seinen Mitarbeitern eine Reihe von Experimenten mit unterschiedlichen Pflanzen – und erhielt stets das gleiche Ergebnis, daß Pflanzen fühlen können.

Bei einem Versuch, bei dem sechs von Backsters Schülern teilnahmen, sollte herausgefunden werden, ob Pflanzen mit anderen Pflanzen mitfühlen. Einer der Schüler mußte eine von zwei Pflanzen zerstören. Der »Pflanzenmörder« wurde mit zusammengefalteten Zettelchen ausgelost, so daß keiner – auch Backster nicht – wußte, wer es war. Dann wurde jeder Experiment-Teilnehmer der überlebenden Pflanze, die an den Polygraphen angeschlossen war, »gegenübergestellt«. Sie entlarvte den »Mörder« mit wildem Ausschlag.

Backster beteuerte, daß er nicht glücklich darüber sei, Pflanzen bei diesen Experimenten zu verletzen, aber sie würden deutlicher bei negativen als bei positiven Gefühlen reagieren – und Backster wollte die Wissenschaftler überzeugen, in deren Reihen er mit seinen Forschungsergebnissen heftige Diskussionen auslöste.

Daß Pflanzen mit den Menschen, die sie regelmäßig betreuen, eng verbunden sind, wurde bei weiteren Versuchen festgestellt. Dabei wurden die Pflanzen wieder mit dem Polygraphen verbunden. Diesmal mußte jeweils der Betreuer der einzelnen Pflanze auf verschiedene Fragen teils richtige, teils falsche Antworten geben. Die Pflanze zeigte genau die Antworten an, die nicht richtig waren, das heißt, eine Pflanze kann genau fühlen, wenn die Person, mit der sie sich verbunden fühlt, die Wahrheit sagt.

Die gefühlsmäßige Verbundenheit zwischen einer Pflanze und ihrer Bezugsperson wurde auch getestet, während sie voneinander entfernt waren. Dabei konnte mit Hilfe von Stoppuhren festgestellt werden, wie die Pflanze zu bestimmten Zeiten auf die Gedanken und Gefühle der Person reagierte. Bei einer Bezugsperson, die in eine andere Stadt gefahren war, wurde registriert, daß die Pflanze in dem Augenblick »aufatmete«, als sich ihr Betreuer entschlossen hatte, zurückzureisen.

Und als Backster einmal eine Pflanze in eine Bleikammer stellte, unterbrach auch das nicht den Verbindungsstrom zu der betreuenden Person. Weitere Tests ergaben, daß Pflanzen bei gesunden Menschen besser gedeihen als bei kranken oder depressiven Menschen, was wiederum auf den wechselseitigen Kraftaustausch zwischen Mensch und Natur hinweist.

Eine interessante Erfahrung machte Backster, als er sich einmal in den Finger schnitt und die Wunde mit Jodtinktur behandelte, worauf die Pflanze, die mit dem Polygraphen verbunden war, sofort reagierte – und zwar in einer Art, wie sie es tat, wenn sie beim Absterben lebender Gewebe anwesend war. Das konnten zum Beispiel auch Joghurtbakterien sein, die durch Beimischung einer chemisch konservierten Marmelade abgetötet wurden.

Ein Geschäftsführer der Mary Reynolds Babcock Stiftung in Winston-Salem in North Carolina, die Backsters Forschungen unterstützte, sagte über seine Entdeckungen: »Seine Arbeit deutet darauf hin, daß es eine primäre Form unmittelbarer Kommunikation zwischen allen lebenden Wesen geben könnte, die über die Naturgesetze, die wir bisher kennen, hinausgeht.«

Doch trotz aller Bemühungen erhielt Backster seitens der Schulwissenschaft keine Anerkennung. Noch immer ist die offizielle Meinung, daß Pflanzen kein Nervensystem hätten und deshalb auch kein Reaktionsvermögen besitzen würden. Von Nachteil war für Backster, daß bei Experimenten, bei denen Wissenschaftler schon von vornherein eine ablehnende Haltung zeigten, Pflanzen keine Reaktionen von sich gaben – da machten sie einfach nicht mit, sondern verschlossen sich. Und daß sich ein Wissenschaftler in eine Pflanze hineinfühlen sollte, mutete zu esoterisch und abgehoben an und stieß deshalb schon auf Ablehnung.

Die etablierte Wissenschaft scheint nach wie vor ein Weltbild aufrechterhalten zu wollen, das streng zwischen Geist und Materie trennt. Es ist ein mechanisches Weltbild, das selbst in Mensch und Tier letztlich nur Maschinen sieht, ein Weltbild, in dem eine beseelte Natur keinen Platz hat.

Auf Backsters Arbeiten wurde Marcel Vogel, Chemiker und Forscher bei IBM, aufmerksam. Seine Spezialgebiete waren die Lumineszenz flüssiger und fester Stoffe, Magnetaufzeichnungen, Flüssigkristallsysteme und Informationsspeicherung in Computern. Backsters Erkenntnisse weckten sein Interesse, und er begann, selbst mit Pflanzen zu experimentieren. Marcel Vogel hatte ursprünglich Theologie studiert und beschäftigte sich seit seiner Jugend mit spirituellen Themen, mit Meditations- und Hypnosetechniken, Autosuggestion, mit Anton Mesmers »universellem Fluidum« oder mit der »psychischen Energie«, ein Begriff, der durch C. G. Jung geprägt worden ist. Die psychische Energie war es, die Marcel Vogel sein Leben lang faszinieren sollte.

Eines Tages rief ihn seine Bekannte Vivian Wiley an, eine Frau mit medialer Fähigkeit. Sie sagte, sie müsse ihm etwas zeigen. Es waren zwei Blätter einer Steinbrechpflanze, die sie einen Monat zuvor abgenommen hatte. Ein Blatt war welk und braun, während das andere noch frisch und grün aussah. Sie erzählte, daß sie dem bereits zu faulen beginnenden Blatt keine Aufmerksamkeit geschenkt habe, während sie dem anderen jeden Tag ihre liebevolle Aufmerksamkeit und Konzentration zukommen ließe. Ihre Gedanken hätten die Kraft, den natürlichen Verfall des Blattes aufzuhalten.

Marcel Vogel war überzeugt, daß gezielte Gedankenkraft psychische Energie nicht nur in Aktion setzt, sondern sie sich auch speichern lassen müßte. Das probierte er auf Flüssigkristallen aus, einer Materie, die er zu dieser Zeit für IBM erforschte. Er kam dabei zu der Erkenntnis, daß Kristalle von Schattenbildern aus reiner Energie vorgeformt werden, bevor sie einen festen Zustand erlangen.

Marcel Vogel wurde mit seinen Kristallforschungen und

seinen Vogel-Cut-Kristallen weltweit bekannt. Das sind speziell zugeschliffene Kristalle, die inzwischen von vielen Therapeuten für Heilarbeit benutzt werden. Ich nahm einmal an einem Workshop teil, der von Ron Carson geleitet wurde, der ein Schüler und Vertrauter von Marcel Vogel war. Bei diesem Seminar lernten wir, Kristalle zu programmieren, und erfuhren, wie Gedankenübertragung auf Kristalle funktioniert. Beispielsweise können mit programmierten Kristallen der Geschmack von Wasser oder Wein verändert werden. Vor allem aber können Kristalle, aufgeladen mit entsprechenden Gedankenenergien, der Heilung oder Harmonisierung dienen.

Bei den unzähligen Experimenten mit Pflanzen stellte Marcel Vogel fest, daß Pflanzen, die er in liebevolle Gedanken einhüllte, mit einem Energiestrom reagierten, den er sogar mit seiner Hand wahrnehmen konnte. Er stellte außerdem fest, daß die Pflanzen nicht immer gleich reagierten, sondern an bestimmten Tagen mehr Lust hatten »mitzumachen« als an anderen. Des weiteren entdeckte er, daß sich innerhalb einer Pflanzengruppe stets eine Pflanze befand, die sensitiver war als die anderen.

Bei öffentlichen Auftritten wies Marcel Vogel immer wieder darauf hin, daß Pflanzen empfindsame Wesen sind, die die Emotionen der Menschen empfangen, und daß Pflanzen wiederum energetische Kräfte aussenden, die der Mensch spüren kann. Für ihn war es Tatsache geworden, daß der Mensch mit Pflanzen zu kommunizieren vermag.

Bei einem Experiment mit Psychologen und Ärzten, die dieser Art von Pflanzenforschung skeptisch gegenüberstanden, wurden die Teilnehmer von Marcel Vogel aufgefordert, sich einfach über verschiedene Themen zu unterhalten, um herauszufinden, worauf die Testpflanze am stärksten reagiert. Doch die Pflanze gab kaum Signale von sich. Erst als einer vorschlug, daß sie über Sex reden könnten, hüpfte die Feder des Schreibers erregt auf und ab. Darauf stellten einige die Vermutung an, daß bereits der Gedanke an Sex eine erregende Schwingung auslöst, die auf Pflanzen scheinbar Einfluß hat – und daß damit auch die alten Fruchtbarkeitsriten verständlich werden, bei denen sexueller Verkehr auf freiem Feld vollzogen wurde, um das Wachstum der Pflanzen anzuregen.

Stark beeinträchtigt wurden die Pflanzenexperimente in der Öffentlichkeit durch negative Einstellungen anderer Menschen, die dem Vorgang beiwohnten. Aufgrund dieser abweisenden Schwingungen stellten sich die Pflanzen tot. Doch Marcel Vogel gelang es immer wieder mit Hilfe von Yogatechniken, negative Einflüsse zu isolieren oder umzuwandeln.

Als junger Mann hatte im 16. Jahrhundert der Mystiker Jakob Böhme plötzlich das Gefühl, in eine andere Dimension zu sehen, als er sich des Wachstums einer Pflanze bewußt wurde. Er vermochte sich in die Pflanze zu versetzen und selbst Teil der Pflanze zu werden und ihr frohes Wachsen und Streben nach Licht zu fühlen. Böhmes Erfahrungen inspirierten Vogel zu einem weiteren Experiment. Eine junge Frau, die sich mit Vogels Philodendron energetisch verbinden konnte, erklärte sich bereit, zu versuchen, sich in die Pflanze hineinzuversetzen. Nach diesem Versuch teilte sie ihre Wahrnehmung mit:

»Mir war, als beträte ich den Hauptstamm durch eine Tür an seinem Fuße. Drinnen sah ich sich bewegende Zellen und Wasser, das durch den Stamm nach oben wanderte. Ich ließ mich mit diesem Strom emportragen. Als ich mich den Blättern näherte, fühlte ich mich aus meiner Phantasiewelt in eine Seinsform hinübergezogen, die ich nicht mehr zu kontrollieren vermochte. Da gab es keine geistigen Bilder mehr, sondern eher so etwas wie ein Gefühl, als ob ich an einer weiten, sich ausbreitenden Oberfläche teilhätte, die ich ausfüllte. Es schien mir, ich könnte dies nicht anders beschreiben denn als reines Bewußtsein.«

Aufgrund all dieser Erfahrungen kam Marcel Vogel zu der Überzeugung, daß Pflanzen, Tiere und Menschen von einer kosmischen Energie oder Lebenskraft umhüllt sind beziehungsweise daran Anteil haben. Diese kosmische Energie sei es, die alle Lebewesen vereint – und die eine Kommunikation zwischen allen Lebensformen möglich mache. Vogels Arbeiten und Experimente wurden durch viele Artikel und Fernsehauftritte in Amerika bekannt, aber auch er stieß an die Grenzen der etablierten Wissenschaft. Dennoch haben Vogel wie Backster mit ihren Forschungsergebnissen das Weltbild vieler verändert, und sie brachten ins Bewußtsein, daß Pflanzen lebendige Wesen sind. Seither haben es sich unzählige Menschen angewöhnt, mit ihren Pflanzen zu reden.

Während ich an diesem Kapitel arbeitete, hörte ich im Rundfunk gute Tips für die Pflanzenpflege. Dabei wurde darauf hingewiesen, daß Pflanzen viel besser gedeihen, wenn man mit ihnen spricht. Die Vorstellung einer emotionalen Bindung zwischen Mensch und Pflanze scheint bereits von vielen voll angenommen zu sein.

In den Wohnungen oder Häusern von Freunden und Bekannten stellte ich immer wieder fest, daß Pflanzen, die persönliche Zuwendung und Liebe erhalten, bedeutend gesünder und kräftiger aussehen als jene, die eher vernachlässigt und lieblos behandelt werden. Und bei Pflanzen, die besonders vor Lebenskraft strotzen, kann man herausspüren, daß hier Elfen ganz emsig am Werk sind.

Mit persönlicher aufmerksamer Zuwendung fördern auch die Hopi-Indianer seit jeher das Gedeihen ihrer Kulturpflanzen – und das auf einem vom Regen sehr vernachlässigten Boden, auf dem Pflanzenwuchs gar keine Selbstverständlichkeit ist. In engen Kontakt mit den Hopis ist der Autor Alexander Buschenreiter gekommen *(Mit der Erde leben)*. Der lebendige Austausch, den die Hopis mit der Natur pflegen, hat ihn tief betroffen gemacht und sein eigenes Leben nachhaltig beeinflußt. Nachdem ihm ein Hopi-Bauer mit großem Stolz sein sorgfältig angelegtes und prächtig gedeihendes Maisfeld gezeigt hatte, schrieb Alexander Buschenreiter: »Als ich das Maisfeld durchschreite, habe ich das Gefühl, durch ein wogendes Meer von Energie zu gehen – so, als ob hier genauso viele Menschen wie Pflanzen stünden ... Erstmals begreife ich wirklich, warum ein Hopi-

Indianer mit seinen Pflanzen spricht, für sie betet, singt, tanzt und sie liebevoll berührt.« Vielleicht erinnern Sie sich an den Film *Jenseits von Eden*, in dem James Dean in einer ergreifenden Szene zwischen seinen mit Stolz und Freude gesetzten Bohnenpflänzchen hin und her läuft, um sie mit aufmunternden Bewegungen zum Wachstum anzuregen.

Menschen, die sich in einer bewußten Wechselwirkung mit der Natur befinden, wissen auch um ihre segensreichen Kräfte, die auf den Menschen übergehen. Mit Erdritualen und damit verbundener innerer Versenkung und Zuwendung haben Naturvölker die Kraft der Erde angeregt, die daraufhin wiederum den Menschen mit ihrem Reichtum beschenkte. Dazu bedarf es eines regelmäßigen Austausches mit der Natur und ihren unzähligen helfenden Geistern.

Aber selbst bei den australischen Aborigines werden die alten Rituale immer seltener durchgeführt. Die Wardaman-Aborigines zelebrieren diese noch, wenn sie glauben, daß eine bestimmte Pflanze nicht mehr richtig gedeihen will oder eine Tierart nicht mehr so fruchtbar ist wie früher.

Bill Harney, der Hüter der Wardaman-Tradition, sagte mir diesbezüglich: »Wenn wir bemerken, daß die Känguruhs nicht mehr so viele Junge haben wie früher, dann tanzen und singen wir für das Alte Känguruh (den Geist der Tiere/Totemtier). Das kommt sich dann ganz wichtig vor und bemüht sich, mehr Känguruhs zu zeugen. Zeremonien sind wichtig, denn sie halten das Land am Leben.« Dann fügte er noch besorgt hinzu: »Wir hätten nicht so viele Dürrezeiten, nicht so viele Stürme, würden wir mehr Zeremonien abhalten.«

Lange Zeit war es bei uns üblich, sich mit bestimmten Bäumen in Verbindung zu setzen, wenn man ihrer Hilfe bedurfte. Beispielsweise übergab man einem kräftigen Baum Kleidungsstücke von kranken Menschen. Nahm man diese von den Ästen wieder ab, wurde damit gleichzeitig der Mensch von der Krankheit befreit. Auf Zypern gibt es die sogenannten Fieberbäume, die an heiligen, kraftvollen Orten wachsen und die noch immer voll mit Tüchern, Taschentüchern oder Socken von Hilfesuchenden behangen sind. Da diese Stoffe die Schwingung des Menschen in sich tragen, kann der Baum mit seiner Heilkraft auf die Gesundung desjenigen einwirken, der mit dem Baum auf diese Weise über jede Entfernung verbunden ist.

In Ghana werden starke, mächtige Bäume mit »Nana« angesprochen, und das bedeutet »hoher Herr«. Ich hörte die Geschichte eines Mannes, der einen solchen Hexenbaum, wie Missionare diese Bäume nannten, aufsuchte, da seine Frau krank war. Er sagte zu dem Baum: »Nana, du hast große Kraft, und ich bitte dich, gib mir etwas von deiner Stärke.«

Dann schnitt er ein Stückchen aus der Wurzel heraus und opferte dafür dem Baum einige Eier. Das Wurzelstück kochte er anschließend in Wasser und gab etwas von diesem Gebräu seiner Frau zu trinken, und den Rest goß sie in ihr Badewasser, worauf die Frau sich wieder kräftiger fühlte.

Im Zuge eines neu erwachenden Naturbewußtseins erinnert man sich auch bei uns wieder mehr und mehr der segenbringenden Wirkung der Bäume. Sie werden umarmt, oder man lehnt sich mit dem Rücken an ihren Stamm, um ihre heilende und stärkende Kraft aufzunehmen. Viele Menschen sind überzeugt, daß Bäume Antworten auf verschiedenste Lebensfragen geben. Und bei psychischen Problemen findet sich im engen Kontakt mit einem Baum oft eine schnelle Klärung. Über eine intensive Beziehung zu Bäumen fand bereits so mancher Zugang zum Reich der Naturwesen.

Zu Bäumen fühle ich mich besonders seit meinem Aufenthalt in Indonesien stark hingezogen. Ich lebte in Java auf einer Teeplantage unterhalb eines großen, mit dichtem Dschungel bewachsenen Vulkans. Mein Bungalow war von der mächtigen Krone eines riesigen, uralten Feigenbaumes (Banyan-Baum) überschattet. Der Bungalow gehörte Freunden von mir, aber manchmal lebte ich dort ganz allein; die kleine Siedlung befand sich weiter unterhalb des Berges. So gewöhnte ich mir an, mit dem Baum und seinen innewohnenden Geistern zu reden. Ich bekam damals erstaunliche Antworten, und wenn ich es genau überdenke, begann damals meine kreative Phase.

Einheimische erzählten mir, daß in dem Baum ein mächtiges Wesen wohnen würde und in der Krone noch viele kleinere Geister leben würden, die jeden bestrafen, der Unrecht tue. Deshalb mußten wir niemals Türen und Fenster verschließen, um Diebe auszusperren. Unsere Baumgeister hatten ein wachsames Auge darüber – sie waren unser bester Schutz.

Seit einigen Monaten habe ich auch einen bestimmten Baum im nahen Wald meines Wohnortes, mit dem ich mich persönlich sehr verbunden fühle. Ich bin erst vor kurzem umgezogen und habe gerade zu dieser Zeit in persönlicher Hinsicht ein tiefes Tal zu durchwandern gehabt. Ich spürte eine ziemliche Schwere – mit einem Wort: es ging mir nicht besonders gut. Es war bereits kurz vor der Dämmerung, als ich eines Tages plötzlich das Gefühl hatte, ich müßte die Umgebung einmal näher kennenlernen. Genaugenommen war es, als würde mich jemand an einer unsichtbaren Schnur vorwärts ziehen. Ich lief in einem ungewöhnlich schnellen Tempo, obwohl es bergauf ging und ich nicht einmal wußte, wohin ich eigentlich wollte. Dann kam ich an ein Flüßchen, wo drei mächtige Bäume eine wunderbare Atmosphäre ausstrahlten. Alle drei Bäume empfand ich als sehr stark, aber nur von einem davon fühlte ich mich wie von einem Magnet angezogen. Es war, als würde ich einem Freund begegnen. Nachdem ich diesen heilsamen Ort verlassen hatte, war ich innerlich um Tonnen leichter. Seither besuche ich regelmäßig meinen Freund im Wald.

Kontaktaufnahme

Es heißt, um Naturwesen zu sehen, bedürfe es einer speziellen psychischen Begabung. Einige Natursichtige erzählten mir, daß sie sich nicht darum bemüht hätten, Naturwesen aufzuspüren, es sei einfach passiert. Allerdings besitzen diese Personen eine starke innere Beziehung zur Erde und Natur oder haben sich ein reines, heiteres Gemüt bewahrt. Naturwesen werden am ehesten von Kindern, Hellsichtigen, Heilkundigen, Pflanzensammlern, Gärtnern, Künstlern, Töpfern, gebärenden Müttern, Alten und Kranken – also Menschen, die am ehesten Schwellenbereiche betreten – gesehen.

Schamanen und Yogis können in ekstatischen Zuständen mit den Wesen der Natur in Kontakt treten. Yogis schalten dabei mit strengen Konzentrationstechniken und gezielter Körperbeherrschung den Intellekt aus. Geistiges Yoga erfordert eine entsprechende reine Lebenshaltung, Beherrschung der Leidenschaften und Triebe, innere Ausgeglichenheit und Gedanken, die ganz und gar auf Harmonie und Frieden ausgerichtet sind. Yogis verwenden bei ihrer Meditation auch aromatische Düfte von Blumen und Kräutern, deren Schwingung auf die Aura einwirkt, wobei die Blätter oder Wurzelstücke in der Hand zerrieben werden.

Schamanen sind Meister im Umgang mit bewußtseinserweiternden Pflanzen, bei deren Gebrauch sich die Grenzen zwischen den Welten auflösen. Bei Ekstasetechniken sind auch die Einhaltung einer bestimmten Diät und Reinigungsrituale von Bedeutung.

Sich in ekstatischen Zustand zu versetzen bedeutet, aus sich selbst herauszutreten. Es ist ein Zustand, in dem der Naturheiler mit den Pflanzengeistern Kontakt aufnehmen kann, um Wissenswertes über die Wirkung bestimmter Kräuter zu erfahren. Bevor ein Schamane eine Pflanze pflückt, verbindet er sich mit dem Geist des Pflanzenkönigs oder der Pflanzendeva und bittet um Erlaubnis, von ihrer Pflanzensorte nehmen zu dürfen, um damit heilen zu können. Erst mit seinem beziehungsweise ihrem Einverständnis wird das Heilkraut wirklich wirksam.

Workshops mit Schamanen erwecken bei uns zunehmendes Interesse. Aber um es gleich vorwegzunehmen: Niemand sollte glauben, in einer oder zwei Wochen Seminararbeit schamanistische Fähigkeiten erlangen zu können. Dazu sind ein jahrelanges konsequentes Training und vor allem eine ganz andere Lebenshaltung, als wir sie im Westen praktizieren, nötig. Unerfahrene oder naive Anwendung schamanistischer Techniken sowie eine mangelhafte Unterscheidungsfähigkeit können mitunter zu psychischen Störungen führen. Und die übliche Motivation, etwas Neues und Aufregendes erleben zu wollen, die zur Teilnahme an solchen Schnupperkursen führt, ist nicht im Sinne echten Schamanenwirkens. Wer wirklich den Wunsch hat, ein Schamane zu werden, benötigt das feurige Herz eines Löwen, den freien Geist eines Adlers, die Erdverbundenheit und Ausdauer eines Stiers, und seine Gefühlswelt muß offen und rein sein, wie es der Wassermann versinnbildlicht. Damit wären wir wieder im Reich der vier Elemente, die die vier Evangelisten in archetypischer Form verkörpern.

Wer kein Schamane und kein Yogi werden möchte, aber dennoch den brennenden Wunsch verspürt, mit Naturwesen in Kontakt zu kommen, beispielsweise um als Gärtner oder Pflanzenkundiger mit ihnen zusammenzuarbeiten, dem können vielleicht einige Hinweise, die aus der Schatztruhe der Schamanen, Natursichtigen und auch aus meinen eigenen Naturerfahrungen stammen, weiterhelfen.

Zuerst einmal sollte sich jeder nach dem Beweggrund seines Wunsches fragen: Warum will ich mit einem Naturgeist kommunizieren oder ihn sehen? Ist es reine Neugierde? Betrachte ich das als eine spannende und interessante Sache? Will ich mir etwas beweisen, oder will ich vor Freunden damit angeben, weil ich dann mit einer solchen Erfahrung anderen etwas voraus hätte? Oder suche ich die Unterstützung der Naturwesen aus ehrlichem, reinem Herzen für meine Arbeit? Oder will ich die Naturwesen ermuntern, sich wieder mehr auf die Menschen einzulassen? Will ich dazu beitragen, daß sie sich wieder mit den Menschen versöhnen?

Naturwesen empfangen unsere Impulse und erkennen die wahre Absicht des Menschen. Naturgeistern kann man nichts vormachen. Deshalb ist es nur von Vorteil, sich seiner Absichten ehrlich bewußt zu sein.

Egoistische oder ehrgeizige Bestrebungen, aber auch Unsicherheiten, Ängste, Nervosität, Vorurteile, Zweifel, eine negative Grundhaltung, psychischer Streß erzeugen entsprechende Elementale (siehe Seite 241ff.), die Naturwesen abschrecken und vertreiben. Oder sie ziehen gleichschwingende Elementare oder Wesen der Natur an, die man eigentlich nicht zu sehen wünscht.

Die geistige Haltung hat also bei solchen Begegnungsversuchen großes Gewicht. Ein Kontakt mit Naturwesen erfordert in der Regel also erst einmal Arbeit an sich selbst – und das setzt natürlich die Bereitschaft zur inneren Veränderung voraus. Dabei sollte man seine Schattenseiten liebevoll annehmen, bevor man sie losläßt. Das Lösen ist auch nur erfolgreich, wenn es fließend geschieht. Es heißt vor allem, Mut zur Unvollkommenheit zu haben, aber mit der inneren Einstellung, sich für das Vollkommene zu öffnen.

Da der Kontakt mit Naturwesen über die Gefühlsebene erfolgt, sind die Öffnung der Herz- und Bauchebene sowie eine friedliche, freundliche Gesinnung und eine tiefe Zuneigung zur Natur und ihren Geistern Grundvoraussetzungen. Weitere Bedingungen sind inneres Gleichgewicht, eine gute psychische Verfassung, Vertrauen in die innere Führung, eine gewisse Sensibilität und Reinheit, denn vor Menschen mit einer unreinen Aura ziehen sich Naturwesen sofort zurück. Deshalb ist es ratsam, monatelang auf eine reine, vegetarische Kost zu achten und auf Nikotin und Alkohol zu verzichten.

Am größten sind die Chancen, wenn man allein auf Kontaktsuche geht. Entscheidet man sich für eine Begleitperson, muß diese mit der eigenen geistigen Einstellung übereinstimmen. Die beste Zeit für eine Begegnung liegt zwischen Neumond und Vollmond, da man dann auf Empfang eingestellt ist. Die beste Tageszeit liegt zwischen Abenddämmerung und Morgengrauen. Es erfordert also schon etwas Mut, nachts allein in den Wald zu gehen, wenn dieser lebendig wird. In früheren Zeiten, als die Menschen allgemein noch sensibler auf die Natur reagierten, war vielen nachts die Natur unheimlich, da dann die Pflanzengeister umherwandern, die ja nicht an den Pflanzenkörper gebunden sind wie Menschen an ihre körperliche Hülle.

Bevor man sich auf Kontaktsuche begibt, sollte man sich

überlegen, wie lange man ausharren möchte. Man kann es einmal eine Nacht lang versuchen oder sich auch mit einem Zelt und Verpflegung für längere Zeit auf einen Platz zurückziehen, dabei sollte die Verpflegung leicht sein und keine chemischen Zusätze enthalten. Am besten eignen sich Trockenfrüchte, Nüsse und Obst und reines Wasser (am besten Quellwasser). Um wach und aufmerksam zu bleiben, ist es empfehlenswert, nur wenig Nahrung zu sich zu nehmen.

Die Kleidung muß bequem, locker und rein (aber nicht chemisch gereinigt) sein und aus natürlichem Material bestehen. Und auch das Schuhwerk sollte aus Naturmaterial hergestellt sein. Am besten, man geht barfuß. Metalle und Eisen sind Störfaktoren, das heißt, weder Taschenmesser noch Schlüssel bei sich tragen. Silber- und Goldschmuck stören dagegen nicht.

Von Bedeutung ist vor allem die richtige Auswahl des Ortes. Er muß frei von Unrat sein und abseits menschlicher Wohnorte liegen. Es sollte ein stiller und kraftvoller Platz sein, wo das Pulsieren von Natur und Erde zu spüren ist. Wichtig ist, daß man sich an dem Ort leicht fühlt. Orte, die einen schwer oder unruhig machen, sollten gemieden werden. Ein Platz, an dem man sich von vornherein nicht wohl fühlt oder der einem nicht ganz geheuer ist, erzeugt eine entsprechende abweisende Schwingung. Wer sportlich ist, kann sich auch auf einem Baum einen Beobachtungsplatz einrichten.

Der Ort sollte aber nicht unter körperlicher Anstrengung erkämpft oder erzwungen werden, sondern leichtfüßig erreichbar sein, um sich nicht einer zusätzlichen Belastung auszusetzen. Unklug wäre es auch, sich einen Ort auszusuchen, wo vor kurzem Bäume gefällt worden sind oder gar Kahlschlag verübt wurde, denn anzunehmen ist, daß dort Naturwesen verstört oder verängstigt umherirren oder sich für die Zerstörung rächen beziehungsweise den Menschen eine strafende Lektion erteilen wollen. Daß Menschen durch das »unsichtbare Volk« Schaden erleiden können, darüber wurde immer wieder berichtet.

Schamanen machen Pflanzengeistern Geschenke, um ihre Freundschaft zu gewinnen, zum Beispiel mit Tabak, Maismehl, Reiskörnern, Eiern, Honig oder Milch. Naturgeister lieben aber auch Süßigkeiten (aus natürlichen Rohstoffen), Früchte (unbehandelt), reine Duftstoffe, Honig (kaltgeschleudert) oder Milch (nicht wärmebehandelt). Nahrungsmittel werden am besten in Gefäßen aus Holz oder Ton unter einen Baum oder auf einen Stein gestellt, und zwar in einem Abstand, den man noch gut überschauen kann.

Menschen, die die Sache locker, mit offenem Herzen und humorvoll angehen, die ein kindliches Gemüt besitzen und den Wesen der Natur echte Zuneigung entgegenbringen, werden gewiß eher Erfolg haben als Menschen, die eine bestimmte Erwartungshaltung einnehmen, die Natur als Konsumgut betrachten oder in Begriffen denken, die vom Verstand geprägt sind.

Wichtig ist, nichts zu erzwingen oder zu überstürzen, nicht verkrampft zu sein, sondern sich langsam auf eine Begegnung einzustimmen. Und nicht vergessen: Auch wenn sie sich nicht zeigen, wollen Naturgeister begrüßt werden. Daß man sich während der Beobachtung ruhig verhält und auch nach innen lauscht, versteht sich wohl von selbst. Sinnvoll ist es, alle schweifenden Gedanken auszuschalten. Man kann sich in den Alpha-Zustand versetzen – ein Zustand, den man kurz vor dem Einschlafen oder in tiefer Meditation erreicht. Das Gefühl des Körpers und des Ego mögen sich verlieren, aber die Individualität bleibt erhalten und vereint sich mit der umgebenden Natur.

Sollte sich kein Naturwesen zeigen, ist das kein Grund zum Traurigsein. Dann hat es gewiß seinen Sinn, denn »das normale Bewußtsein ist geschützt davor, die Wesen in der Natur zu sehen, da nicht alle guter und freundlicher Art sind«, gab Rudolf Steiner zu bedenken.

Was tun, wenn sich aber tatsächlich ein Naturgeist offenbart? Dann sollte man sich keinesfalls vor ihm fürchten, sondern ihn freundlich willkommen heißen. Wer aber vor Schreck, daß er tatsächlich etwas gesehen hat, Reißaus nimmt, tut besser daran, keine ähnliche Erfahrung mehr zu suchen, bis er nicht innerlich gewachsen ist.

Wenn jemand den Kontakt aus ehrlichem und tiefem Herzen gewünscht hat, wird es zu einer natürlichen Verständigung über die Gedanken- und Gefühlsebene kommen. Man kann auch mit leiser, aber fester Stimme sprechen, wobei die Vibration der Stimme von dem Naturgeist empfangen wird. Man sollte sich vorher schon überlegt haben, was man einem Naturgeist sagen will oder von ihm wissen möchte.

Sie tun gut daran, persönliche Erfahrungen mit Naturwesen eine Zeitlang für sich zu behalten – und sollten Sie noch so sehr in Euphorie sein und sich nach Gesprächsaustausch sehnen. Derart starke Eindrücke sollte man erst selbst verarbeiten. Ein anderer kann ein so außergewöhnliches Erlebnis sowieso nicht in allen Details nachvollziehen. Wenn Sie später einmal eine Begegnung mit einem Naturwesen anderen anvertrauen wollen, sollten es nur Personen sein, die verstehen, wovon Sie eigentlich reden.

Es heißt, daß Menschen, die es geschafft haben, mit Naturwesen in Kontakt zu kommen und die von ihnen respektiert werden, auch anderen Mitgliedern der Gruppe vorgestellt werden, wobei jedes einzelne Naturwesen Wert darauf legt, mit seinem Namen angesprochen zu werden, denn ihre Namen stehen im Einklang mit ihrer individuellen Schwingung.

Ich möchte noch einmal darauf hinweisen, daß Naturgeister Menschen nicht so sehen können, wie wir einander sehen, daß sie aber unseren feinstofflichen Körper beziehungsweise unser Energiefeld wahrnehmen. Edwin Courtenay, der englische Sensitive, erklärte, daß sich Naturwesen nicht verdichten müssen, so daß ein Beobachter sie materiell vor sich sieht, sondern daß es manchen Menschen gelingt, in die Welt der Naturgeister einzutauchen.

Methoden und Übungen zur Sensibilisierung

Von großem Vorteil ist es natürlich, sich bereits vor einem Kontaktversuch mit Naturwesen auf die Natur einzustimmen. Besuche von Orten der Kraft können dabei die nötige Sensibilisierung ermöglichen. Solche Orte wollen allerdings nicht erstürmt oder in Besitz genommen werden. Wichtig ist, vor dem Betreten eines bestimmten Naturplatzes innezuhalten und zu erspüren, ob man den Hütern des Ortes willkommen ist. Wer ein bißchen Übung hat, fühlt, ob ein Platz in Harmonie ist oder ob es eine Störung gibt. Derartige Differenzierungen können von Vorteil bei der Wahl des Ortes sein, wo man mit Naturwesen Kontakt aufzunehmen wünscht.

Wie unterschiedlich die Signale der Natur sein können, erspürt jeder, der bewußt durch Wald und Feld läuft. Ein Moorboden kann mir das Gefühl von Tiefe, aber auch von Geborgenheit geben, eine hohe Felswand kann mächtig pulsierend wirken, und eine große Blumenwiese dagegen wird mir vielleicht das Gefühl beschwingter Leichtigkeit vermitteln. Wichtig ist, darauf zu achten, wie ich mich fühle, wie mein Körper, wie meine Seele reagiert.

Da jeder aufgrund seiner Lebens- und Gedankenausrichtung seine eigene Programmierung und »Ladung« besitzt, wird jeder die Qualität eines Ortes anders wahrnehmen. Sich der Natur zu öffnen bedeutet letztlich, mit ihr in einen ganz persönlichen Dialog zu treten.

Wer gestreßt ist oder unter anderer psychischer Belastung steht, sollte vor einem Sensibilisierungsausflug in die Natur ein Entspannungsbad nehmen oder einen Baum umarmen, und das mindestens zehn Minuten lang, damit sich die Energiefelder von Mensch und Baum aufeinander einstimmen können. Man kann sich auch mit dem Rücken an einen Baumstamm lehnen, denn in der Wirbelsäule laufen alle Nerven zusammen. Es sind vor allem die großen Laubbäume, die Lebenskraft und inneren Ausgleich spenden. Dabei sollte man darauf achten, daß der Baum kräftig und gesund ist, er also die belastende Energie des Menschen leicht umwandeln kann.

Am besten eignen sich für solche Spaziergänge oder Wanderungen die frühen Morgenstunden, wobei der Magen noch nicht belastet sein sollte. Hält es jemand ohne Essen nicht aus, dann sollte er nur leichte Kost zu sich nehmen. Während meditativer Spaziergänge müssen die Gedanken nicht vollkommen ausgeschaltet sein, überflüssigen Gedanken sollte jedoch keine Aufmerksamkeit geschenkt werden.

Es kann zuerst wie ein Spiel anmuten, mit Pflanzen, Bäumen und Steinen zu reden, aber wer sich einmal darin geübt hat, wird erstaunt sein, daß die Natur Antworten gibt und daß diese mit der Zeit immer klarer und präziser werden. Da empfängt man dann etwa Impulse wie: »Mach deine Aufgabe!«, »Verlier keine Zeit!« oder »Hab Vertrauen!«

Spannend ist es auch, in dieser Zeit auf seine Träume zu achten. Naturgeister oder Engelwesen vermitteln gern in Träumen ihre Botschaften.

Als aufregend empfinde ich es immer wieder, wenn ich in Felsen oder Bäumen Gestalten oder Gesichter erkenne. Dann versuche ich, daraus die Art des darin wirkenden Wesens zu erfühlen. Betrachte ich einen bestimmten Baum, versuche ich, ihn mir als Person vorzustellen, was gar nicht so schwerfällt, da Bäume und Menschen von ihrer Gestalt her einiges gemeinsam haben. Ich konzentriere mich dann auf seine Schwingung und versuche herauszuspüren, ob es sich um ein junges oder altes, männliches oder weibliches, übermütiges, trauriges oder weises Wesen handelt oder was immer es mir zu sagen hat. Eine solche Einordnung ist den Naturwesen an sich egal, aber ich schenke ihnen durch meine erhöhte Aufmerksamkeit gebündelte Kraft.

Man kann sich auch an einen ruhigen See setzen – am besten in den frühen Morgen- oder stimmungsvollen Spätnachmittagsstunden – und versuchen, eins zu werden mit dem Wasser und der Stille rundum. Wer am Meer wohnt oder im Urlaub ans Meer fährt, kann vom Strand oder einem Boot aus in Gedanken mit den Wellen mitreisen: sich in der Vorstellung erst von sanften Wellen tragen lassen und sich einschaukeln, dann aber auch die zunehmende Kraft sich höher und höher türmender Wellen spüren. Wellen, die vielleicht aufwühlen und Festgesetztes wegspülen. Einfach hinspüren, wie die Bewegungen des Wassers auf die Psyche einwirken. Fließende Gewässer sind ein Sinnbild für den Fluß des Lebens.

Hat man sich einmal in die Natur eingestimmt, kann man herausspüren, von welcher Pflanze oder welchem Baum man sich besonders angezogen oder angesprochen fühlt. Dann läßt man sich ganz mit seinen Sinnen darauf ein, riecht den Duft der Pflanze oder das Harz des Baumes, befühlt die Blätter, erfaßt mit den Augen jede Einzelheit – inklusive Spinnweben, Käfern und Ameisen – und sieht deutlich die Farben und Konturen. Schamanen tasten auch mit ihrer Zunge eine Pflanze ab. Man kann versuchen, sich in das Innere einer Pflanze hineinzuversetzen und die Bewegung der auf- und absteigenden Lebenssäfte zu spüren. Wer einmal in das wunderbare Innere einer Pflanze oder eines Baumes eingetaucht ist, beginnt die Welt neu zu sehen und verstehen.

Dabei nicht vergessen, sich beim Geist der Pflanze oder des Baumes für ein solch kostbares Erlebnis zu bedanken. Und wenn wir genau hinhören, werden wir vermutlich bestimmte, manchmal überraschende Inspirationen erhalten, wobei wir dann vielleicht denken: »Also das kann wirklich nicht von mir stammen!«

Wir können uns auch auf einen Vogel konzentrieren und versuchen, seine Wesenheit zu erforschen, seine Schwingung auf unserer Haut zu spüren und in uns eindringen zu lassen und zu erfühlen, was diese Energie zum Ausdruck bringen will. Als ich einmal Vogeljunge in ihrem Nest beobachtete, empfing ich den Impuls: »So ist es gemeint: sich einschmiegen in die Natur wie ein Vogel in seinem Nest.«

Stadtmenschen, die keine oder nicht oft Gelegenheit haben, in die freie Natur hinauszukommen, können sich auch in öffentlichen Parkanlagen auf Pflanzen einstimmen, oder es können zu Hause Zimmer- oder Balkonpflanzen sein, denen sie sich zuwenden. Pflanzen- und Naturmeditationen sollten mindestens fünfzehn Minuten dauern, und sie können bis zu zwei Stunden und darüber hinaus ausgedehnt werden.

Als Hilfe bei Naturmeditationen erwähnt der Ethnobiologe Wolf-Dieter Storl den Beifuß, der – frisch oder getrocknet – zwischen den Fingern zerrieben und dessen Duft eingeatmet wird. Der Duft füllt die Lungen und reinigt die Aura. Der Beifuß soll bereits in der Steinzeit zu den heiligen Kräutern gezählt haben.

Um das Dritte Auge anzuregen, betupft man die Stirn mit frischem Quellwasser oder am besten mit dem Morgentau, der sich in einem Blatt einer Frauenmantelpflanze gesammelt hat.

An sich bin ich sehr sparsam mit genauen Anleitungen für Meditations- und Visualisationsübungen, da ich glaube, daß jeder Mensch seine eigenen Übungen und Methoden aus seinem Inneren entwickelt – und sie auch selbst finden soll, damit sie wirklich wirkungsvoll sind. Denn jeder hat seine eigene Art und Weise, mit der Natur zu kommunizieren. Dabei geht es vor allem darum, das Vertrauen in die eigene Intuition zu steigern, das heißt, keinen Zweifel mehr über seine ganz persönlichen Wahrnehmungen zu hegen, mögen sie sich noch so sehr von den Wahrnehmungen anderer Menschen unterscheiden. Nie werde ich den Ausspruch eines afrikanischen Dorfchefs vergessen, der mir sagte, es komme nicht darauf an, alle Menschen gleichzumachen, sondern ihre Unterschiede zu respektieren. Aber für jene, die sich noch ein wenig mit dem Vertrauen in die eigene Intuition schwertun, möchte ich ein paar Übungen vorschlagen, die als Anregungen verstanden werden sollten.

Um uns zunächst selbst in Bewegung zu bringen, visualisieren wir das Fließen der Energie in unserem Körper. Wir konzentrieren unsere Aufmerksamkeit darauf, wie der Lebensstrom durch Arme und Beine – von unten nach oben und von oben nach unten – und dann kreisförmig durch den ganzen Körper fließt, wobei wir die Strömungsrichtung immer wieder abwechseln, bis alle unsere Zellen spürbar pulsieren.

Eine andere Übung, die den Energiefluß im Körper anregt und die mir persönlich geholfen hat, den Fluß mit der Natur zu steigern, entdeckte ich in dem Buch *Die Erweckung des Inneren Geliebten* von Julie Henderson:

»Stehen Sie in der Grundhaltung: Füße parallel, in Hüftbreite auseinander, das Gewicht über der Fußmitte, die Knie entspannt und leicht gebeugt, das Becken entspannt und frei, der Bauch entspannt, die Schultern locker und in Balance, Kiefer und Augen entspannt. Spüren Sie mit geschlossenen Augen jeglichem Gefühl von Fließen in Ihrem Körper nach. Suchen Sie mit Ihrem inneren Auge nach irgendwelchen ›Unterbrechungen in der Leitung‹. Heben Sie nun Ihre Hände sanft nach oben und hinten. Biegen Sie mit erhobenen Händen Ihren Rücken leicht durch. Visualisieren Sie sich als die ›Leitung‹ – die energetische Verbindung – zwischen Erde und Himmel. Spüren Sie wieder dem

Gefühl des Fließens nach. Bleiben Sie mit dem Gefühl des Verbundenseins so lange stehen, wie es Ihnen angenehm ist. Gehen Sie mit einem passenden Laut die Leitung entlang. Achten Sie auf alle Gefühle, die auftauchen (wie Sehnsucht, Unbehagen, Verwirrung, Wut usw.). Dehnen Sie die Energie Ihrer Wahrnehmung aus, und erlauben Sie ihr, sich durch Ihren ganzen Körper zu bewegen (auch über Ihren Körper hinaus, wenn Sie wollen). Setzen Sie sich oder legen Sie sich nieder, und ruhen Sie ein paar Minuten lang aus. Lassen Sie weiterhin die Bewegung und Ausdehnung der Energie zu.«

Das ist eine gute Übung, die uns bewußtmacht, wie sehr der Mensch sein eigenes Energiefeld mit seinen Gedanken und Gefühlen zu steuern vermag.

Zu einer besseren Visualisierungsfähigkeit kann man beitragen, wenn man einige Tage nach dem Besuch eines bestimmten Naturplatzes sich diesen – samt Bäumen, Sträuchern, Steinformationen usw. – wieder in Erinnerung ruft und dabei versucht, noch einmal alle Einzelheiten im Inneren zu sehen und zu erspüren. Wichtig ist dabei das Zulassen von Empfindungen.

In einer anderen Visualisierungsübung kreiere ich mir einen Lieblingsplatz in der Natur. Dabei spüre ich vielleicht das weiche, kühle Gras unter meinen Füßen, rieche die Düfte im Herbst oder im Frühjahr, höre das Rauschen eines nahen Baches, spüre das belebende Prickeln eines Wasserfalls auf der Haut oder die Strahlen der Sonne, die den ganzen Körper erwärmen. Diese Naturszene durchlebe ich wieder mit all meinen Sinnen. Ein derart von der eigenen Phantasie geschaffener Platz kann zu einem inneren Refugium werden, in das wir uns jederzeit zurückziehen können, um Kraft zu tanken oder um in inneren Ausgleich zu kommen.

Um Balance und Kraft zu finden, hilft auch folgende Yoga-Übung: Zuerst konzentrieren wir uns auf den Solarplexus (Sonnengeflecht), das Energiezentrum, das uns mit der Erde verbindet, und visualisieren, wie es sich kräftigt und ausdehnt. Dann gehen wir zum Herz-Chakra, wo unsere Emotionen beheimatet sind und das uns mit dem Element Wasser verbindet. Auch diesem Energiezentrum führen wir durch unsere gelenkte Aufmerksamkeit Stärkung zu. Als nächstes konzentrieren wir uns auf das Stirn-Chakra, das der mentalen Ebene entspricht und Sitz des Dritten Auges ist. Dieses Chakra verknüpft uns mit dem Element Luft, öffnet aber auch den Zugang zum höheren Selbst. Nachdem wir auch dieses Chakra angeregt haben, versuchen wir alle drei Energiefelder miteinander zu einem harmonischen Ganzen zu vereinen. Damit schaffen wir ein mächtiges Kraftfeld in unserem Inneren, das der Intuition, Konzentration und dem allgemeinen Wohlbefinden förderlich ist. Die vitale Kraft, die alle Chakren miteinander vereint, entspricht schließlich dem Element Feuer, das uns auch zu höheren Bewußtseinsebenen Zugang verschaffen kann.

Manche Menschen haben Probleme mit dem Visualisieren, weil kein »Bild« kommen will. Man sollte dabei nichts erzwingen, und wenn kein Bild kommt, muß man sich nicht als Versager fühlen. Es kann auch ein bestimmtes Gefühl sein, das wahrgenommen wird, oder ein lebendiger Gedanke. Andere hören wieder bestimmte Töne oder sehen Farben. Manche sagen, sie denken, daß sie sehen. Das alles ist in Ordnung. Einfach zulassen, was kommt, und bei Blockaden nicht gleich aufgeben. Visualisieren ist Übungssache.

Blockaden öffnen sich oft durch sogenannte Schlüsselerlebnisse. Das kann ein Unfall sein, eine schwere Krankheit, der Verlust eines geliebten Menschen oder Überanstrengung im Sport, wenn man seine Leistungsgrenze überschreitet, wie es Extrembergsteiger oft erfahren. Ich hatte ein solches Erlebnis in Sumatra, wo ich auf die Suche nach Orang-Utans ging und mich dabei im Dschungel verirrte. Es brachte mich an die Grenzen meiner physischen wie psychischen Kraftreserven. Total erschöpft fiel ich unter einem mächtigen Baum mit enormen Wurzeln der Länge nach hin. Plötzlich fand ich mich innerhalb des Baumes wieder. Ich war Ast, Blatt, Wurzel, Stamm zugleich und sah mich selbst wie leblos im dunklen Schlamm liegen. Alles, was ich wahrnahm, war die ursprüngliche und wilde Kraft, die in mir pulsierte. Es war ein phantastisches Erlebnis – ein wahres Geschenk der Natur, mit dessen Hilfe ich nicht nur zu neuen Kräften kam, sondern auch eine innere Führung fand, durch die ich mich wieder in Sicherheit bringen konnte.

Zu meinen Lieblingsübungen gehört die Lebensrune, die den Lebensbaum symbolisiert. Dazu schließe ich meine Beine wie zu einem Baumstamm zusammen, und mit meinen erhobenen Armen forme ich ein V. Dabei spüre ich gleichzeitig sowohl die Kraft vom Boden als auch die Kraft von oben in mich einfließen, wobei ich im Austausch beider Kräfte in die Mitte komme.

Eine Variante davon – und eine der besten Übungen, sich mit den Kräften der Natur zu verbinden – ist die Baumübung, bei der ich mich als Baum oder Pflanze fühle. Um mich erst einmal zu erden, lenke ich das Bewußtsein in die Füße, die ich bei dieser Übung etwas auseinanderstelle, und spüre ganz bewußt den weichen Boden von Mutter Erde. Dann fühle ich, wie aus meinen Füßen Wurzeln wachsen, die tief in das Erdreich eindringen. Mit den Wurzeln nehme ich die Kraft der Erde auf und leite sie langsam und aufmerksam durch die Beine und weiter nach oben, bis der gesamte Körper von dieser pulsierenden Kraft erfüllt ist, die ich dann über die sich nach oben streckenden und dehnenden Arme dem Himmel entgegenfließen lasse. Dann verbinde ich mich mit dem Licht und der Wärme der Sonne (und mag es noch so nebelig oder bewölkt sein) und spüre, wie die Kraft von oben durch meinen Körper nach unten in die Erde fließt. Dabei kann ich visualisieren, wie alles Unreine im Körper – jeder unnötige Ballast – mit ausgeschwemmt wird. Schließlich lasse ich beide Kraftströme – von oben und nach unten – gleichzeitig zirkulieren, vor allem im Herzbereich. Ich visualisiere dabei die Ausdehnung meiner Empfindungswelt, spüre unendliche Liebe und Wärme – ein Gefühl, als wollte ich die ganze Welt umarmen. Und dieses großartige Gefühl leite ich an mein Umfeld weiter. Mache ich die Übung gemeinsam mit anderen, entsteht dadurch ein starkes Energiefeld, das der Natur zugute kommt und letztlich wieder in die Welt der Menschen zurückfließt.

Bei dieser Baumübung kann ich die Energien – wie bei allen Übungen – auch farblich visualisieren. Für die Kraft der Erde wähle ich die Farbe Rot (manche wählen auch Orange). Für die Kraft von oben visualisiere ich am liebsten einen goldenen Farbton, eine Sonnenfarbe, die mich gleichzeitig wärmt. Andere mögen die Farbe Weiß bevorzugen, da darin das gesamte Farbspektrum enthalten ist. Ich persönlich fühle mich bei dieser Farbe nicht immer wohl, da ich sie eher als kalt empfinde – aber das ist eine ganz persönliche Gefühlssache. Eine andere Farbe, die ich gern verwende, ist Violett, vor allem wenn es um Transformation geht. Jeder muß mit den Farben selbst experimentieren und herausfinden, wie sie wirken und mit welcher Farbe man sich am wohlsten fühlt.

Baumsymbole und Baumübungen gelten als Türöffner zur höheren geistigen Welt. Aber bevor wir mit der aufsteigenden Kraft die Krone erreichen, müssen wir in die Tiefe der Erde steigen. Denn nur wer sich mit den Wurzeln der Erde verbindet, vermag wieder aus den Urwassern des Lebens zu schöpfen.

Ausklang

Aufgrund des Mangels an geistig-spirituellen Erfahrungen ist in den letzten zwei Jahrzehnten bei vielen das Bedürfnis erwacht, alles auf einmal nachzuholen. So entstand die New-Age-Bewegung, deren Anhänger aber fast ihre gesamte Aufmerksamkeit dem »Himmel« zuwandten, in der Meinung, dadurch schneller wissender und erleuchtet zu werden. Dabei wurde die Erde fast vergessen, doch sie ist unser Erfahrungsplanet. Nur über die Erde kommen wir dem Himmel näher.

Es scheint, als hätten sich alle Geister und Wesen der Erde vereint, um das den Menschen deutlich bewußtzumachen. Es müssen ihre verstärkten Impulse gewesen sein, die Dinosaurier, Krokodile und Zwerge zu beliebten Maskottchen machten. Und die Zahl der Menschen steigt, die mit Bäumen, Pflanzen, Vögeln und selbst mit Steinen und Flüssen reden und andächtig auf die Botschaften aus dem Reich der Natur lauschen. In der Natur entdecken sie jene reine Wahrheit, die allen Glaubenssystemen, religiösen Philosophien, esoterischen und schamanistischen Weisheiten zugrunde liegt.

Im westfälischen Schloßpark-Sanatorium Uslar, einem Zentrum für Ganzheitsmedizin, gehören Bilder von Urlandschaften, Urwäldern und Wasserfällen zur Therapie, damit

Patienten daraus neue Kraft schöpfen. In die Energiefelder von Bäumen hat sich der Heilkundige, Therapeut und Autor Peter Salocher eingestimmt. Jahrelang hat er mit Bäumen kommuniziert und erfuhr dadurch wertvolle Geheimnisse. So kreierte er gemeinsam mit dem Unternehmensberater Dieter Buchser »Enertree« – eine neue Art von Baummedizin. Dabei handelt es sich um Hölzchen, die von zwölf verschiedenen Baumarten stammen. Das sind Linde, Föhre (Kiefer), Tanne (Fichte), Lärche, Ulme, Ahorn, Birke, Buche, Esche, Eiche, Kastanie und Walnuß.

Man kann sich erst einmal über die Wirkung der einzelnen Hölzer informieren oder darüber lesen *(Enertree – Heilung durch die Energie der Bäume)* und danach das passende Holz für sich aussuchen oder sich bei der Wahl nur von der eigenen Intuition leiten lassen. So ein Hölzchen trägt man dann entweder bei sich (zum Beispiel in der Hosentasche) oder stellt es in einem Raum auf. Die Schwingung, die von den Hölzern ausgeht, wirkt heilend, harmonisierend oder kräftigend auf das Energiefeld des Menschen und auch auf die Raumatmosphäre, wodurch selbst welke Zimmerpflanzen wieder zu Kräften kommen. Sinnvoll ist es, mit den einzelnen Hölzern zu meditieren. Man kann sie – in Längsrichtung (im Fluß der Energie, die durch den Rückenmarkskanal fließt) – auf die einzelnen Chakren auflegen und die Wirkung ausprobieren. Es gibt auch Baumessenzen, wobei ein paar Tropfen auf die Handfläche gegeben werden und die freigesetzte Energie über den Chakren oder in der gesamten Aura verteilt wird.

Manche denken, daß uns mit der neuen geistigen Strömung das Mittelalter eingeholt hat – also ein Trend herrscht, der uns rückwärts führt statt vorwärts. Doch wie kann der Mensch geistig vorwärtsschreiten, wenn er kulturell verarmt ist und seine eigenen Urgründe nicht mehr kennt?

Will der Mensch aus eigenem Antrieb heraus nicht aufwachen, dann wird die Erde sich weiterhin – und vielleicht in verstärktem Maße – in Form von Vulkanausbrüchen, Überflutungen oder Erdbeben bewegen, damit sich endlich im Menschen etwas bewegt.

Langsam begreifen wir – innerlich wachsend –, daß unsere Welt keine Grenzen hat. In der Physik wird inzwischen Materie als eine Form von Energie verstanden – eine veränderte Weltsicht, die darauf wartet, angenommen und praktisch umgesetzt zu werden. Doch wer nicht beweglich bleibt im Fluß aller Dinge, dem könnte es so ähnlich ergehen wie dem Physiker, den Paul Hawken in seinem Buch *Zauber von Findhorn* erwähnt: Dieser erschoß sich, als er entdeckt hatte, daß der Stuhl, auf dem er saß, ja gar nicht wirklich existierte.

Kein Zweifel, die Zeit ist reif dafür, Neues zu entdecken und zuzulassen. Daß wir uns in einem großen geistigen Umbruch befinden, spüren oder ahnen bereits die meisten Menschen, sowie auch viele erkennen, daß ihr Wohlbefinden und ihre gesamte Erlebniswelt von Biorhythmen, kosmischen, terrestrischen und psychischen Energien beeinflußt werden.

Die globale geistige Veränderung findet bei den Massenmedien allerdings noch wenig Beachtung – und wenn das

Thema aufgegriffen wird, wird es oft der Lächerlichkeit preisgegeben, verzerrt und dilettantisch interpretiert. Da bewegen sich Journalisten und Redakteure auf einem für sie unsicheren Terrain, ähnlich wie es Archäologen und Historikern ergeht, die zum Beispiel versuchen, Jenseitsvorstellungen der Sumerer oder alten Ägypter zu erklären, aber selbst überzeugt sind, daß es ein Jenseits gar nicht gibt. Die alten Ägypter hatten allein für »Himmel« dreißig verschiedene Begriffe; sensibel differenzierten sie alle Erscheinungen, wo wir in geistiger Verflachung simplifizieren. Es läßt sich jedenfalls der Inhalt einer Sache oder einer Idee nicht vermitteln, an der man selbst nicht Anteil hat.

Das Problem unserer Zeit ist die scharfe Trennung zwischen Materie und Geist und zwischen Traum und Wirklichkeit. Zum Beispiel leben nach Ansicht vieler Missionare, Entwicklungshelfer oder westlicher Experten Afrikaner in einer unrealistischen Traumwelt, da sie stets mit Geistern und Naturwesen kommunizieren. Aber ich habe Afrikaner stets als praktische Menschen kennengelernt, vor allem in Situationen, in denen ein Europäer einem Nervenzusammenbruch nahe gewesen wäre.

Naturwesen gehören zum afrikanischen Alltag. Doch bei Entwicklungsprojekten, die der Westen finanziert, werden Naturwesen nicht mehr miteinbezogen – und damit geriet so manches funktionierende natürliche System aus der Balance. Fortschrittsglaube und Realitätsbewußtsein nach westlicher Art waren jedenfalls im großen und ganzen kein besonderer Gewinn für die Realität, wie sie von jenen Völkern verstanden wird, die bis dahin mit der beseelten Natur in Einklang gelebt und gearbeitet haben.

Doch wie schmal die Grenze zwischen Traum und Wirklichkeit ist, erfährt jeder Reisende, der sich daran gewöhnt, stets Grenzen zu überschreiten. Irgendwann einmal begriff ich, daß es eigentlich gar nicht erforderlich ist, zwischen Realität und Traum zu unterscheiden, da im Rückblick alle Erfahrungen – auf allen Ebenen – sowie Subjektives und Objektives miteinander verschmelzen. Sensitive betonen immer wieder, daß die Ausbeutung und der Mißbrauch der Natur sowie Borniertheit, Lieblosigkeit und die Grobheit der Menschen die Naturwesen schwer verletzt oder in ihrer Kraft geschwächt haben. Sie besitzen kein so dickes Fell wie Menschen, nicht so viele Hüllen und Masken, sondern ihr Gemüt liegt offen dar. Um sich zu schützen, haben sie sich mehr und mehr auf die Astralebene zurückgezogen. Sie können die Erde frei verlassen, da sie nicht wie Pflanzen, Tiere und Steine erdgebunden sind.

Der Rückzug der Naturwesen kommt in vielen Feensagen zum Ausdruck, wenn es am Schluß der Geschichten heißt, daß die »saligen Frauen« erschrocken und mit schmerzvollen Wehlauten davonflohen, nachdem ein Mensch sie durch Dummheit oder Schroffheit verletzt oder auf unsensible Art zutiefst getroffen hat.

Sensitive machen aber auch stets auf die Macht der Naturwesen aufmerksam, mit der sie durchaus das Getriebe der Erde von heute auf morgen zum Stillstand bringen könnten.

Roc, den wir aus der Findhorn-Geschichte kennen, erlebte einmal eine dramatische Begegnung mit Elfen, die über das rohe Verhalten der Menschen, die ihren Lebensraum total zerstört hatten, bitterböse waren. Es erzürnte sie auch, daß Menschen die Erde verwüsten und überall Schmutz oder Spuren der Vernichtung zurücklassen. Vom König der Elfen erfuhr der Natursichtige, daß es für die Elfen ein leichtes sei, die Menschheit zu vernichten, würden sie ihre vitale Kraft ganz zurückziehen. Solche Gesinnung entspricht allerdings nicht der Natur der auf Helfen konzentrierten Wesen. Dagegen aber geraten, wie bereits erwähnt, unreife und niedrige Naturwesen in Gefahr, von der verunreinigten Raumatmosphäre oder von der destruktiven, negativen oder ängstlichen Lebenseinstellung der Menschen beeinflußt zu werden – und zuletzt senden sie zurück, was sie empfangen.

Wie der Leser inzwischen erkannt hat, handelt dieses Buch nicht nur von Naturwesen an sich, sondern auch davon, wie der Mensch mit ihnen in wechselseitiger Beziehung steht. Es wurde davon gesprochen, daß der Mensch mit seiner Lebens- und Geisteshaltung den Zustand der Natur mitprägt – und mitverantwortet. Wir sollten erkennen, daß das moralische Element für den gesamten Lauf der Welt von großer Bedeutung ist. Das hat nichts mit einer Moralpredigt zu tun, sondern mit universalen Gesetzen, die auch die Gesetze der Natur sind.

Aufgrund der allgemeinen geistigen Veränderung begreifen bereits viele Menschen, daß wer die Natur verletzt, sich letztlich selbst verletzt. Allein mit den furchtbaren Atombombentests greift der Mensch bedenkenlos in die ausgeklügelte und sensible Struktur der Natur ein. Es hat wirklich den Anschein, als hätte es der Mensch darauf angelegt, nicht nur der Natur, sondern auch sich selbst einen zerstörerischen Kampf anzusagen.

Der Rückzug der Naturwesen hat zum Aussterben vieler Tier- und Pflanzenarten und zur Auslaugung der Ackerböden geführt. Um die Natur gesunden zu lassen und die Erde neu zu beleben und zu stärken – wovon zuletzt unsere eigene Überlebensfähigkeit abhängt –, benötigen wir mehr denn je zuvor die Mitarbeit der Naturwesen.

Um die Naturwesen wieder in unsere Welt zurückzurufen, müssen wir uns weder in ein Leopardenfell kleiden noch uns Hörner auf den Kopf setzen, noch Schlangen in die Hand nehmen, noch mit tierischem Gebrüll durch den Wald laufen, und wir müssen auch nicht in den »heiligen Wahnsinn« fallen, sondern es geht in erster Linie um unsere innere Einstellung. Wir können liebevoll unsere Gedanken auf die Naturgeister ausrichten und sie wissen lassen, daß wir uns freuen, daß es sie gibt und daß wir sie um Rückkehr bitten. Durch eine entsprechende Gefühlsausrichtung erhöht sich die Schwingung in der Atmosphäre, womit es den Geistern der Natur leichter fällt, wieder näher an die Welt der Menschen heranzurücken.

Edwin Courtenay, der mit Engeln und Naturwesen im engen Kontakt steht, sagte, daß Naturgeister über die geschädigte und verunreinigte Natur traurig sind und auf die Dinge, die geschehen sind, mit Entsetzen reagieren, aber wenn wir sie unseren Respekt spüren lassen und wir erneut an sie glauben, würden sie ihr Bestes tun, um den Menschen wieder zu helfen – und die Erde vor dem Schlimmsten bewahren.

Um Naturwesen erneut für uns zu gewinnen, können wir auch in unseren Gärten Schmetterlingssträucher pflanzen, wilde Gräser aussäen und auch mal Unkraut stehenlassen. Wir müssen erkennen, daß Naturwesen nicht nur Märchen- und Sagenfiguren sind und der Mensch nicht der »Herr der Schöpfung« ist. Wir müssen Ignoranz und Blindheit überwinden und uns vom Beherrscher über die Erde zum Freund der Erde wandeln. Das alles wird uns leichtfallen, wenn wir uns wieder den heilsamen Zauber der Natur in Erinnerung rufen.

Schlußendlich geht es den meisten Naturfühligen wohl nicht darum, den Gartenzwerg leibhaftig unter dem Kohlblatt zu entdecken und sichtbare oder greifbare Beweise für die Existenz von Kobolden zu sammeln, sondern mit Herz und Bauch die Wunder und Schönheiten dieser Welt wahrzunehmen. Es gilt, die kosmische Brücke zwischen Naturgeistern, Menschen und Engelwesen in unserem Herzen herzustellen und – zwischen Tautropfen und Regenbogen – wieder das Schauen und Staunen zu lernen wie ein Kind.

Bei meinen Umfragen war ich verblüfft, wie viele Menschen sich an Zwergen- oder Elfenbegegnungen in ihrer Kindheit erinnern und mit welcher Begeisterung Erwachsene unserer

Tage an geführten Zwergen- und Elfenwanderungen teilnehmen. Es scheint einfach Spaß zu machen, Zwerge und Elfen in die persönliche Erfahrungswelt miteinzubeziehen. Und jede Art von Fröhlichkeit erhöht zweifellos die Lebensenergie. Bei gemeinsamen Spaziergängen über Wiesen oder durch Wälder und Moorlandschaften entsteht eine Art ausgelassene, vergnügliche Verschworenheit. Es scheint, daß Menschen, die sich mit Zwergen und Elfen beschäftigen, ganz automatisch in eine andere Welt entrücken – als würde man durch eine lilafarbene Brille sehen und loslassen von allen Begrenzungen, die ja sowieso nur in unserer Vorstellung existieren.

Unsere Vorfahren lebten dereinst mit Naturwesen in Harmonie und Frieden und nahmen dankbar ihre hilfreichen Dienste an. Warum machen wir sie nicht wieder zu unseren Verbündeten? Könnte das Leben dann nicht – zum Gefallen aller – eine neue Leichtigkeit gewinnen?

Literatur

Arrowsmith, Nancy: *Die Welt der Naturgeister. Handbuch zur Bestimmung der Wald-, Feld-, Wasser-, Haus-, Berg-, Hügel- und Luftgeister aller europäischen Länder*, München 1987.

Bäzner, Erhard: *Die Naturgeister*, München 1967.

Bauer, Wolfgang/Dümotz, Irmtraud/Golowin, Sergius: *Lexikon der Symbole*, Wiesbaden 1992.

Brandstätter, Leopold: *Briefe über Lebendige Ethik – Einführung in Agni Yoga. 5.: Die Macht und die Bedeutung der Gedanken*, Linz 1963.

Braumann, Franz: *Tiroler Sagenreise*, Innsbruck-Wien 1980.

Brown, Tom: *Das Wissen der Wildnis. Botschaften der Hoffnung und Harmonie für eine lebenswerte Zukunft*, Interlaken 1993.

Buschenreiter, Alexander: *Mit der Erde leben*, in: Esotera 9/89.

Cerny, Christine: *Von Senegal nach Kenia. Schwarzafrika hautnah*, München 1987.

Cerny, Christine: *Ferne Insel Madagaskar*, München 1990.

Cerny, Christine: *Magisch Reisen Österreich. Lebendiges Brauchtum und alte Kultplätze*, München 1992.

Cerny, Christine: *Ägyptenreise. Wo Vergangenheit und Gegenwart sich treffen*, München 1993.

Cerny, Christine: *Magisch Reisen Australien – Traumzeitstätten und heilige Landschaften*, München 1995.

Cerny, Christine: *Nepal. Reiseführer mit Landeskunde*, Dreieich 1995.

Charters, Daphne: *A True Fairy Tale*, London 1956.

Cooper, J. C.: *Das große Lexikon traditioneller Symbole*, München 2004.

Cowan, James G.: *Die Offenbarungen aus der Traumzeit – Das spirituelle Wissen der Aborigines*, München 1997

Daskalos: *Esoterische Lehren. Die Botschaft des »Magus von Strovolos«*, München 1991.

Derek, Walters: *Die Kunst des Wohnens. Feng-Shui. Bauen, Gestalten, Einrichten nach den Regeln der alten chinesischen Harmonielehre*, Bern-München-Wien 1991.

Engel. Betrachtungen in Bildern und Texten, Ramerding 1980.

Gelder, Dora van: *Im Reich der Naturgeister*, Grafing 1989.

Haiding, Karl: *Volkssagen aus der Steiermark*, Graz-Wien 1982.

Hawken, Paul: *Der Zauber von Findhorn*, München 1980.

Henderson, Julie: *Die Erweckung des Inneren Geliebten. Ein praktisches Arbeitsbuch der Energielenkung allein und zu zweit*, Interlaken 1989.

Höflinger, Heinz/Lehner, Thomas: *Der Feengarten*, Freiburg 1985.

I Ging: *Das Buch der Wandlungen*, Herausgegeben und übertragen von Richard Wilhelm, Düsseldorf-Köln 1978.

Kainz, Walter: *Weststeirische Sagen*, Graz 1986.

Kerner, Dagny/Kerner, Imre: *Der mit den Pflanzen spricht*, in: Esotera 8/92.

Kerner, Dagny/Kerner, Imre: *Die Kraft der alten Bäume*, in: Esotera 12/92.

Lechner-Knecht, Sigrid: *Die Hüter der Elemente. Das geheimnisvolle Reich der Naturgeister*, Berlin 1993.

Lehmann, Alfred: *Aberglaube und Zauberei. Von den ältesten Zeiten an bis in die Gegenwart*, Bindlach 1990.

Lorber, Jakob: *Naturgeheimnisse. Das Naturgeschehen und sein geistiger Hintergrund nach den Offenbarungen durch Jakob Lorber*, ausgewählt und bearbeitet von Viktor Mohr, Bietigheim 1994.

Lurker, Manfred: *Lexikon der Götter und Dämonen*, Stuttgart 1989.

Lurker, Manfred: *Die Botschaft der Symbole*, in: *Mythen, Kulturen und Religionen*, München 1990.

Nack, Emil: *Götter, Helden und Dämonen*, Wien 1968.

Petzold, Leander: *Kleines Lexikon der Dämonen und Elementargeister*, München 1995.

Pogačnik, Marko: *Elementarwesen. Die Gefühlsebene der Erde*, München 1995.

Pogačnik, Marko: *Schule der Geomantie*, München 1996.

Poortvliet, Rien/Huygen, Wil: *Das große Buch der Heinzelmännchen*, München 1979.

Purucker, Dr. G. v.: *Theosophisches Wörterbuch. Eine Sammlung orientalischer und theosophischer Ausdrücke*, Stuttgart 1949.

Recheis, Käthe: *Sagen aus Österreich*, Wien 1970.

Rizzi, J. A. Livraga: *Die Naturgeister oder Elementale*, München 1987.

Roads, Michael J.: *Mit der Natur reden. Bäume, Pflanzen, Tiere, Steine, Wasser und Wind offenbaren das verborgene Wissen der Schöpfung*, Interlaken 1988.

Rossbach, Sarah: *Feng-Shui. Die chinesische Kunst des gesunden Wohnens*, München 1989.

Salocher, Peter/Buchser, Dieter: *Enertree. Heilung durch die Energie der Bäume*, München 1996.

Schacht, Martin: *Rendezvous mit einer Elfe*, in: Die Woche 24. 11. 1995.

Scheffer, Mechthild: *Selbsthilfe durch Bach-Blütentherapie. Blumen, die durch die Seele heilen*, München 1990.

Schöpf, Alois: *Alpensagen*, Wien 1983.

Schweidlenka, Roman: *Das Jahr der Zwerge*, in: Esotera 2/95.

Skinner, Stephen: *The Living Earth Manual of Feng-Shui*, London 1982.

Spiesberger, Karl: *Naturgeister – wie Seher sie schauen, wie Magier sie rufen*, Berlin 1978.

Steiner, Rudolf: *Geistige Wesen in der Natur*, Stuttgart 1992.

Sterneder, Hans: *Der Wunderapostel*, Leipzig 1937.

Storl, Wolf-Dieter: *Die Essenz eines Lebens. Blütendoktor Edward Bach*, in: Esotera 4/92.

Storl, Wolf-Dieter: *Sich öffnen für den Geist der Pflanze*, in: Esotera 12/95.

Sveinsson, Brynjolfur (Übertragung Karl Simrock): *Die Edda*, Berlin 1987.

Szekely, Gerlinde: *Wanderung durch die Vergangenheit. Mythen und Sagen – Donauraum.*

Taylor, Terry Lynn: *Warum Engel fliegen können. Lichtvolle Kontakte mit unseren Schutzgeistern*, München 1991.

Tompkins, Peter/Bird, Christopher: *Das geheime Leben der Pflanzen. Pflanzen als Lebewesen mit Charakter und Seele und ihre Reaktionen in den physischen und emotionalen Beziehungen zum Menschen*, Bern-München-Wien 1973.

Uyldert, Mellie: *Verborgene Kräfte der Pflanzen*, München 1984.

Walker, Barbara G.: *Das geheime Wissen der Frauen. Ein Lexikon*, München 1995.

White Eagle: *Naturgeister und Engel*, Grafing 1995.

Danksagung

Hiermit möchte ich all jenen danken, die mir mit wertvollen Hinweisen, Anregungen, Gesprächen und Ermutigungen geholfen haben. Mein besonderer Dank geht an Astrid Maria Büngen, Marianne Gilsing-Laakmann, Johanna Markl, Hans Jörg Müller, Marko Pogačnik und Elfi Walther-Weißmann.